古代歷史文化 研究輯刊

二九編

王明蓀 主編

第 6 冊

文峰塔研究：基於科舉、風水與宗教文化的考察

郭俊良 著

國家圖書館出版品預行編目資料

文峰塔研究：基於科舉、風水與宗教文化的考察／郭俊良 著
-- 初版 -- 新北市：花木蘭文化事業有限公司，2023〔民112〕
目 2+184 面；19×26 公分
（古代歷史文化研究輯刊 二九編；第 6 冊）
ISBN 978-626-344-150-7（精裝）
1.CST：建築 2.CST：文化研究 3.CST：唐代 4.CST：宋代
618　　　　　　　　　　　　　　　　　　　　111021681

ISBN-978-626-344-150-7

9 786263 441507

古代歷史文化研究輯刊
二九編　第六冊　　　　　　ISBN：978-626-344-150-7

文峰塔研究：基於科舉、風水與宗教文化的考察

作　　者　郭俊良
主　　編　王明蓀
總 編 輯　杜潔祥
副總編輯　楊嘉樂
編輯主任　許郁翎
編　　輯　張雅淋、潘玟靜　美術編輯　陳逸婷
出　　版　花木蘭文化事業有限公司
發 行 人　高小娟
聯絡地址　235 新北市中和區中安街七二號十三樓
　　　　　電話：02-2923-1455／傳真：02-2923-1452
網　　址　http://www.huamulan.tw 信箱 service@huamulans.com
印　　刷　普羅文化出版廣告事業
初　　版　2023 年 3 月
定　　價　二九編 23 冊（精裝）新台幣 70,000 元　　版權所有 · 請勿翻印

文峰塔研究：基於科舉、風水與宗教文化的考察

郭俊良　著

作者簡介

郭俊良（1986～），河南林州人，2016 年畢業於四川大學道教與宗教文化研究所，獲哲學博士學位。曾在廣州市中山大學歷史學系中國史博士後流動站工作兩年，現就職於四川警察學院。主要研究方向為中國佛教文化、歷史地理學。現已發表論文多篇，出版《佛果擊節錄》（合校）、《傳統視域下的錢穆——中外文明交流史數論》（合著）等學術專著。

提　　要

　　本書主要從科舉、風水與宗教文化的角度對文峰塔進行考察。文峰塔作為科舉風水活動的產物，與唐宋社會及科舉制變遷有重要關係。科舉制雖產生自隋唐，但直至宋代才成為士人博取功名富貴之主要途徑，圍繞科舉的術數活動和宗教信仰方才興盛。本書利用史志類文獻進行考證，認為文峰塔最早興起於宋朝，而非學界常認為的興起於明代；唐代尚無文筆峰地名，至宋代才逐漸流行，並呈現出地名變遷現象。

　　文峰塔誕生之初即直接借用佛塔，因中國樓閣式佛塔外形肖似文筆，在科舉風水視野下與文筆山有相似功用。范仲淹視饒州妙果院塔為郡學之文筆峰，當為文峰塔之始。文峰塔與孔子、文昌帝君、魁星等信仰共同構建起豐富的科舉信仰文化，文峰塔、孔廟、文昌閣、魁星閣等建築在空間上也因風水和信仰發生著關係，並共同發揮科舉風水和崇拜功能。

目次

緒　論

一、選題意義

　　筆者豫北林縣〔註 1〕人，幼時常聽人講起本縣龍頭山文峰塔〔註 2〕的故事。文峰塔矗立於縣城東南龍頭山巔，傳聞為「南蠻子」蠱惑縣令所建。縣人認為龍頭山是一縣文脈所在，其山不斷向南增長衍伸，其勢欲飲南池之水，有朝一日若飲得南池之水，本縣即可出一斗三升芝麻官。「南蠻子」遊方至此，識得風水，心生歹意，便蠱惑縣令，言龍頭山為惡龍，須鎮之方吉，可建七層寶塔於龍頭山巔。縣令聽信其言，建塔鎮之。自建塔之日起，邑人夜聞龍吟哀嚎之聲，皆悚動哀憫。塔成而龍死鳴絕，自此本縣出官甚少，而出泥瓦匠甚多，致有上世紀八十年代「十萬大軍出太行，一把瓦刀闖天下」的現象。幼時聽聞，不覺其荒誕不經而深信之，對「南蠻子」隱隱生恨，對龍之厄運也殊為可憐。

　　2009 年筆者考入四川大學道教與宗教文化研究所，幸為段玉明先生之碩士研究生。段玉明先生開授《中國寺廟文化》課程之時，筆者對於文峰塔的記憶復又浮現，生出種種疑問。文峰塔是佛塔嗎？文峰塔與佛教有何關係？文峰塔到底興起於何時？文峰塔振興科舉的原理又是什麼？文峰塔本是為振興文風，為何林州文峰塔在民間故事中反成了破壞科舉的塔？這種種疑問，道聽途說並不能得到全面解答，唯有自己深究了。子曰：「古之學者為己。」筆者將

〔註 1〕林縣：今河南省林州市，1994 年撤縣立市。
〔註 2〕林縣志編纂委員會：《林縣志》，鄭州：河南人民出版社，1989 年，第 442～445頁。

文峰塔研究作為博士論文選題，其意義首先在於解答自己的疑惑。簡而言之，文峰塔研究的意義有以下數條：

（一）文峰塔的興建肇始於宋，而盛於明清，現存數量眾多，分布廣泛，是中國古塔中非常重要的存在。研究文峰塔之源流歷史，有助於分辨佛塔和文峰塔，不至於對中國古塔有魚龍混淆之認識。在對文峰塔的具體研究中，必然會對部分古塔追溯其歷史淵源，對於具體古塔的研究也有開拓深入意義。

（二）文峰塔誕生之初，就與佛塔有不可分割之關係。從宋初范仲淹視饒州妙果寺塔為文筆峰，到北宋後期湖州道場山建多寶塔以像文筆峰，再到南宋後期淳安縣建雲塔為文筆峰，及至明清時期大量興建的文峰塔，文峰塔與佛塔的功能意義逐步分離。對早期文峰塔的研究，有助於認識佛塔的多重功能意義，揭示佛塔功能的世俗化過程。

（三）文峰塔作為振興科舉的風水塔，與科舉、風水有著密不可分之關係，是科舉風水文化的重要文物，是「二重證據」的重要一端。科舉風水為何選用佛塔這種建築，既有科舉制度的影響，也有風水文化的影響，它既是科舉制度變遷的物證，也是風水文化發展的實踐成果。對文峰塔進行科舉風水學的溯源，此是本書要解決的最大問題。這將有利於瞭解科舉風水學的發展歷程，進而加深對科舉風俗的認識，也可糾正部分學者認為文峰塔起源於明清時期的錯誤認識。

（四）因本書研究主要運用文獻學中目錄學和版本學的方法，對一部分宋元風水文獻進行考證和辨偽，對有關文筆峰風水的宋元文獻進行了整理歸納，對文筆峰風水在文獻上的發展過程有大概的總結。當前學者研究文峰塔多用明清時期的風水文獻，如清代《相宅經纂》、《地理五訣》，以晚近之文獻證明更古之史實，邏輯上有不嚴密之處。筆者對宋元風水文獻《地理新書》、《塋原總錄》、《地理新法》、《玉髓經》、《新刊名家地理大全錦囊經》等書的研究恰可補上這一環。

（五）對於文筆峰風水的地名學研究，還具有歷史地理學特別是沿革地理學的意義。文筆峰風水從理論走入現實，從文筆峰到文峰塔是一個既有並行又有轉化的過程，其並行的過程就是宋代地理方志中出現大量的文筆峰地名，很顯然是受宋代科舉風水的影響，筆者亦對其進行了歸納分析。

（六）孔廟、文峰塔、文昌閣和學校在諸多的府州軍縣中成為標準配置的建築，恰如儒釋道三教與科舉之關係，筆者從結構功能學上對其進行了

分析。文峰塔從早期的佛塔到後期在塔內崇祀文昌、魁星、孔子等儒道神祇，漸漸成為三教神靈的殿堂，這既是受三教合一思潮的影響，也是文峰塔漸漸剝離佛塔意義的過程。對文峰塔的研究可算是明清社會三教合一思潮的又一實證。

（七）文峰塔興建的主力雖是熱衷科舉的鄉紳士大夫，但佛教僧眾對於勸募修造佛塔有著歷史悠久的宗教熱情。佛教參與社會公益的熱情，以及造塔功德信仰的風氣，對於文峰塔的興造都起到了不可磨滅的積極作用。這也是對佛塔信仰世俗化以及佛教慈善公益的實證研究。

本書乃是借鑒建築學、考古學、文獻學、社會學、宗教學各界前輩學者有關佛塔、風水學、科舉學、民俗學等方面研究成果，可謂站在巨人之肩上。因無論是建築學、考古學、文獻學還是社會學，筆者都難稱有造詣，只能作此博採和交叉運用。借他人之杯酒，澆胸中之塊壘，文峰塔之疑惑數年以來始有渙然冰釋之感。

二、研究現狀

建築

當前文峰塔的研究成果主要集中在建築學界，其中之代表專著首推張馭寰《中國風水塔》。張馭寰（1926～），中國古代建築史學家，曾著有《中國名塔》〔註3〕、《中國古塔精萃》〔註4〕、《中國塔》〔註5〕、《中國佛塔史》〔註6〕、《佛教寺塔》〔註7〕、《傳世浮屠：中國古塔集萃》〔註8〕、《古塔實錄》〔註9〕。除以上專著外，張馭寰先生還有近百篇有關塔的文章。2011年，張先生《中國風水塔》〔註10〕出版，據筆者所見乃國內專論風水塔的唯一專著。該書分上下兩篇，上篇「概述」對風水塔的歷史沿革和分布簡況，風水塔的分類，風水塔的建築材料及其尺度的分析，風水塔各部位的做法，風水塔的藝術裝飾等進行了論述；下篇對中國各地現存風水塔的歷史、傳聞和建築形式做簡要描述，共

〔註3〕張馭寰：《中國名塔》，北京：中國旅遊出版社，1984年。
〔註4〕張馭寰、羅哲文合著：《中國古塔精粹》，北京：科學出版社，1988年。
〔註5〕張馭寰：《中國塔》，太原：山西人民出版社，2000年。
〔註6〕張馭寰：《中國佛塔史》，北京：科學出版社，2006年。
〔註7〕張馭寰：《佛教寺塔》，北京：宗教文化出版社，2007年。
〔註8〕張馭寰：《傳世浮屠：中國古塔集萃》，天津：天津大學出版社，2010年。
〔註9〕張馭寰：《古塔實錄》，武漢：華中科技大學出版社，2011年。
〔註10〕張馭寰：《中國風水塔》，北京：學苑出版社，2011年。

收錄各地風水塔共 172 座，其中主要是振興科舉的文峰塔。據該書「緒論」所說，「本書所記錄風水塔之狀況均為筆者 20 世紀六七十年代實地調查的狀況，包括塔高、塔基、尺寸等，其後各地維修重建後的狀況不在本書記錄之內」〔註 11〕，這些風水塔在張先生之前的古塔專著中都有論及，數據也都是 20 世紀六七十年代調查所得。該書「緒論」和上篇「概述」中的部分文字早在 1982 年就已完稿，故不能因《中國風水塔》2011 年才出版，而忽視作者研究的先驅性。《中國風水塔》是擇作者過去古塔研究中之風水塔部分匯成一編，可謂張先生一生古塔研究的精粹之作，也是當代風水塔研究之扛鼎之作。唯此書所收各地風水塔皆為張先生實地調查，囿於時間精力，必不能踏勘盡遍，故所錄風水塔並不全面。

以地域來研究佛塔和風水塔的精品近年頗多，尤可稱道者如萬幼楠《贛南古塔研究》〔註 12〕。萬幼楠在此篇論文中對贛南地區明清時期的文峰塔進行了研究，對文峰塔之建造目的和功用，以及贛南地區文峰塔的基本特徵和地方特色進行了分析。其後萬幼楠又繼續深入研究，發表了《贛南古塔綜述》〔註 13〕，其中附有《贛南古塔存錄一覽表》，收贛南地區古塔 50 餘座。2011 年萬幼楠發表《贛南風水塔與風水信仰初探》〔註 14〕，又附錄《贛南現存風水塔一覽表》收贛南現存風水塔 43 座，《贛南已毀風水塔一覽表》收已毀風水塔 22 座。萬幼楠先生在贛州從事文物考古工作 30 餘年，這些風水塔是其根據他個人踏勘和文物普查資料所得，故尚有踏勘未及和文獻不載的風水塔。萬幼楠可謂風水塔地域性研究的先驅，唯有多一些此類研究，才能逐漸瞭解我國各地風水塔之全況。

以省為地域單位的古塔研究早已有之，較早如《江蘇之塔》〔註 15〕共收江蘇省內古塔 57 座，僅收錄數座文峰塔。蓋《江蘇之塔》為文物管理委員會編輯，為文物普查和保護而作，所收皆為各級文物保護單位。至 2013 年，朱同芳主編《江蘇名塔》〔註 16〕也僅是收錄江蘇各級文物保護單位塔（幢）數量共 79 座。至此江蘇省尚缺一部較為全備的江蘇省古塔全錄性專著。其他省份之

〔註 11〕張馭寰：《中國風水塔》，北京：學苑出版社，2011 年，「緒論」第 4 頁。
〔註 12〕萬幼楠：《贛南古塔研究》，《南方文物》，1993 年 01 期。
〔註 13〕萬幼楠：《贛南古塔綜述》，《南方文物》，2001 年 04 期。
〔註 14〕萬幼楠：《贛南風水塔與風水信仰初探》，《歷史文獻研究》，第 30 輯。
〔註 15〕江蘇省文物管理委員會編：《江蘇之塔》，江蘇人民出版社，1957 年。
〔註 16〕朱同芳主編：《江蘇名塔》，南京：南京出版社，2013 年。

古塔專著也很多，僅舉近年來對風水塔涉及較多的著作。

　　趙克禮《陝西古塔研究》〔註17〕以陝西現存古塔為研究對象，在對分散於陝西各地的不同時代的古塔進行全面考察的基礎上，對每一座古塔進行認真的文獻考證與辨偽，用力頗多。據趙克禮不完全統計，截至2006年陝西省現存不同時期古塔287座，其中風水塔51座，占比約17.8%。趙克禮在該書第九章「陝西明清時代的風水塔」中對陝西現存風水塔的數量及分布區域，陝西風水塔的建築特點和類型，陝西明清「文星塔」文化做了深入討論。

　　李德喜、謝輝編著《湖北古塔》〔註18〕是一部全面而系統地介紹湖北省古塔的專著，該書第五章「湖北省古塔綜覽」對湖北省現存古塔按朝代劃分，對每座古塔的地理位置、建築形制、歷史淵源、碑銘石刻等都做了詳細介紹，資料齊全、內容豐富、圖文並茂，是一部十分優秀的參考工具書。該書收集湖北省古塔約176座，按其附表1《湖北古塔略表》中的用途劃分，共有風水塔、文峰塔31座，占比約17.6%。

　　《重慶古塔》〔註19〕也是一部對重慶古塔全面系統研究的專著。重慶全市現存古塔數量共計227座，另有6座僅存塔基的殘塔，2處明確的古塔遺址，合計235座，年代跨度從宋代至20世紀40年代。據表3-1《重慶古塔分類統計表》所示，有風水塔50座，其中一般風水塔27座，文峰塔23座。若以重慶古塔數量為235座來說，風水塔占比達21.2%，僅文峰塔占比9.8%。

　　《甘肅古塔研究》〔註20〕中記載，在第三次全國文物普查中，陝西省調查登記古塔、石窟寺或寺觀中的塔群和古塔遺址達350餘處（包括甘南藏族自治州的佛塔及塔址），現存單體古塔900多座（包括被視為石刻的龕塔、被視為僧人墓或道士墓的墓塔），其中僅有5座文峰塔，主要是臨洮筆峰塔、隴西文峰塔、柳古八寶文塔、臨夏乾元塔、銓將青天文塔，占比甚微，但仍可見科舉風水在甘肅的影響。

　　以上四書最為全備，圖文並茂，對每座塔之歷史、形制都敘述詳細，以參考工具性而言掄為一等。其次如《雲南古塔建築》〔註21〕這部書，該書收入各

〔註17〕趙克禮：《陝西古塔研究》，北京：科學出版社，2007年。
〔註18〕李德喜、謝輝編著：《湖北古塔》，北京：中國建築工業出版社，2011年。
〔註19〕重慶市文化遺產研究院、重慶文化遺產保護中心編著：《重慶古塔》，北京：科學出版社，2013年。
〔註20〕甘肅省文物局編著：《甘肅古塔研究》，北京：科學出版社，2014年。
〔註21〕陳雲峰、張俊編著：《雲南古塔建築》，昆明：雲南美術出版社，2008年。

種塔類建築（含傣族井塔）260餘座（南傳上座部佛塔中的群塔，僅按主塔計為一座），幾乎把雲南的塔「一網打盡」。全書分上下兩冊，上冊收錄密簷式塔96座，其中多有風水塔，筆者根據書中簡介統計風水塔（含文峰塔）共47座，占比約18%。此書之缺憾在於對每座古塔的描述太過簡短。

另有《三晉古塔》〔註22〕儘管系統地對山西的古塔做了調研，但仍有諸多缺憾，未能面面俱到、一目了然。據1988年全國文物普查，山西省現存古塔485座，在國內各省中名列前茅。《廣東古塔》〔註23〕中稱廣東省古塔不完全統計有300多座，明清時期所建的風水塔尤為多，幾乎各個州縣都有，可以反映出廣東省科舉風水信仰的興盛，惜未能對風水塔進行全面系統地統計和分析。期待山西省和廣東省能有如《湖北古塔》、《重慶古塔》這樣全面系統的著作出現。其他省份的古塔研究不再贅述。

近年來以風水塔為選題的學位論文越來越多，如華南理工大學賴傳青《廣府明清風水塔研究》（碩士學位論文，2007年）以廣府地區明清時期的風水塔為研究對象。該論文選取廣府地區32座風水塔為研究對象，對風水塔的源流以及廣府地區風水塔的現狀和背景進行綜述，對其地域分布、建塔緣起以及保存現狀都有論述，並對廣府地區風水塔的建築選址及其與環境的關係等問題進行了分析。

福建師範大學白占微《福建古塔文化研究》（碩士學位論文，2011年）以福建古塔為研究對象，運用文獻分析和田野調查相結合的方法，對福建省古塔文化與佛教、風水、科舉、民間生活、社會經濟之間的關係進行了分析。白占微根據《中國古塔鑒賞》、《中國文物地圖集·福建分冊》所記載的古塔資料，並通過查閱福建各個地方的縣志，結合其實地考察，統計福建省現存古塔數量為151座。按其附錄《福建地區古塔資料一覽表》收錄古塔147座，其中風水塔（包括文峰塔）共有55座，占比高達37.4%。

西南大學姜海濤《清代四川地區風水塔的時空分布研究》（碩士學位論文，2013年）從歷史地理學角度，充分利用清代四川風水塔資料，運用歷史地理學、統計學的方法對清代四川風水塔的時空分布進行深入研究，揭示其原因和規律。作者利用四川省文物考古研究院負責編纂的《中國文物地圖集·重慶分冊》和《中國文物地圖集·四川分冊》，從中整理出四川和重慶地區的風水塔

〔註22〕李安保、崔振森著：《三晉古塔》，太原：山西人民出版社，1999年。
〔註23〕廣東考古研究所編：《廣東古塔》，廣州：廣東省地圖出版社，1999年。

共 133 座，又從清代四川各縣方志中搜集整理出 35 座，總計 168 座。以上三篇碩士論文堪稱優秀，可資借鑒。

另外如張良皋《匠學七說》〔註24〕在《四說風水——中國的環境科學和環境美學》中，作者不太相信風水禍福之談，著重從美學觀的角度認為風水塔多半無宗教意義，而是標誌性的風水建築，客觀上起到了畫龍點睛的美化作用。這也代表了建築學界部分人的觀點。

風水

有關文峰塔的研究還有一部分來自於風水文化研究著作。在國內較早對風水研究的論文如何曉昕《東南風水初探》（《東南文化》，1988 年 Z1 期）和《東南風水初探（中、下篇）》（《東南文化》，1988 年 05 期），這兩篇論文均出自何曉昕的碩士學位論文。何曉昕在《東南風水初探》中提及文峰塔「成為鄉村的一種奇特的具有神聖意義的文化景觀」，指出文峰塔「該是我國封建社會長期實行科舉制的產物」。《東南風水初探》中對文峰塔論述甚為簡略，及至《風水探源》〔註25〕（1990 年）一書中對文峰塔之論述略有增衍，對為什麼用佛塔來象徵文風昌盛這個問題，做出了自己的回答，惜乎未能深究其根源和產生過程。在其新作《中國風水史（增補版）》〔註26〕（2008 年）中，對風水塔、文峰塔有更多精彩的論述。

王玉德《神秘的風水——傳統相地術研究》〔註27〕（1991 年）同樣是較早對文塔予以重視的專著。他從風水理論上指出文塔要合朝水有情，要合六秀，或合貪狼、巨門星，或受臨官、冠帶、帝旺水，切忌沐浴、死、墓、絕、胎水納朝。他將湖北鍾祥文峰塔視作我國現存最早的文峰塔，這種看法是偏謬的，因湖北鍾祥文峰塔原本是佛塔，後期才被視作文峰塔，這提醒我們對於現存的文峰塔要考證其興造目的和功用。

高友謙《中國風水》〔註28〕（1992 年）第六章「風水巫術」第七節《「風水塔」和「風水樓」》，對文峰塔現象花了較長篇幅來論述。高友謙指出，在封建社會時期，科舉製作為社會階層縱向流動的渠道競爭十分激烈，反映在風水

〔註24〕張良皋：《匠學七說》，北京：中國建築工業出版社，2002 年。

〔註25〕何曉昕：《風水探源》，南京：東南大學出版社，1990 年。

〔註26〕何曉昕：《中國風水史（增補版）》，北京：九州出版社，2008 年。

〔註27〕王玉德：《神秘的風水——傳統相地術研究》，南寧：廣西人民出版社，1991年。

〔註28〕高友謙：《中國風水》，北京：中國華僑出版社，1992 年。

上，就是各個州縣用堆文峰、建文塔的方式來突出本鄉本土，實現區域間競爭的虛誑做法。這點何曉昕在《東南風水初探》中已經提及。高友謙將風水塔歸類為風水巫術，指出風水塔只是鎮壓山水、增補形勢，而與佛教教旨無關，並沒有什麼實用內容。這一看法太過割裂風水塔和佛教的關係，沒有注意到風水塔與佛教的複雜關係。

王其亨主編《風水理論研究》〔註29〕（1992年）彙集風水理論研究論文23篇，廣泛涉及風水淵源沿革，流派宗旨，哲學、美學和科學內涵，以及在建築實踐如城鎮、宮宅、陵墓等選址規劃設計及營建中的應用。其中日本學者崛込憲二《風水思想和中國的城市——以清代城市為論述中心》〔註30〕（1985年）一文中提到案山對縣治衙署、學宮的重要性，學宮的案山常選擇象形於文士學士的用具或有關物品，如筆或筆架形，其中又有筆峰、文峰、文筆塔等名稱，並舉出幾個例子。這對於我們認識文筆峰、筆架山、文峰塔與學宮的關係有所幫助。

慧摩、妙度合著《中國風水術》〔註31〕（1993年）是一部對中國風水術的技術理論作介紹的專著，對風水術的陰陽五行、天干地支、八卦等基礎問題，以及龍穴砂水、陽宅風水的具體操作方法都有詳細介紹，對文峰的風水理論介紹殊為簡短，也未對文峰的風水理論發展脈絡做介紹。但他注意到了文筆峰和文峰塔的關係，指出為補充文峰不足的形勢，才修建文筆塔、文昌閣、魁星樓等高大建築物來彌補。

此處僅舉出數本較早出的風水理論研究著作中有關風水塔、文峰塔的論述，後來新出的風水理論著作多是因襲前人之論，少見新特之論。目力有限，或有遺珠棄璧，敬請補正。

科舉

本書要廣泛參考唐宋元明清歷代科舉制度研究專著，但在研究現狀中，僅列舉與文峰塔相關的科舉文化研究文獻。科舉制起於隋唐，而盛於宋，明清時期達到頂峰。有關科場之迷信，唐代主要是「定命論」，宋代開始更加豐富，在科名前定的信仰下，還有諸如夢兆、命相、風水、積德等觀念盛行。宋代的科舉風水理論已經十分豐富，但尚有待全面整理。

〔註29〕王其亨主編：《風水理論研究》，天津：天津大學出版社，1992年。
〔註30〕文炯翻譯：〔日〕《建築雜誌》，1985年11月號（Vol.100，No.1240）。
〔註31〕慧摩、妙度合著：《中國風水術》，北京：中國文聯出版社，1993年。

　　臺灣學者梁庚堯、廖咸惠、劉祥光在研究宋代科舉迷信和風水文化方面成就卓著。梁庚堯《士人在城市：南宋學校與科舉文化價值的展現》〔註 32〕在研究南宋官學的科舉文化價值時，指出南宋學校的科舉表現受到興修前後的風水環境影響，並列出大量文獻實例來論證。廖咸惠《探休咎：宋代士大夫的命運觀與卜算行為》〔註 33〕（2004 年）和《體驗「小道」：宋代士人生活中的術士與術數》〔註 34〕（2009 年）二文中對宋代士大夫與風水師命相師的關係進行了研究，宋代士人為追求科舉仕進而求助於卜算之術，因生活需要與風水術士交往酬贈。劉祥光《宋代風水文化的擴展》〔註 35〕（2010 年）中對宋代風水文化之擴展做了深入研究，特別是對地方官學學舍在擇址和營建過程中對風水理論的利用活動介紹甚詳。

　　明清時期科舉風水習俗更為熾盛，研究者也頗多。黃志繁《明代贛南的風水、科舉與鄉村社會「士紳化」》〔註 36〕（2005 年）一文，以贛南府學縣學的改建為例，指出其受到科舉風水習俗的影響。其中特別有意思的是贛州府縣學因貪慕景德寺前卓筆狀山勢，而與景德寺交換地盤的過程，可見在風水視野下府縣學與寺廟的博弈，從中可以看到風水活動蘊含著複雜的國家與社會互動的關係。西北師範大學張濤《明代科場迷信研究》（碩士學位論文，2006 年）中便涉及堪輿類迷信，指出墳塋、陽宅、學校的風水會影響到科舉的表現。關傳友《「興人文」「發科甲」——基於風水因素的明清皖西學場營建的官紳互動》〔註 37〕對明清時期皖西地區的地方官員和士紳，為了興人文、振文風、發科甲，而以風水名義對「學場」進行風水營建，如興造州縣儒學、建文峰塔、修魁星閣和文昌宮、改設城門等等。北京林業大學彭榮《中國孔廟研究初探》（博士學位論文，2008 年）特別提到孔廟擇址時都選有風水中的案山，且不

〔註 32〕劉翠溶、石守謙編：《第三屆國際漢學會議論文集：經濟史、都市文化與物質文化》（臺北：中央研究院歷史語言研究所，2002），第 283～291 頁。

〔註 33〕走向近代編輯小組編：《走向近代：國史發展與區域動向》，臺灣東華書局股份有限公司，2004 年，第 1～43 頁。

〔註 34〕廖咸惠：《體驗「小道」：宋代士人生活中的術士與術數》，《新史學》20 期 4 卷，2009 年，第 1～58 頁。

〔註 35〕劉祥光：《宋代風水文化的擴展》，《臺大歷史學報》第 45 期，2010 年 6 月，第 1～78 頁。

〔註 36〕黃志繁：《明代贛南的風水、科舉與鄉村社會「士紳化」》，《史學月刊》，2005 年 11 期。

〔註 37〕關傳友：《「興人文」「發科甲」——基於風水因素的明清皖西學場營建的官紳互動》，《皖西學院學報》，2014 年 2 月，第 30 卷第 1 期。

少孔廟朝南的案山上都有文筆塔。白海峰、王如冰《西安府文廟的擇址及其對周圍環境的塑造》〔註38〕（2010年）也提到文廟周圍一般都建有文筆塔、魁星樓等較為高大的建築物，且引用《相宅經纂》、《陽宅三要》等風水文獻對文廟宜有文筆塔、奎文樓做風水理論證明。

文獻

風水古籍如《青烏》《狐首》《葬書》《宅經》之類多好託古，真偽難辨，年代難定。若對風水文獻不作考證，信以為真，則無法瞭解風水理論發展的真實情況。宋以前之風水書籍散佚殆盡，宋元版風水書籍又寥若晨星。風水文獻也因其故作神秘，深奧難解，故一般學者也常視如畏途，引用時不作選擇，常轉抄他人所引。如現在有關文峰塔的研究中，大都是引用清代高見南《相宅經纂》、趙九峰《陽宅三要》《地理五訣》等書。明代風水書籍數量繁多，且多善本，而引用者甚少，更別說宋元風水文獻。目前風水古籍的文獻學研究主要集中在目錄學中，如《四庫全書總目》〔註39〕、余嘉錫《四庫提要辯證》〔註40〕、陳樂素《宋史藝文志考證》〔註41〕、趙建雄《風水善本書目初編》〔註42〕（1995年）等。

特別值得一提的是南京大學范春義《古代風水文獻研究》（博士學位論文，2008年），探討了風水文獻的生成、傳播、文體及類型四個問題；對宋前風水文獻做了輯佚；對《黃帝宅經》《葬書》《地理新書》等書的真偽、版本及成書流傳過程都做了詳細探究，是真正以文獻學方法研究古代風水文獻的論文。張齊明《亦術亦俗——漢魏六朝風水信仰研究》〔註43〕（2011年），該書立足於漢魏六朝時期風水文獻的發展脈絡，將《葬書》的理論體系與漢魏六朝時期的墓法加以比較分析，從另一個角度來考察《葬書》的成書問題，另對青烏子與《葬經》也進行了探究。另外如敦煌風水文獻的研究也值得注意，陳於柱《敦煌寫本宅經校錄研究》〔註44〕（2007年）、金身佳《敦煌寫本宅經葬書

〔註38〕白海峰、王如冰：《西安府文廟的擇址及其對周圍環境的塑造》，《文博》，2010年01期。

〔註39〕〔清〕永瑢等撰：《四庫全書總目》，北京：中華書局，1965年。

〔註40〕余嘉錫：《四庫提要辯證》，北京：中華書局，1980年。

〔註41〕陳樂素：《宋史藝文志考證》，廣州：廣東人民出版社，2002年。

〔註42〕趙建雄主編：《風水善本書目初編》，中華風水協會出版，民國84年（1995年）。

〔註43〕張齊明：《亦術亦俗——漢魏六朝風水信仰研究》，北京：中國人民大學出版社，2011年。

〔註44〕陳於柱：《敦煌寫本宅經校錄研究》，北京：民族出版社，2007年。

校注》〔註45〕（2007 年）、關長龍《敦煌本堪輿文書研究》〔註46〕（2013 年）都是敦煌風水文獻研究力作。另外如浙江大學肖民《〈葬書〉考辨》（碩士學位論文，2003 年）、浙江大學馮靜《〈黃帝宅經〉考》（碩士學位論文，2004 年）、東北師範大學杜曉靜《宋代術數文獻研究》（碩士學位論文，2013 年）皆堪稱佳作。

小結

　　綜上可見，當前有關文峰塔之研究成果數量眾多，學科面廣，方法多樣。這些研究成果以建築學界研究成果最為專業和成熟，他們的研究對象中有大量的文峰塔，代表作如張馭寰《中國風水塔》、李德喜謝輝主編《湖北古塔》等。趙克禮《陝西古塔研究》在紮實的古塔踏勘統計基礎上，以歷史文化學的方法對陝西省文峰塔做了精彩而深刻的分析。姜海濤《清代四川地區風水塔的時空分布研究》採取歷史地理學的方法揭示清代四川地區風水塔的時空分布規律，並對其社會經濟根源做了分析。風水文化研究學界，對文峰塔往往都用力不多，在風水文獻的使用方面，也多選用清代風水典籍，而未能運用唐宋風水文獻來揭示文峰塔的理論根源。當前文峰塔的研究成果總體而言十分碎片化，筆者大概總結當前文峰塔研究的成就和不足有如下數條：

　　（一）文峰塔以明清時期興建最多，因而學界對明清文峰塔的關注也最多，且大多數認為文峰塔起源於明代，實際上北宋時期文峰塔的風水理論和社會觀念就已存在。因為此點認識不到位，故尚無對宋代文峰塔做系統研究的著作。

　　（二）文峰塔是科舉制的產物人盡皆知，但科舉制起於隋唐而興盛於宋，為何隋唐時期無文峰塔而宋代卻有，這個問題尚未有人提出和解決。這就需要對唐宋科舉制度的發展變遷有更深刻的認識。

　　（三）早期文峰塔多採用佛塔之型制，學界有目共睹。對於為何採用佛塔這種建築形制，學者大多用清代風水文獻來解釋，尚未有人利用唐宋風水文獻來考證。

　　（四）文峰塔是為培補形勢、振興科舉的風水塔，因而很多人認為文峰塔完全不具有佛塔之意義。這就忽視了早期文峰塔的產生，實際上是視佛塔為文筆峰，從而佛塔具有了文峰塔的意義，這種現象明清時候仍然大量存在，並且

〔註45〕　金身佳：《敦煌寫本宅經葬書校注》，北京：民族出版社，2007 年。
〔註46〕　關長龍：《敦煌本堪輿文書研究》，北京：中華書局，2013 年。

很多文峰塔本身還兼具著佛塔的宗教意義。文峰塔上佛塔崇拜功能的剝離是個逐步的過程，明清時候才出現了純粹意義的風水塔。

（五）很多人注意到文峰塔與學校、孔廟的關係，但尚未有人以科舉信仰為中心，對學校與孔廟、文昌閣、魁星閣、文峰塔等建築之間的關係做整體性的研究。

（六）文峰塔的興建多由士大夫和鄉紳籌建，但佛教僧眾也參與了部分文峰塔的興建，這一點不可忽視。佛教造塔功德信仰以及社會慈善思想，都對文峰塔的勸募、興建、維護、重修，有著或隱或顯的影響。

以上當前研究的成就和不足，筆者在本書中將詳者略之，略者詳之，著重從前人研究未及和不足之處入手，盡力解決這些問題。

三、研究方法和思路

文峰塔的研究涉及多個學科的知識，就目前研究成果來看，呈現出碎片化的特徵，如何將建築學、風水學、科舉學、文獻學、民俗學、宗教學、社會學等多個學科的研究成果吸收利用，來考證文峰塔的起源和發展問題，是一項繁重的工作。問題的解決需要開放的思路，但史料無疑是最基本的。荀子曰：「君子生非異也，善假於物也。」在利用前人成果的前提下，許多時候仍需要自己搜集第一手資料。

文獻學

借助《四庫全書》、《四部叢刊》、《古今圖書集成》、愛如生《中國基本古籍庫》和《中國方志庫》、中國國家圖書館《二十五史研習系統》《全唐詩分析系統》《全宋詩分析系統》等檢索軟件，實現古籍資料電子檢索的最大方便。即便如此，搜索整理工作仍然十分繁重。

利用《崇文總目》《郡齋讀書志》《直齋書錄解題》《通志‧藝文略》《宋史‧藝文志》等宋元公私書目來尋找可靠的宋元風水文獻，選取見於書目而又有善本傳世的風水古籍，以此來瞭解宋元風水術發展的真實情況。這些宋元善本古籍多收入叢書和類書，如《續修四庫全書》收有金刊本《地理新書》，《永樂大典》尚保存四卷「相地」，多為宋代風水古籍，《原國立北平圖書館甲庫善本叢書》收有元刊本《黃帝周書秘奧》和《胡先生陰陽備用》的殘卷，而臺灣「國家圖書館」古籍影像檢索系統中有元刊本《塋原總錄》和《新刊地理名家大全錦囊經》，另外韓國奎章閣圖書館收藏有胡舜申《地理新法》的電子影像，只

有這些材料才能最大限度的反映出宋代風水文獻的真實情況。另外一些風水文獻雖見於宋代官私書目，但苦無宋元善本的，就須謹慎使用，須採用文獻學的方法對其進行考訂辨偽，以使立論有據。

歷史地理學

宋元方志資料的檢索，一方面可借助愛如生《中國方志庫》進行檢索，另一方面可借助《宋元方志叢刊》、《宋元地理志叢刊》和《宋元地理史料彙編》等著作，對其中已有電子版的進行電子檢索，儘量減少疏漏，爭取能夠全面掌握宋代文筆峰和文峰塔的時空分布情況。

在掌握基本情況後可採取歷史地理學，主要是沿革地理學和地名學的方法，借助編纂於不同時期的方志、總志等地理史料，對文筆峰地名（含卓筆峰、筆峰、筆[山]等）做歷時性的研究，揭示文筆峰風水在宋代的發展過程。

社會學

雖然隋唐時期已實行科舉制度，但取士數量少且不說，並且只是官員銓選的多種途徑之一，其對社會階層流動的作用甚微，反映在唐代術數活動中也很寥寥，更別說科舉風水。只有宋代科舉制度成為官員銓選的主要途徑，且「一切以程文為去留」，風水術數才開始普遍關注科舉命運和文筆風水問題。以社會階層流動理論來研究唐宋科舉制度與風水活動的雙向互動關係，將是揭示為何唐代有科舉制而無文峰塔的重要途徑。在社會制度影響風水活動的思路下，不僅限於風水術，而稍作拓展，兼顧祿命、人相、占卜等術數活動，對唐宋時期與科舉相關的術數活動發展做大致梳理。

科舉制帶來的社會階層流動成為一種社會動力，促使政府、鄉紳、庶民紛紛參與到科舉風水活動，從自家的陰宅、陽宅風水選擇，到參與都邑、縣學風水的營建修補，形成了宋元明清時期十分具有特色的風水現象。

宗教學

佛教的中國化和世俗化過程歷時悠久，佛教對中國文化的影響也是達於心而流於物。佛塔從窣堵波式到中國化的樓閣式塔，顯示了中國文化對佛教強大的同化能力，也顯示了佛教強大的適應能力。若無形狀肖似文筆的樓閣式佛塔，也可能便不會有文峰塔。中古時期佛塔營建技術的成熟，以及造塔功德信仰的流行，都對文峰塔的營建起到了或隱或顯的作用。而早期文峰塔也是具有佛教功能意義的佛塔，並不純然是風水塔。

第一章　宋代文峰塔研究

　　張馭寰先生在《中國風水塔》「緒論」中認為「風水塔從 14 世紀才開始建設」[註1]，但又稱「在中國最早的風水塔，應當說在唐宋時代已有雛形」[註2]。明清時期文峰塔的興盛有目共睹，對唐宋時代的研究卻論者寥寥，致使大多學者都認為「風水塔從 14 世紀才開始建設」。偶有研究者發現唐宋時期的文峰塔，卻又未加詳考：

　　如王玉德認為湖北省鍾祥市文峰塔是我國現存最早的文峰塔[註3]，該塔始建於唐朝廣明元年（880），明洪武二十三年（1390）重建。《（民國）鍾祥縣志》卷四收錄明初唐志淳《龍山重建白乳高僧塔記》，該塔記撰於洪武二十三年（1390），其中敘述了白乳高僧塔的歷史和重建的過程，絲毫未提及振興文風的意思。可知該塔本是佛塔，明初尚無文峰塔的意義，其被視作文峰塔大概是明朝中後期的事情。

　　萬幼楠認為江西省興國縣「廢於元和明代的橫石塔和西山塔，恐為我國最早的文峰塔」[註4]，其所依據的明嘉靖二十九年（1550）知縣盧柱所作《朱華塔記》，蓋此時文峰塔風水習俗已很興盛，並無更早之資料證明橫石塔和西山塔有文峰塔的意義，有待深察。僅就筆者研究，宋代有文峰塔已是不爭的事實，下面將展開論述。

〔註1〕張馭寰：《中國風水塔》，北京：學苑出版社，2011 年，緒論第 3 頁。
〔註2〕張馭寰：《中國風水塔》，北京：學苑出版社，2011 年，上篇「概述」第 3 頁。
〔註3〕王玉德：《神秘的風水——傳統相地術研究》，南寧：廣西人民出版社，1991 年，第 265 頁。
〔註4〕萬幼楠：《贛南古塔研究》，《南方文物》，1993 年 01 期，第 75 頁。

第一節　饒州妙果寺塔

一、范仲淹與學校風水

范仲淹（989～1052），字希文，蘇州吳縣人（今江蘇省吳縣），大中祥符八年（1015）進士及第，仕宦歷經宋真宗、宋仁宗兩朝，為臣忠正，敢於直言，文武兼備，智謀過人，卒諡曰「文正」，為北宋一代名臣。范仲淹的政績頗多，雖盛讚之亦無溢美之嫌，此處只說范仲淹興學一事。范仲淹自入仕以來，先後在廣德軍、泰州、睦州、蘇州、饒州、潤州、延州、幽州、杭州等十多處擔任地方官吏，職任所履，咸興學校。

大中祥符八年（1015），范仲淹進士及第，授廣德軍（今在安徽）司理參軍。范仲淹到任之後，即在治所北面興建學校，並延請名士授學，「於是郡人之擢進士第者相繼於時」〔註5〕。天聖年間，范仲淹任興化縣令（今屬江蘇），即在滄浪亭旁修建學舍。景祐元年（1034），范仲淹出守睦州（今浙江省淳安縣），任間修葺擴建了州學。其後范仲淹又任職於蘇州，亦有捨宅建學的佳話。按《范文正公年譜》所載：

> 二年乙亥·年四十七歲。是年公在蘇州，奏請立郡學。先是公得南園之地，既卜築而將居焉，陰陽家謂當踵生公卿。公曰：「吾家有其貴，孰若天下之士咸教育於此，貴將無已焉。」遂即地建學。既成，或以為太廣，公曰：「吾恐異時患其隘耳。」（今學明倫堂東西有公手栽樹兩株，郡縣各建一石坊樹下，題曰：「范文正公手植」。）元祐四年，公之子純禮出自奉常，制置江淮六路漕事，持節過鄉郡，即學拜公像。睹學之弊，復請於朝，新而廣之。吳學至今甲於東南。〔註6〕

據王瑞來考證，《范文正公年譜》約撰成於開禧（1205～1207）末嘉定（1208～1224）初〔註7〕。范仲淹購買南園之地作家宅基地，延請陰陽家堪輿風水，陰陽家說：「此地為貴地，日後會公卿踵生，接連出官貴。」范仲淹說：「我家因此貴地而得富貴，不如讓天下讀書人在此受教育，日後中第為官，得富貴的人將沒有窮盡。」范仲淹之大公無私，先天下後自己的高風亮節赫然可

〔註5〕〔宋〕范仲淹著，李勇先、王蓉貴校點：《范仲淹全集》，成都：四川大學出版社，2007年，第867頁。

〔註6〕《范仲淹全集》，第880頁。

〔註7〕張希清，范國強編著：《范仲淹研究文集》（5），北京：北京大學出版社，2009年，第288頁。

見。朱長文作《蘇州學記》述及此事：

> 始，姑蘇郡城之東南有夫子廟，所處隘陋。及文正公以天章閣
> 待制守是邦，欲遷之高顯，相地之勝，莫如南園。南園者，錢氏之
> 所作也。高木清流，交陰環澈，乃割其巽隅以建學。廣殿在左，公
> 堂在右，前有泮池，旁有齋室。是時學者才逾二十人，或言其太廣。
> 文正曰：「吾恐異日以為小也。」於是召安定先生首當師席，英才雜
> 沓，自遠而至。厥後登科者逾百數，多致顯近。由景祐迄今五十餘
> 載，學者倍蓰於當時，而居不加闢也。〔註8〕

朱長文《蘇州學記》作於北宋元祐四年（1089）。范仲淹以夫子廟隘陋，
欲重為之規劃，相形勝之地，遷之於高顯之處，而得南園之地，又割南園的巽
隅（東南角）建學校。從中可以看出，蘇州郡學的擇址受到了風水理論的影響。

景祐三年（1036），范仲淹徙知饒州，乃遷建饒郡之學，按《年譜》所記：

> 公又遷建饒之郡學。饒之山水大率秀拔，公識其形勝，曰妙果
> 院，一塔高峙，當城之東南，屹起千餘尺，城之下枕瞰數湖，水脈
> 連秀，於是名之曰文筆峰、硯池。學既建而生徒浸盛，由公遷指學
> 基而興建也。且曰：「二十載後，當有魁天下者。」逮治平乙巳，彭
> 汝礪果第一人及第。公沉幾遠識如此。〔註9〕

范仲淹徙知饒州，又遷建郡學，相饒郡之形勝而得妙果院附近，以妙果院
佛塔為文筆峰，以東湖為硯池，還預言「二十載後，當有魁天下者」，儼然精
通風水術者。寶元元年（1038），范仲淹在潤州任上，對州學也是加以修葺，
邀請李泰伯來教授。慶曆乙酉年（1045），范仲淹為鄱城守，又因通守太常博
士王稷之請，而議改建夫子廟。此事在范仲淹《邠州建學記》中有述：

> 慶曆甲申歲，予參貳國政，親奉聖謨，詔天下建郡縣之學，俾
> 歲貢群士，一由此出。明年春，予得請為鄱城守。署事之三日，謁
> 夫子廟。通守太常王博士稷告予曰：「奉詔建學，其材出於諸生備矣。
> 今夫子廟隘甚，群士無所安。」因議改卜於府之東南隅，地為高明，
> 遂以建學，並其廟遷焉。〔註10〕

范仲淹和王稷等商議改卜夫子廟選址時，選擇了府治的東南隅，地勢高敞
明亮，在此建立學校，並將夫子廟也遷過來。綜上來看范仲淹在蘇州郡學、饒

〔註8〕《范仲淹全集》，第1183頁。
〔註9〕《范仲淹全集》，第885頁。
〔註10〕《范仲淹全集》，第196頁。

州郡學、汾州州學的建設選址上，都運用風水術來勘察地勢，以起到讓學校多出人才登科入仕的目的。

二、妙果寺塔溯源

上節已知，范仲淹在遷建饒州郡學時，將妙果禪院佛塔當作文筆峰，故本節將先對妙果寺塔做簡要考述，以便後面展開討論。

饒州妙果寺，又名妙果禪院，在今江西省鄱陽市。按康熙《鄱陽縣志》卷十六所載，「妙果寺在朝天門外，寶勝橋西南，唐貞觀十年創」。〔註11〕雖無其他資料證實妙果寺始創於唐貞觀十年（636），但唐代劉汾所作《大赦庵記》記載「文德元年，汾謹將前山田地施捨，創立禪寺一所，名曰南山寺，召到屬郡鄱陽北隅妙果寺禪僧至明、至公等五人入寺住持。」〔註12〕文德元年是唐僖宗年號，為公元888年，此時鄱陽北隅妙果寺業已存在，妙果寺興建於唐自無疑義。《鄱陽縣志》（2010年）：「妙果寺在北關外附近，即芝陽師範左側。唐貞觀十年（636）創建，屢有興廢。清光緒二十八年（1902）重修，前後二楹。寺旁有祀山廟。20世紀中葉毀，2003年重建。」〔註13〕

妙果寺塔興建於何時則不詳。按同治《鄱陽縣志》卷二「古蹟」記載「土塔，在北門外妙果寺旁，與永福寺塔並峙。」又按康熙《鄱陽縣志》卷十六「仙釋」記載：「西峰禪師好吹鐵笛，妙果寺有塔高十七丈，西峰登塔吹笛，風雨驟至，俗傳其名曰沙彌，識者謂其為西峰禪師。」同治《鄱陽縣志》卷二十二「仙釋」言：「西峰姓周，板埠橋人。好吹鐵笛。鄱陽妙果寺塔，其高十七丈，西峰吹笛於塔尖，風雨驟至。行必與一烏犬俱，一日至白湖山，以錫杖插地俟犬，遂成井，號西峰井。」〔註14〕西峰禪師登塔吹笛的故事，不知康熙《鄱陽縣志》引自何書。按《輿地紀勝》卷十九「寧國府・仙釋」記「西峰禪師：唐末僧清素，自言從五臺山來，眉目端秀，以久旱結綵樓祈雨，師表竹於樓外，曰雨於竹外，已而果然」。〔註15〕可知西峰禪師生活於唐宋之交，有呼風喚雨

〔註11〕〔清〕王克生修：《鄱陽縣志》，康熙二十二年刊，卷十六・寺觀十，國家圖書館數字方志。

〔註12〕〔清〕董浩等編：《全唐文》，北京：中華書局，1983年，第8315頁。

〔註13〕江西省鄱陽縣地方志編纂委員會編：《鄱陽縣志》，北京：方志出版社，2010年，第936頁。

〔註14〕〔清〕項珂、陳志培修：《鄱陽縣志》，同治十年刊，卷二十二「仙釋」，國家圖書館數字方志。

〔註15〕〔宋〕王象之；趙一生校注：《輿地紀勝》，杭州：浙江古籍出版社，第638頁。

之神通，由此可確定唐末之時，妙果寺塔即已經存在。

　　根據以上文獻，《鄱陽縣志》（2010年）稱「妙果寺土塔：在縣城妙果寺前。始建於唐，高約56.7米，與永福寺塔並峙，即東湖十景『雙塔鈴音』中之一塔，清同治二年（1862）毀圮於自然災害。新中國成立前尚有塔基，今無存。」〔註16〕

　　元代徐瑞《詠竹》詩有題跋曰：「時歸過蘆溪，乃尋九世祖萬平公所居，造磚建州之妙果浮屠遺址，忽睹修竹森森，作此刻竹上。」〔註17〕徐瑞，字山玉，鄱陽人，生於宋寶祐甲寅年，卒年七十一，則其生卒年為（1254～1324），有《松巢漫稿》傳世。清代鄱陽人史簡編纂《鄱陽五家集》，收錄徐瑞《松巢漫稿》三卷，《詠竹》一詩即在其中。徐瑞言其造訪「磚建州之妙果浮屠遺址」，難道妙果寺浮屠原為磚建，後於宋元之際曾遭毀壞嗎？那麼同治《鄱陽縣志》卷二「古蹟」所說之妙果寺土塔很有可能是後來重建的。

　　康熙《鄱陽縣志》卷十六「寺觀」載鄱陽縣有「浮圖四：一在永福寺，一在妙果寺，一在龍王山，一在花橋北。」同治《鄱陽縣志》卷首繪有鄱陽縣境圖，但已漶漫不清，《波陽縣志》〔註18〕摹寫重繪更為清晰，圖中可看到妙果寺和妙果寺前的土塔（在同治年間已稱為土塔）。附圖於下：

圖 1-1

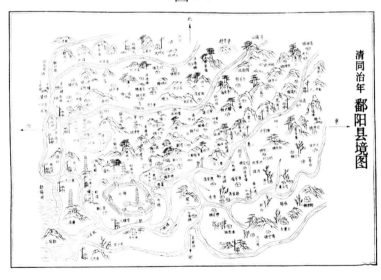

清同治年　鄱阳县境图

〔註16〕江西省鄱陽縣地方志編纂委員會編：《鄱陽縣志》，北京：方志出版社，2010年，第937頁。

〔註17〕〔清〕史簡：《鄱陽五家集》，《影印文淵閣四庫全書》第1476冊，臺北：臺灣商務印書館，1982年，第386頁。

〔註18〕江西省波陽縣志編纂委員會：《波陽縣志》，南昌：江西人民出版社，1989年。

永福寺塔興建於宋天聖二年（1024），在鄱陽縣城東，與妙果寺塔雙塔並峙，塔上鈴鐺隨風而響，成為東湖十景之一的「雙塔鈴音」。元代吳存、葉蘭都曾作《雙塔鈴音》詩。

> 雙塔鈴音
>
> 吳存
>
> 文筆雙峰銳刺天，風簷萬鐸語蒼煙。
>
> 漫將磚土輕分別，影落平湖一樣圓。〔註19〕
>
> 雙塔鈴音
>
> 葉蘭
>
> 雙塔凌青霄，風鈴敲夜永。幽響度寒泉，餘音亂秋景。
>
> 琳琅合天籟，百慮動深省。聽之亦岑寂，獨步招提境。〔註20〕

三、從佛塔到文筆峰

歐陽修撰《資政殿學士戶部侍郎文正范公神道碑銘並序》時，僅提到范仲淹「坐落職，知饒州。明年，呂公亦罷。公徙潤州，又徙越州。」〔註21〕對饒州任上之事一字未提。《宋史·范仲淹傳》對范仲淹在饒州之事也一筆帶過，僅作「仲淹在饒州歲餘，徙潤州，又徙越州。」〔註22〕而且范仲淹的詩文中也不曾提到妙果浮屠之事。以妙果寺佛塔為文筆峰的事，最早的材料見於陳貽範《鄱陽遺事錄》。《四庫全書總目》論及《鄱陽遺事錄》曰：

> 《鄱陽遺事錄》·一卷（浙江巡撫採進本）
>
> 宋陳貽範撰。貽範，天台人。初，范仲淹嘗守鄱陽，有善政，饒人為之立祠。紹聖乙亥，貽範為通判，因取仲淹在饒日所修創堂亭遺跡及其遊賞吟詠之地，採而輯之，以志遺愛。自《慶朔堂》至《長沙王廟記》，凡十有三目。前有貽範《自序》。〔註23〕

陳貽範作《鄱陽遺事錄序》曰：

> 饒人為之立祠班春堂、天慶觀、州學之講堂凡三所，由景祐距

〔註19〕〔清〕項珂、陳志培修：《鄱陽縣志》，同治十年刊，卷二「古蹟」，國家圖書館數字方志。

〔註20〕〔清〕黃登穀修：《鄱陽縣志》，乾隆十年刊，卷一，國家圖書館數字方志。

〔註21〕《范仲淹全集》，第814頁。

〔註22〕〔元〕脫脫等撰：《宋史》，北京：中華書局，1977年，第29冊第10270頁。

〔註23〕〔清〕永瑢等撰：《四庫全書總目》，北京：中華書局，1965年，第537頁。

此僅六十載，香火不絕，牲牢日盛，較以千人間，流澤之遠，惠愛之被，獨公一人而已矣。然公之遺風餘美，實浹於物，每於民之去思，又豈止夫祠堂而已乎！公視政日，所以製作修創之迹，遊賞吟詠之舊，莫不敬而念之。余因採其所敬念者，命曰《范公鄱陽遺事錄》，非敢徵名於世，庶其垂訓於後，而不事於召棠之歌詠也。〔註24〕

陳貽範，字伯模，浙江天台人，北宋治平四年（1067）進士。按《四庫全書總目提要》所說，陳貽範於北宋紹聖乙亥（1095）作饒州通判，其時距范仲淹景祐三年（1036）知饒州時已過去六十年，和陳貽範《鄱陽遺事錄序》中所說「由景祐距今僅六十載」相符。樓鑰撰《范文正公年譜》已是南宋開熙、嘉定之時，又過去一百餘年。《范文正公年譜》中所述饒州任上事，顯然是引用自陳貽範《鄱陽遺事錄》。茲將《鄱陽遺事錄》中饒州文筆峰、郡學之事抄錄如下：

文筆峰、硯池

饒之山水大率秀拔，有豪傑者出焉。公之至，識其形勝，一日乃曰：「妙果禪院一塔高峙，當城之東南，屹起千餘尺，饒之文章應也。城之下枕瞰數湖，水脈連秀，抑為儒者滋顯也。」於是名其塔為文筆峰，目其湖為硯池，且曰：「二十年後當出狀元」。逮治平乙巳，州人彭尚書汝礪果第一人及第，公之沉幾遠識且足書也。

州學基

公所謂妙果浮圖為文筆峰，東湖為硯池，而郡學之基乃占文筆、硯池之中，而公指之也。然其當州城之巽地，周環枕湖水，長堤數里，林木掩映，坡麓森爽。學既建，而生徒日盛，牓牓有登第者，多巍科異等。信夫公之興創，非唯示法於一時，能為典刑於後世者也。噫！饒之學自晉虞溥作教諭以招誘士子，數歲間聚徒幾二三千，爾後零散，儒風挑撻。由公遷指基址，今殆四千人，公之德惠豈尋常之比哉！惜乎公去之速，未及建立，而規模不甚宏，齋宇不甚整，迄今見者之歎惜，而學者之歎念焉。堂之上所以置公之祠，而朝夕瞻敬者，蓋不忘公之指擇也。〔註25〕

綜合以上兩則可以看出，范仲淹「名其塔為文筆峰」乃因妙果禪院佛塔「當

〔註24〕　《范仲淹全集》，第 968～969 頁。
〔註25〕　《范仲淹全集》，第 1569～1570 頁。

城之東南，屹起千餘尺，饒之文章應也」。按宋初官修《地理新書》卷六「貴山」所載「文筆山似方倉，在排衙山外，主子孫居方伯之任。」〔註26〕《地理新書》雖最終成書於 1071 年，但其內容來源於早在景德二年（1005）就已成書的司天監史序編纂的《乾坤寶典》，而《乾坤寶典》乃是據秘閣所藏天文、地理、陰陽術數之書編纂，因此《地理新書》可謂是宋初以前風水文獻的集成。文筆山的風水理論最晚在宋初就已存在。范仲淹博學多才，且曾任秘書省校書郎、秘閣校理等職位，所閱之書必廣博，或曾涉及風水堪輿之書。范仲淹的好友王洙即是《地理新書》的編纂者，而且早在景祐二年（1035），范仲淹捨所購南園為蘇州郡學之基時，已和通風水的陰陽家打過交道，對風水應當有所瞭解。陳貽範《鄱陽遺事錄》中說范仲淹預言「二十年後當出狀元」，且後來果然應驗，則把范仲淹描繪成一個精通風水的專家了。

　　《鄱陽遺事錄》中只有文筆峰、硯池，康熙《鄱陽縣志》中又多出個「督軍臺為印。」康熙《鄱陽縣志》卷八「學校」中記載：「宋景祐間范仲淹知饒州，指城外督軍湖北可為學基（謂湖為硯，督軍臺為印，妙果浮圖為文筆，建學於此，二十年當出狀元）。」「督軍臺為印」一說不知起於何時，但妙果浮圖為文筆峰的觀念出現之後，就對後世產生了深遠影響。

　　陳貽範曰：「信夫公之興創，非唯示法於一時，能為典刑於後世者也。」妙果寺浮圖的文筆峰形象深入人心。南宋方逢辰作於 1254 年的《雲塔序》曰：「妙果院造一塔，范文正公曰此番水文章之應，因目曰文筆山，後二十年趙汝礪（當為彭汝礪）果魁天下。文正何人，豈惑乎陰陽家者。」其後又說「予謂君不必以陰陽家為辭，但舉文正之言、謝氏之詩，以扣同志，孰不聞風以興。」〔註27〕可知范仲淹真是「典刑於後世」了。元代詩人吳存《雙塔鈴音》一詩中言「文筆雙峰銳刺天，風簷萬鐸語蒼煙」，將妙果寺塔和永福寺塔比作文筆雙峰。

　　范仲淹視妙果寺浮圖為文筆峰，乃文章之應，能夠催發饒州郡學的生員學子多多登名仕榜，這已經是把妙果寺浮圖當作文峰塔。這也是筆者所能找到最早具有文峰塔意義的佛塔了。而范仲淹的名人效應，也使得妙果院塔「非唯示法於一時，能為典刑於後世」，宋代文峰塔的出現自此開始。

〔註26〕〔宋〕王洙：《重校正地理新書》，北京圖書館藏金刻本，《續修四庫全書》第1054 冊，上海：上海古籍出版社，第 55 頁。

〔註27〕〔宋〕方逢辰：《蛟峰先生文集》，《北京圖書館古籍珍本叢刊・88》，北京：書目文獻出版社，1998，第 799 頁。

第二節　湖州道場山多寶塔

一、道場山與文筆山

圖 1-2〔註28〕　多寶塔

　　熙寧癸丑先公登第，天子擢居第一，為權臣所軋，故居第二，大父頗不平。湖州道場山有老僧，為大父言：「此非人事。道場山在州南離方，文筆山也，低於他州，故未有魁天下者。」僧乃丐緣，即山背建浮屠，望之如卓一筆，既成，語州人曰：「後三十年出狀元」。
　　大觀賈安宅、政和莫儔相繼為廷試魁，此吾家事，非誕也。〔註29〕

　　上文出自朱彧《萍州可談》，按《四庫全書總目》說《萍州可談》中原有「宣和元年序」，則此書大概撰成於宣和元年（1119）。此則講述了湖州道場山多寶塔的修造緣由，乃朱彧家事，確然可信。朱彧的父親朱服，字行中，湖州烏程人，慶曆戊子（1048）生，熙寧六年（1073）進士，約卒於崇寧大觀年間，其時六十餘歲，《宋史》有「朱服傳」。有關朱服進士及第，《萍州可談》中另一則材料，可互為佐證：

〔註28〕湖州市文化藝術志編委會：《湖州市文化藝術志》，杭州：浙江古籍出版社，1994 年，圖片。
〔註29〕〔宋〕朱彧撰；李偉國校點：《萍州可談》，《歷代史料筆記叢刊》，北京：中華書局，2007 年，第 162 頁。

先公以慶曆戊子八月十日生，十八歲請解於廣文館。嘗至汴河上，聞瞽者張聽聲知禍福，公叩焉。才謦欬，張即曰：「吾故人也！二十年不相遇。」公竊笑其誕。再詢，知鄉里，便曰：「豈朱祕丞郎君乎？」公愕然，張曰：「慶曆八年重陽日，蒙祕丞置酒，次日詣謝，聞公誕彌月，又得遇慶宴。祕丞令視公，彼時愛此聲，每不忘，屈指已十七年矣。」因道：「公此舉未及第，後六年當魁天下。」皆如其言。至今汴河常有「張聽聲」，蓋襲其名也。〔註30〕

朱服生於慶曆戊子（1048），求測於瞽者張聽聲時年十八，「後六年當魁天下」也即熙寧癸丑（1073）24歲時。按《宋史》「朱服傳」載「朱服，字行中，湖州烏程人，熙寧進士甲科」〔註31〕，只言其為進士甲科，未說「當魁天下」之事。內情也只能如朱彧所說「熙寧癸丑先公登第，天子擢居第一，為權臣所軋，故居第二，大父頗不平」。大父是祖父的意思，朱彧的祖父是朱臨，嘗官祕丞，因為朱服屈居第二而頗感不平。道場山老僧對朱臨言：「此非人事。道場山在州南離方，文筆山也，低於他州，故未有魁天下者。」將朱服未能中魁首的原因歸結為湖州文筆山低於他州。也因此，老僧開始丐緣募化，在道場山山背上修建浮屠，望之如卓一筆，且預言「後三十年當出狀元」。湖州烏程人賈安宅為大觀三年（1109）癸丑科狀元，湖州歸安縣莫儔為政和二年（1112）壬辰科狀元。道場山浮屠修成之後，使得湖州文筆山不再低於他州，好像真起到了效果，應驗了老僧的預言。由上可知，道場山浮屠實具有文峰塔之意義。老僧為補湖州文筆山形勢之不足，而募化修建佛塔以像文筆，使本州文筆山高於他州，這是筆者所見最早以振興科舉為目的而專門修建的佛塔。

二、道場山多寶塔

湖州道場山浮屠約興建於元豐（1078～1085）初年，實際名為多寶塔，又名道場塔。同治《湖州府志》記載「多寶塔在道場山頂，俗呼道場塔」〔註32〕。道場山在烏程縣南二十里，舊名雲峰，後人建寺奉佛謂之道場山。唐中和年間，有如訥禪師修行於此，曾伏虎於此，後稱伏虎禪師或伏虎如訥。道場山浮屠即建於道場山頂。宋時道場山有護聖萬壽禪寺，龍源介清、月江正印禪師曾住持

〔註30〕〔宋〕朱彧撰；李偉國校點：《萍州可談》，北京：中華書局，2007年，第157頁。
〔註31〕〔元〕脫脫等撰：《宋史》，北京：中華書局，1977年，第21冊第11004頁。
〔註32〕〔清〕宗源瀚修：《（同治）湖州府志》，清同治十三年刊本，卷二十七，國家圖書館數字方志。

於此。塔名多寶，即顯然是佛塔，其典故來自《妙法蓮華經·見寶塔品》。《湖州市文化藝術志》記載：

> 多寶塔在湖州城南道場山頂，俗稱道場塔。因其高聳城郊，為人視作湖州地域重要特徵。宋元豐（1078～1085）初建，明嘉靖（1522～1566）中修，清道光十九年（1839）重修。此後長年失修，塔身傾斜，1987 年湖州市人民政府撥專款維修，1988 年 6 月竣工。
>
> 塔為磚身木簷樓閣式塔，八面七層，通高 33 米，底層外壁面寬 1.98 米。內壁呈正方形，逐層錯角相疊，二至五層架設樓板。塔身每層均挑出塔簷，飛簷翹角，翼角下懸有風鐸，塔頂置鐵鑄塔刹，由覆缽、寶珠、仰蓮、相輪、寶蓋、圓光、仰月、寶葫蘆等構件組成。塔外觀纖巧，如卓一筆，故在文人筆記中亦稱文筆塔。該塔為市級文物保護單位。〔註33〕

道場山塔修成後，其文峰塔的形象也得到後人的承認。明姜兆熊《樊川叢話》：

> 吾湖向無狀元，宋時有僧善地理，於道場山頂建浮圖七級，其立石適屆丑日，僧曰：「自後逢丑必掇高第。」按大觀己丑賈安宅、紹熙五年補癸丑試張定、嘉定丁丑吳潛、紹定己丑黃樸，無不應也。我明鼎甲雖寥寥，然天順丁丑陳秉中、宏治癸丑溫應祥俱以第三人及第，嘉靖乙丑范應期冠多士，逢丑之說猶然。但天運不常，重修之舉，大改前觀，不知自後尚驗否也。〔註34〕

姜兆雄所講增加了老僧「自後逢丑必掇高第」的預言，且舉例論證；又講了嘉靖間重修多寶塔「大改前觀」的史實，則道場山浮屠之前的形狀已不復可知，今天的多寶塔乃是重修清代的多寶塔。崇禎《烏程縣志》：

> 文筆峰：在道場山，浮屠七級，三學拱為文筆。宋朱服熙寧間進士第二人，其子或所著《可談》云：「熙寧癸丑先公第進士，天子擢居第一，為權臣所軋，故居第二。大父頗不平，道場山老僧謂大父言：『此非人事，道場在州南離方，文筆峰也，低於他州，故未有魁天下者。』僧乃丐緣，即山頂建浮屠，望之如卓筆。既成，語州

〔註33〕湖州市文化藝術志編委會：《湖州市文化藝術志》，杭州：浙江古籍出版社，1994 年，第 272 頁。

〔註34〕〔清〕宗源瀚修：《（同治）湖州府志》，清同治十三年刊本，卷二十七，國家圖書館數字方志。

人曰：『後三十年出狀元。』大觀間賈安宅、政和間莫儔相繼為廷試魁。此吾家事，非誣也。」

按此言，於今驗之果然。宣德間浮屠毀於火，後修之，溫應祿廷試第三；嘉靖間修，范應期廷試第一；萬曆間修，知府陳幼學大書文筆二字於上，庚戌韓敬會試廷試皆第一，應驗如神。〔註35〕

若按崇禎《烏程縣志》，道場塔浮屠宣德間毀於火，後修之，嘉靖和萬曆年間都有維修，如此則有明一代，並非如《湖州市文化藝術志》所說僅嘉靖間有修了。姜兆雄《樊川叢話》所述文筆峰應驗事蹟止於嘉靖乙丑（1565）范應期，而崇禎《烏程縣志》又增加到萬曆庚戌（1610）韓敬。烏程之科舉興旺雖不盡歸因於道場山浮屠，但烏程人卻願意如此認為。明朝時候的重修，恐怕不是為恢復佛塔，而是為了一邑之文脈風水。

第三節　南昌繩金塔

圖 1-3〔註36〕

〔註35〕〔明〕劉沂春修：《（崇禎）烏程縣志》，《日本藏中國罕見地方志叢刊》，北京：書目文獻出版社，1991年，第382頁。

〔註36〕南昌市地方志編纂委員會：《南昌市志（1986～2004）上卷》，北京：方志出版社，2009年，圖片。

貢院落成郡庠諸生畢集因作詩以勉之

吳芾

多士如林古豫章，不應較藝寓僧房。

一朝盡闢荊榛地，萬礎俄新翰墨場。

文筆要同孤塔聳，詞源宜與兩湖長。

會看從此飛鳴去，九萬鵬程未易量。〔註37〕

吳芾（1104～1183），字明可，號湖山居士，台州仙居（今屬浙江）人。高宗紹興二年（1132）進士。乾道五年（1167）知隆興府，隆興府即今江西南昌境內，南宋隆興元年（1165）始置。乾道六年（1168），吳芾以年老請奉祠太平興國宮。該詩所稱貢院，即指南昌貢院。按《（萬曆）新修南昌府志》卷十所記：

> 貢院在東湖之左，前對百花洲。按《豫章續志》豫章舊無貢院，每遇大比，即以城東開元寺為之。宣和元年始創於仙市坊，未幾，經兵火不復存。紹興以來，乃寓能仁上藍寺，後應詔者浸多，寺不能容，遂旁益以光華館。乾道戊子，帥守吳芾議卜築，為經久計，未定所止，故老相率請曰：「開元寺故址，廢不治久矣。舊嘗以比試進士，且受東湖之勝，面直繩金塔，其旁多隙地，實可架屋。湖水泓澄，塔勢孤聳，識者謂有詞源筆峰之象，地無易於此。」〔註38〕

按上所記，可知南昌原無貢院，科考試場在城東開元寺和能仁上藍寺，恰如吳芾所說「不應較藝寓僧房」。乾道戊子年（1168），吳芾議卜地建貢院，最後選擇了開元寺故址。該地「受東湖之勝，面直繩金塔」，因此有「詞源筆峰」之象，實為不易之選。吳芾詩中所稱「文筆要同孤塔聳」，指的就是繩金塔。繩金塔始建於唐末天祐（904～919）年間，《（康熙）南昌郡乘》卷九記載「繩金塔寺，在進賢門外，舊名千佛院，唐天祐間建。有繩金寶塔，相傳建塔時掘地得鐵函，劍三、金瓶、舍利三百，俗名塔下寺。舊有趙松雪碑。」〔註39〕可知該塔本為佛塔，宋朝時被貢舉士子視作筆峰。

〔註37〕〔宋〕吳芾撰：《湖山集》，民國十一年宜秋館刻本，《宋集珍本叢刊》第42冊，北京：線裝書局，2004年，第688頁。

〔註38〕〔明〕范淶修；章潢纂：《（萬曆）新修南昌府志》，明萬曆十六年刻本，《日本藏中國罕見地方志叢刊》，北京：書目文獻出版社，1991年，第179～180頁。

〔註39〕〔清〕葉舟修；陳弘緒纂：《（康熙）南昌郡乘》，清康熙二年刻本，卷九，國家圖書館數字方志。

第四節　通州光孝塔

通州光孝塔位於今南通市光孝寺西北隅，始建於唐代咸通年間，歷史悠久，以致南通有「先有塔，後有城，前人就塔建城」的說法。明《（萬曆）通州志》卷五記載：

> 天寧禪寺：州治西北。唐咸通中，僧藻煥堂建，舊名光孝。天順元年，僧法恩奏改今名，學正黃寧有記。內諸像相傳劉元所塑，寺額曰「大雄殿」，宋徽宗御書。中有光孝塔五級，左有火神廟，右有祠山廟，後有毘盧閣。舊傳宋咸淳中，郡人管公捨宅為寺。明兵部尚書印應雷倡建。〔註40〕

圖 1-4　20 世紀 50 年代光孝塔

《江蘇名塔》中言：「南通天寧寺位於南通市城北中學堂街西首，毗鄰北濠河，是南通僅存的三座隋唐古寺之一。寺建於唐咸通四年（864），初名光孝

〔註40〕〔明〕林雲程修；沈明臣等纂：《（萬曆）通州志》，《天一閣藏明代方志選刊》第 10 冊，上海：上海書店，1990 年，卷九。

寺，後以城西奉聖寺併入，始稱天寧報恩光孝禪寺，簡稱天寧禪寺。」〔註41〕
光孝塔亦稱支提塔，為五級八面磚構木塔，塔高 30 米。南通有民謠「南通三
座塔，角分四六八。兩塔平地起，一塔雲霄插」。三座塔指光孝塔、支雲塔、
文峰塔，其中所謂光孝塔就是「八角」和「平地起」。南通的文峰塔興建於明
萬曆四十六年（1618），而興建於唐咸通年間的光孝塔在宋朝時就被視作文峰
塔。

　　王應鳳《通州貢院記》記「咸淳四年六月辛巳，郡守馮侯弼新作貢院成，
以圖來請記，應鳳不敢辭」，可知該記作於咸淳四年（1268）。《通州貢院記》
記載了通州貢院在南宋時期三易其地而修建的過程，其中記載喬行簡建貢院
的過程如下：

> 逮於嘉定，文惠喬公來守是邦，病其湫隘，遂遷於州治之西溪
> 紫薇舊宅，光孝塔堯然表於東南，因以為文筆峰，題其額者魏樓公
> 也。嘉熙戊戌南宮名第，郡士得其五，時喬公實押勒，視政和為尤
> 盛。〔註42〕

上文中「光孝塔堯然表於東南，因以為文筆峰」，可知其時光孝塔也被視為通
州貢院的文筆峰，已具有文峰塔的意義。另外，《（萬曆）通州志》中的《通州
貢院記》作「題其額者魏樓公也」，其他通州舊志也是「魏樓公」，《全宋文》
所載王應鳳《通州貢院記》也作「魏樓公」，「魏樓公」不知為何許人。今據繆
荃孫《江蘇省通志稿・藝文志三・金石十八》所載《通州貢院記》原碑拓本，
當作「攻媿樓公」，攻媿樓公即樓鑰。

　　「文惠喬公」即指喬行簡（1156～1241），字壽朋，浙江東陽人。宋光宗
紹熙四年（1193）進士，宋理宗時曾任參知政事。《宋史》中記載喬行簡：

> 喬行簡，字壽朋，婺州東陽人。學於呂祖謙之門。登紹熙四年
> 進士第。歷官知通州，條上便民事。主管戶部架閣，召試館職，為
> 秘書省正字兼樞密院編修官。升秘書郎，為淮西轉運判官，知嘉興
> 府。改淮南轉運判官兼淮西提點刑獄、提舉常平。〔註43〕

　　《宋史》對其早年行跡沒有論述，對其通州任上之事也一筆帶過，喬行簡

〔註41〕朱同芳主編：《江蘇名塔》，南京：南京出版社，2013 年，第 118 頁。
〔註42〕〔清〕王繼祖修；夏之蓉纂：《（乾隆）直隸通州志》清乾隆二十年刻本，卷十
　　　　九，國家圖書館數字方志。
〔註43〕〔元〕脫脫等撰：《宋史》，北京：中華書局，1977 年，第 36 冊第 12489 頁。

具體哪年修建通州貢院也無從得知。王應鳳《通州貢院記》只說「逮於嘉定」，嘉定是宋寧宗最後一個年號，從 1208 年到 1224 年，長達十七年。故有必要對喬行簡何年在通州任職做一個簡單考證，目前筆者尚未發現有人撰寫喬行簡年譜。

喬行簡，紹興四年（1193）進士，紹興四年乃樓鑰知貢舉，二人原本就相熟。慶元元年（1195），喬行簡請樓鑰為其母俞氏撰寫墓誌銘，樓鑰在《孺人俞氏墓誌銘》中記有「幼即行簡也，從事郎、饒州州學教授」〔註44〕，可知慶元元年（1195）時，喬行簡為從事郎、饒州州學教授。《宋會要輯稿・選舉・二一》記喬行簡嘉定元年（1208）貢舉時，以「浙西安撫司幹辦公事」一職點檢試卷〔註45〕；又於嘉定四年（1211）貢舉時，以「秘書省正字」一職點檢試卷〔註46〕。《宋會要輯稿・刑法・一》記「（嘉定）五年（1212）十月八日，知通州喬行簡，言竊觀見行條法計」〔註47〕。《宋會要輯稿・方域・一二》記「嘉定五年十二月二十八日，詔將通州添置崇明監鎮官一員，令堂除差經任有舉主文臣一次，以後卻令吏部依此使闕，從通州守臣喬行簡之請也。」〔註48〕又《宋會要輯稿・方域・一三》記「七年八月五日，淮南運判兼淮西提舉喬行簡。」〔註49〕由上可知，喬行簡應在嘉定四年到七年（1211～1214）之間知通州。按樓鑰卒於嘉定六年（1213）四月，則其為通州貢院題額必在其生前，因此喬行簡最可能於嘉定四年至嘉定六年四月之間（1211～1213）修成貢院。

綜上所述，喬行簡在（1211～1213）年之間知通州任時，遷建貢院於州治之西溪紫薇舊宅，光孝塔剛好在其東南面，光孝塔為五層，堯然高峙，被視作了文筆峰，具有了文峰塔的意義。北宋時期已有妙果寺塔和多寶塔被視作文筆峰，且喬行簡慶元元年（1195）時，曾任饒州州學教授，對范仲淹妙果寺塔之事必然熟悉，能將通州光孝塔視作文筆峰，也是有其經驗的。貢院作為會試的考場，有文筆峰高峙於東南，也被視作有利於科舉。

〔註44〕〔宋〕樓鑰：《攻媿集》二八，《四部叢刊》第 1155 冊，上海：商務印書館，卷一百三。
〔註45〕〔清〕徐松撰：《宋會要輯稿》，北京：中華書局，1957 年，第 4591 頁。
〔註46〕〔清〕徐松撰：《宋會要輯稿》，第 4592 頁。
〔註47〕《宋會要輯稿》，第 6491 頁。
〔註48〕〔清〕徐松撰：《宋會要輯稿》，北京：中華書局，1957 年，第 7530 頁。
〔註49〕《宋會要輯稿》，第 7538 頁。

第五節　平湖文峰

一、平湖魯氏

> 光嚴庵：正議之塋瀕湖占勝，為一方冠，東南皆枕湖，遠峰列如
> 筆架，一塔屹於波心，文峰挺立，登名仕版者世有其人，視他族為最
> 盛。淳祐間，忽樹間出煙一道，遠近莫不驚異，有細視之者，見其間
> 有螻蚰不可計，從樹中行，終日不絕。蓋此煙即此所成，不知何異。
>
> 湖心有地一方，立塔以按風水，人呼之曰按山。湖水瀰漫時，
> 盜多竄伏於此。由是守庵者不敢居，遂成荒蕪。其中有大穴如甕，
> 下極空洞，巨蟒潛伏於內，時有人見之，或偃臥湖沙之側。近年有
> 數道者居之，佛殿廊廡，稍稍成緒，蛇亦不復見矣。〔註50〕

以上出自南宋魯應龍《閒窗括異志》，《四庫全書總目提要》對魯應龍生平
敘述不詳，只說他大概是宋理宗時人。今按李劍國考證：「魯應龍，字子謙。嘉
興府海鹽（今屬浙江人）。曾祖魯，紹興二十一年（1151）進士，曾叔祖魯璠，
乾道五年（1169）進士。伯父魯季穎，慶元五年（1199）進士。理宗淳祐四年
（1244），館於沈氏書塾。六年，赴舉未第，以布衣終老。」李劍國又根據書中
所記最晚寶祐五年（1257），推測該書大約撰成於景定年間（1260～1264）〔註
51〕。上文所謂「正議之塋」指魯壽寧墓。按天啟《平湖縣志》卷五記載：

> 魯壽寧墓：縣東二百五十步。壽寧，字景修，以宣教郎致仕，
> 累贈正議大夫。塋瀕河占勝，為一方冠。東南面湖，遠峰列如筆架，
> 塔屹波心，文峰挺立。淳祐間，忽見樹煙一道，遠近驚異，細視其
> 間，有蟻蚰無算，從樹中出，即此是煙。〔註52〕

天啟《平湖縣志》也是轉引了《閒窗括異志》。1991年1～2月，平湖市
博物館對在城關鎮東小街發現的北宋魯壽寧夫婦合葬墓進行發掘，出土白瓷
水盂等文物7件和墓誌3方。〔註53〕根據墓誌銘，葬於政和八年（1118）。魯

〔註50〕〔宋〕魯應龍：《閒窗括異志》，《叢書集成初編》，上海：商務印書館，1985年，
第4頁。
〔註51〕李劍國：《宋代志怪傳奇敘錄》，天津：南開大學出版社，1997年，第384～
386頁。
〔註52〕〔明〕程楷修；楊儁卿纂：《（天啟）平湖縣志》，明天啟七年刻本影印，《天一
閣藏明代方志選刊續編》第27冊，上海：上海書店，1990，第285頁。
〔註53〕平湖市地方志編纂委員會編：《平湖年鑑2000》，北京：中華書局，2001年，
第207頁。

壽寧是北宋名臣魯宗道之孫。魯宗道（966～1209），字貫之，譙縣人（今安徽亳州），宋咸平三年（1000）進士，出身貧寒，官至參知政事，卸任後定居當湖，其後代成為平湖望族。宋仁宗天聖七年（1029）魯宗道卒，贈兵部尚書，諡肅簡。死後葬於當湖鎮桑園弄。

平湖魯氏在宋代科舉十分興盛，天啟《平湖縣志》卷十言：「魯氏，宋時最著，參政魯宗道後也。宗道除海鹽令，因籍當湖，子姓登第者十九人。」〔註54〕此亦如《閒窗括異志》所言「登名仕版者世有其人，視他族為最盛」。

《「金平湖」下的世家大族》考證宋代魯氏家族自崇寧五年（1106）到南宋景定三年（1262），156年間共出了20名進士，在宋代三年一考的科舉制度下，平均每九年就出一名進士，在平湖史上實數罕見。〔註55〕魯應龍即是魯氏家族的後裔。魯應龍認為魯氏家族科舉之盛，乃因「正議之塋瀕湖占勝，為一方冠，東南皆枕湖，遠峰列如筆架，一塔屹於波心，文峰挺立」，既有筆架，還有文峰塔。「湖心有地一方，立塔以按風水，人呼之曰按山」，這座佛塔之興建即為按風水之用。

二、湖心文峰塔小考

《閒窗括異志》言「正議之塋瀕湖占勝，為一方冠，東南皆枕湖，遠峰列如筆架，一塔屹於波心，文峰挺立，登名仕版者世有其人，視他族為最盛」，又言「湖心有地一方，立塔以按風水，人呼之曰按山」。可見此塔在湖心小島之上，修建之目的即是作風水案山，與列如筆架的遠山相搭配，形成筆架山、文筆峰的科舉風水。有關此塔興建於何時，已難考證，塔之形制規模如何，也苦無資料。很有可能是魯氏家族因風水的緣故而修建，可能在魯宗道（996～1109）後，淳祐（1241～1252）之前。天啟《平湖縣志》卷二已言「今塔廢而書院尚存，應作古之遺跡觀耳。」書院指介庵書院，有關介庵書院的記載，光緒《平湖縣志》卷三最為準確：

> 介庵書院在案山，明總督胡宗憲為都督陸松建，久廢。程志、
> 王志雲松，字介庵，陸炳父也。炳為世宗親信大臣，是時宗憲受剿
> 倭之命，有鑒於王忬、張經、李天寵之事，思附炳以為奧援。趙文

〔註54〕〔明〕程楷修；楊儁卿纂：《（天啟）平湖縣志》，明天啟七年刻本影印，《天一閣藏明代方志選刊續編》第27冊，上海：上海書店，1990，第634頁。
〔註55〕方復祥，蔣蒼蒼著：《「金平湖」下的世家大族》，北京：中國文史出版社，2008年，第249頁。

華蓋與同事，故於府圖記鄉賢內稱松備至。朱志不著其由，高志以
下遂誤松為淞，失之遠矣。〔註56〕

可知介庵書院是明總督胡宗憲為都督陸松所建。陸松字介庵，故稱「介庵
書院」。胡宗憲（1512～1565）於嘉靖三十二年（1554）開始歷任浙江巡按、
巡撫、抗倭總督、兵部尚書。嘉靖四十四年（1565）仲冬日，服毒自殺於獄中。
建介庵書院也大概就是在（1554～1565）年之間。乾隆時書院亦廢，見《（乾
隆）平湖縣志》卷一：「案山在縣東一里，土阜如几案，故名。《括異志》云湖
心有地一方，立塔以案風水，故曰案山。塔久廢，建介庵書院，今亦廢。」〔註
57〕此塔今已不存，無從考證其年代和形制了。但翻看天啟《平湖縣志》的縣
境圖，頗懷疑報本塔所選地址，即是魯應龍所說的「一塔屹於波心，文峰挺立」。
附圖如下：

圖 1-5 天啟《平湖縣志》圖引

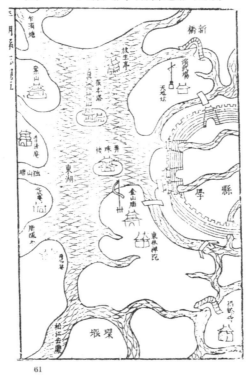

61

〔註56〕〔清〕彭潤章修；葉廉鍔纂：《（光緒）平湖縣志》，清光緒二十二年刊本，《中
國方志叢書》，臺北：成文出版社，1975 年，第 405 頁。

〔註57〕〔清〕高國楣修；倪藻垣纂：《（乾隆）平湖縣志》，清乾隆十年刊本，《稀見中
國地方志彙刊》第 16 冊，北京：中國書店，2007，第 43 頁。

圖中可以看到湖心的報本塔和湖對面的案山，但東湖之中洲渚很多，《閒窗括異志》中的湖心一塔和報本塔所在洲渚未必相同。報本塔乃陸杲倡建，作於東湖之鸚鵡洲（又名沙盆圩，現稱寶塔圩），於明嘉靖四十五年（1566）竣工，孫植、陸杲作《報本塔記》，絲毫未提及鸚鵡洲中舊有佛塔，想必並不在一個洲渚。不過報本塔亦有文峰塔的功能，按孫植《報本塔記》：

> 予邑治當湖，湖匯塘、涇、浦、淑諸水，東北注之三泖，東南九山屏列海上。湖中有洲曰小瀛洲，直邑之東南巽隅，形家者云須建塔其上以當巽峰，鍾靈標勝，乃於邑之人文物攸壯。〔註58〕

又按陸杲撰《報本塔記》：

> 國朝宣德間，初析為邑，開置以來，猶未觀昔，人文財用，未甚豐阜，議者謂邑四郊悉無浮圖以鎮，是以山川風氣不固不完，欲建塔於邑之案山，以迓集靈祉。〔註59〕

結合孫植、陸杲二人所說，報本塔之興造全因風水之意義，在城之東南建塔以像巽峰，起到文筆峰的功能。陸杲又修報本塔院以護塔。順治十六年（1659），報本塔圮，翌年重建，其後屢有修復，至今尚存。

第六節　淳安雲塔

一、《雲塔序》注釋

雲塔序

南臺沙合河路通，先出狀元後相公，此晉人語也，至今方驗。「水繞壼公山，莆陽朱紫半」，此古語也，後渠水包山，而高科者甚眾，如響斯答。豈人才之隱顯，盡在天而不在人歟。此猶曰陰陽家之說，非吾儒所信也。三山千簇寺，七塔萬枝燈，謝泌此詩，蓋謂閩多文章士，秀氣聚於山與塔也。妙果院造一塔，范文正公曰此番水文章之應，因目曰文筆山，後二十年趙汝礪果魁天下。文正何人，豈惑乎陰陽家者。

〔註58〕〔明〕程楷修；楊儁卿纂：《（天啟）平湖縣志》，明天啟七年刻本影印，《天一閣藏明代方志選刊續編》第27冊，上海：上海書店，1990，第185頁。

〔註59〕〔明〕程楷修；楊儁卿纂：《（天啟）平湖縣志》，明天啟七年刻本影印，《天一閣藏明代方志選刊續編》第27冊，第187頁。

予謂宇宙間一氣也，山川氣之宅。山川之氣有厚有薄，則鍾而為物為人亦異。故山之潤者必有玉，川之媚者必有珠。茂林蓊鬱，芝蘭鬱乎其間；梗楠杞梓，松筠楸柏，挺出而特起者，必天地英華剛勁之氣宅乎此也。惟人亦然，穹崖深密，必有龐碩樸厚之人；崇崗峻拔，則當出磊砢岌嶪之士。申甫降嵩嶽，軾轍枯眉山，其驗著矣。

漕貢進士方君，至京謁予，謂其鄉自溪堂後，未有顯者。今幾百年，氣數當一復。陰陽家謂是水口值風雷，峰若文筆聳立，當有掇巍科者。今擬其鄉之同志，峙一塔於雲頭之峰，以迓氣數之復。予謂君不必以陰陽家為辭，但舉文正之言、謝氏之詩，以扣同志，孰不聞風以興。

寶祐甲寅夏五月蛟峰方逢辰序〔註60〕

上文乃南宋方逢辰所撰，方逢辰（1221～1291），淳安縣人，原名夢魁，字君錫，號蛟峰，世稱蛟峰先生。宋理宗淳祐十年（1250），宋理宗臨軒策士，將方夢魁擢為進士第一，即狀元，並賜名逢辰。寶祐元年時，被召為秘書省正字；二年，在校書郎任以言事罷。寶祐甲寅年（1254），即寶祐二年，其時方逢辰尚在京城臨安。漕貢進士方君來京城拜謁他，並言及擬建雲塔的打算，方逢辰正於寶祐甲寅夏五月作此序。據《（嘉靖）淳安縣志》卷之八：「雲塔，在縣西威平鎮東雲頭峰，宋漕貢進士方有開建。」可知雲塔確實建成了。

按《雲塔序》，方逢辰前面歷舉科第與風水、佛塔的關係，正為建雲塔作理論證明。「南臺沙合河路通，先出狀元後相公」，此語不可能是晉人語，晉代何來狀元之說，但其出也很早。唐代黃滔《靈山塑北方毗沙門天王碑》即有：「郭璞記南臺江沙合即有宰相，而我公膺期，今登庸門外橋名沙合橋。」〔註61〕此碑文作於唐天祐二年（905）。所云郭璞所記，估計也是偽託，唐代中後期，郭璞已具有風水大師的形象。唐林諝《閩中記》即記載此說，《閩中記》今已亡佚，吳曾《能改齋漫錄》卷九「閩江南臺」引用《閩中記》兩則：

《閩中記》：「晉郭璞遷城時，言南臺沙合，必出宰輔。元和中，閩人潘有實為省郎，自負王佐之才。每遇鄉人，必問：『南臺江可褰

〔註60〕〔宋〕方逢辰：《蛟峰先生文集》，《北京圖書館古籍珍本叢刊‧88》，北京：書目文獻出版社，1998，第799頁。

〔註61〕〔唐〕黃滔：《黃御史集》，《影印文淵閣四庫全書》第1084冊，臺北：臺灣商務印書館，1982年，第138頁。

裳否？』或云未，則色不悅。」……殊不知《閩中記》云：「南臺者，
在閩縣南五里。江畔有越王釣龍臺，故曰『南臺』。其源出於建溪，
東流四百里至臺；又東南流三十里，與東西峽江合流入海。」〔註62〕

　　《閩中記》現已亡佚，其作者林諝為唐大中年（847～860）間人，而記元
和（806～820）中潘有實的事蹟，可見早在元和之前，郭璞「南臺沙合，必出
宰輔」的讖言就已存在，不可謂不早，雖係偽託，亦有根源。宋陳襄《古靈集》
卷二十三有《故太師中書令曾魯公挽詞二首》，其第二首為：

　　　　南臺沙合後，元宰應時生。兩控龍飛馭，三調實鼎烹。

　　　　築山裴相樂，賜杖孔家榮。無復安輿出，兒孫衣彩迎。〔註63〕

　　曾魯公指曾公亮（999～1078），泉州晉江人（今福建省泉州市），官至參
知政事，封魯國公。宋陳襄（1017～1080），字述古，福州侯官（今福建閩侯）
人。既為挽詩，此詩應作於1078年，北宋元豐元年。早期都是說南臺沙合當
出宰輔、元宰，未說出狀元。梁克家《淳熙三山志》卷四十「沙合路通」一條
言：

　　　　郭璞遷城詩云：「南臺沙合河口路通，先出狀元後出相公。」

　　（閩縣）

可見出狀元的說法是後出的，不過南臺沙合出宰輔的說法流傳很廣，方逢辰首
舉此條，蓋因傳是晉郭璞所言，時代最早吧。

　　「水繞壺公山，莆陽朱紫半。」此語在宋代陳均《皇朝編年綱目備要》即
有提及，大觀元年（1107）方軫上書言蔡京不軌事，提到水繞壺公山的讖言：

　　　　臣與京皆壺山人，讖云：「水繞壺公山，此時方好看。」京諷部

　　使者鑿渠以繞山，臣是以知京必反也。〔註64〕

　　宋・李俊甫《莆陽比事》記載更詳細，該書成書於嘉定甲戌年（1214）：

　　　　古讖云：「白湖腰欲斷，莆陽朱紫半；水繞壺公山，此時大好看。」

　　（《搜神秘覽》云：「壺公山欲斷，莆陽朱紫半。」訛矣！）〔註65〕

〔註62〕　〔宋〕吳曾：《能改齋漫錄》，上海：上海古籍出版社，1960年，第267頁。
〔註63〕　〔宋〕陳襄：《古靈集》，《影印文淵閣四庫全書》第1093冊，臺北：臺灣商務
　　　　　印書館，1982年，第692頁。
〔註64〕　〔宋〕陳均編：《皇朝編年綱目備要》（下冊），北京：中華書局，2006年，第
　　　　　694頁。
〔註65〕　〔宋〕李俊甫：《莆陽比事》，《宛委別藏》第50冊，南京：江蘇古籍出版社，
　　　　　1988年，第13頁。

　　而據南宋王象之《輿地紀勝》提到此讖語乃黃涅槃所說，黃涅槃又名黃撥沙，善圖宅相墓，相傳為唐末五代時人，若真為黃涅槃所說，則此語確實很古的。以上兩個預言相傳為郭璞和黃涅槃所說，被方逢辰評價為「此猶曰陰陽家之說，非吾儒所信也」。

　　「三山千簇寺，七塔萬支燈」乃節引謝泌詩歌，原詩為七律：

> 福州即景
> 一別居諸歲月增，遙聞此景畫難能。
> 潮田種稻重收穀，石路逢人半是僧。
> 城裏三山千簇寺，夜間雙塔百枝燈。
> 常年六月東山裏，地湧寒泉漱齒冰。

　　謝泌（950～1012），字宗源，歙州歙縣人（今安徽歙縣），著有《長樂集》，已佚。《福州即景》收錄於陳思《兩宋名賢小集》。謝泌景德元年（1004）以刑部主事郎中，自兩浙轉運使移知福州，約於景德三年結束福州任職。〔註66〕此詩描述福州佛教之興盛，寺塔林立，僧人眾多。方逢辰評論：「謝泌此詩，蓋謂閩多文章士，秀氣聚於山與塔也。」恐怕就是他過度發揮了。范仲淹和妙果寺塔的典故，本章第一節已經詳述，不再注明。

　　「申甫降嵩嶽」出自《詩經・大雅・崧高》：「崧高維嶽，駿極于天。維嶽降神，生甫及申。」此詩乃周宣王臣子尹吉甫寫給申伯和甫侯的詩歌，此句述說申伯和甫侯降生的神異，乃是嵩嶽神靈降生。「軾轍枯眉山」，《古今合璧事類備要》後集卷十記：

> 眉山生三蘇：蘇洵生蘇軾、轍，以文章名，其後二子繼之，故
> 時人謠曰「眉山生三蘇，草木盡皆枯」。

《古今事類備要》乃南宋謝維新、虞載編，全書有前集六十九卷，後集八十一卷，續集五十六卷，別集九十四卷，寶祐五年（1256）成書，其後又編外集六十六卷。「眉山生三蘇，草木盡皆枯」的歌謠，應該很早就存在，借三蘇的名氣而流傳甚廣。南宋張端義《貴耳集》卷上有記：

> 東坡會葬，有齋筵，李方叔作致語云：「皇天后土，鑒一生忠義
> 之心；名山大川，還千古英靈之氣。蜀有彭老山，東坡生則童，東
> 坡死復青。」〔註67〕

〔註66〕鮑新山：《北宋名臣謝泌及生平思想述評》，收於《張其凡教授榮開六秩紀念文
　　　　集》（范立舟、曹家齊編，上海人民出版社，2009年）第272頁。
〔註67〕〔宋〕張端義：《貴耳集》，北京：中華書局，1959年，第14頁。

　　張端義（1179～？），字正夫，其《貴耳集》多記朝廷軼事，兼及詩話、神怪等。《貴耳集》包括《貴耳集》、《貴耳二集》、《貴耳三集》。每一集前有序，按其序言可知三集分別成書於南宋淳祐元年辛丑（1241）、淳祐四年（1244）、淳祐六年丙午（1246）。上述引文出自卷上，即《貴耳集》，成書於淳祐元年（1241）。李方叔即李廌（1059～1109），為東坡門人，與秦觀、黃庭堅等同號「蘇門六君子」。「蜀有彭老山，東坡生則童，東坡死復青」與「眉山生三蘇，草木盡皆枯」語意頗似，前者可能就是後者的來源。

二、雲塔小考

　　雲塔建成於何時，因乏資料，不可得知，當在方逢辰作《雲塔序》後一二年內。《（嘉靖）淳安縣志》卷八記載：「雲塔，在縣西，威平鎮東雲頭峰，宋漕貢進士方有開建。」〔註68〕《（萬曆）續修嚴州府志》卷之六：「雲塔，在縣西六十里雲頭，宋進士方有開建，狀元方逢辰為之記。」〔註69〕此與方逢辰「今擬其鄉之同志，峙一塔於雲頭之峰，以迓氣數之復」所說相符。《（嘉靖）淳安縣志》和《（萬曆）續嚴州府志》說為宋漕貢進士方有開建，大為謬誤。

　　按孫應時所撰《承議郎淮南西路轉運判官方公行狀》〔註70〕，方有開，字躬明，淳安永平人，隆興元年（1163）進士，淳熙十六年（1189）卒，享年六十三，則其生卒年為（1127～1189）。《（嘉靖）淳安縣志》卷十一有方有開傳：

　　　　方有開，字躬明，永平人。少倜儻有大志，嘗遊荊襄觀形勢，為國子錄，輪對論吳蜀偏重荊襄，居中為用武之地，因上聯形勢力、講攻守、闢田疇、建府衛四篇，孝宗大悅，諭之曰：「今日之勢，有如蜂腰，朕每思不覺寒心，卿能為國遠慮。」轉司農丞。再對，論規模荊襄，鎮以心腹，宜講屯田為大計，上尤欣納，且曰：「屯田朕念之久，未有能任之者。卿有志事功，異日宜為朕當一面。」後運判淮西，著《屯田詳議》二十二篇以獻，當國者沮之。有奏議五卷，詩

〔註68〕〔明〕姚鳴鸞、吳鳴鳳纂修：《淳安縣志》，明嘉靖刻本，《天一閣藏明代方志選刊續編》第16冊，上海：上海書店，1990，卷八。
〔註69〕〔明〕楊守仁修；〔明〕徐楚纂：《（萬曆）續嚴州府志》，《日本藏中國罕見地方志叢刊》，北京：書目文獻出版社，1991年，第132～133頁。
〔註70〕〔宋〕孫應時：《燭湖集》，《影印文淵閣四庫全書》第1166冊，臺北：臺灣商務印書館，1982年，第655～662頁。

　　文十七卷。朱文公嘗為書「萬溪書堂」四字，故自號溪堂云。〔註71〕

　　由上可知，方有開之活動時間在（1127～1189）年之間，且方有開自號「溪堂」。《雲塔序》中說：「漕貢進士方君，至京謁予，謂其鄉自溪堂後，未有顯者。今幾百年，氣數當一復。」「溪堂」即指方有開，「今幾百年」指溪堂之後幾近百年，按方有開隆興元年（1163）中進士到《雲塔序》1254年，差不多就是將近一百年。由此可知，拜謁方逢辰的「漕貢進士方君」並非方有開，而是另有其人，且方有開並非漕貢進士。後來仍有因襲此錯誤的書籍，尚未有人辨明，今辨明此非。

　　《（嘉靖）淳安縣志》卷八記載：「雲塔，在縣西，威平鎮東雲頭峰。」方有開為淳安永平人，永平鎮即威坪鎮。淳安縣南宋時期的進士代不乏人，漕貢進士方君「謂其鄉自溪堂後，未有顯者」，是專就永平鄉（威坪鎮）而言的。《（乾隆）淳安縣志》載「雲塔，在縣西，威平鎮東雲頭峰，宋方有開建。」〔註72〕乾隆時尚記雲塔，而《（光緒）淳安縣志》中已不載雲塔。今《淳安縣志》〔註73〕（1990年）文物古蹟部分也沒記載雲塔，估計光緒之前塔已不存。《淳安建縣立郡肇始地：威坪》一書中述及雲塔山時，也沒有提雲塔的現狀如何。

　　雲塔山：據清續纂縣志記：「在縣西六十里。」實際就是雲頭山，是威坪人方有開在宋代時建了一座塔，名為雲塔，所以山也就稱雲塔山了。歷代多有歌吟，如明代萬曆年間的徐應簧寫《雲塔詩》曰：「桃花源上客，留出如椽筆。淡出明河篇，文光蕩雲日。」稱讚方有開辭官歸故里，似陶靖節一樣歸隱桃花源，從中也看出此處風光優美。〔註74〕

　　由明萬曆徐應簧《雲塔詩》可知萬曆年間，此塔確還尚存。淳安縣文峰塔甚多，不過大都是明以後的建築，如淳安新塔、凌雲塔、培風塔等，由此亦可見淳安縣文峰風水的興盛。

〔註71〕〔明〕姚鳴鸞、吳鳴鳳纂修：《淳安縣志》，明嘉靖刻本，《天一閣藏明代方志選刊續編》第16冊，上海：上海書店，1990，卷十一。
〔註72〕〔清〕劉世寧修；方榘如纂：《（乾隆）淳安縣志》，《中國地方志集成·善本方志輯·第一編》，南京：鳳凰出版社，2014年，第337頁。
〔註73〕淳安縣志編纂委員會編：《淳安縣志》，上海：漢語大詞典出版社，1990年。
〔註74〕徐樹林著：《淳安建縣立郡肇始地：威坪》，杭州：浙江人民出版社，2008年，第50頁。

第七節　附二塔存疑

筆者在搜索宋代文峰塔的時候，還收集到兩則材料，但苦無其他資料為資證，且錄而待考。

一、福建上杭文峰塔

文峰塔記　前御史縣丞王獻臣

　　杭川諸山環抱，蔥鬱蒼秀，號為佳勝，而面缺文峰，善風角者皆以為非宜。宋嘉泰時節，造浮圖於水南以像焉，未就而毀於兵火，遂為殘破之物。余丞杭，之明年，覩茲缺廢，乃勸率二三耆民葺而完之，並移向學宮，事雖緩而實急。若范文正徙饒學面妙果院塔，俯瞰諸湖，名為文筆峰、硯池，且曰後二十年當有魁天下者，已而彭汝礪果及第。余之淺陋，雖不敢妄擬先賢，而杭之士子豈無如彭而與者乎。余惡斯舉不知者以為近於佞佛，乃為銘之，以破其惑。

銘曰：

　　太歲甲子，未月酉日，人謀僉同，筮亦從吉。

　　大溪之南，琴岡之脊，乃建浮圖，庸肖文筆。

　　拔地倚天，巍巍崒崔，光嶽氣完，挺生賢哲。

　　翊我皇明，百千萬禩。〔註75〕

　　王獻臣，字敬止，吳縣人，生卒年不詳，弘治六年（1493）進士。弘治十六年（1503）以御史謫遷上杭縣丞，弘治十七年（1504）倡修文峰塔，並作《文峰塔記》。按上記所言，上杭縣諸山環抱，唯獨面缺文峰，南宋嘉泰（1201～1204）時節，即在水南造浮圖以像文峰，從功用上而言，即是文峰塔。這座塔未能造完，就毀於兵火，成為殘破之物，一直等到明弘治十七年方才由王獻臣率民眾修葺完工，且移向學宮，希望有利於上杭縣的士子們。該《文峰塔記》收錄在《（嘉靖）汀州府志》卷十八，後之《（乾隆）汀州府志》、《（康熙）上杭縣志》、《（乾隆）上杭縣志》、《（民國）上杭縣志》等均有記載。

　　按《（康熙）上杭縣志》卷二所記「文峰塔：縣南琴岡，明弘治十七年，

〔註75〕〔明〕邵有道纂：《汀州府志》，據明嘉靖六年刻本影印，《天一閣藏明代方志選刊續編》第40冊，上海：上海書店，1990年，第562頁。

縣丞王獻臣因南塔院舊浮圖一級成之，名曰文峰。隆慶五年僉事王喬桂從眾議，以不利於學毀去。」可知舊塔原在南塔院內，而同一卷內記載「南塔寺，縣南橫琴岡，宋嘉泰間僧雲谷建，後造浮圖一級，元末毀於寇。明洪武二十三年，僧永隆重建；宣德六年，僧常靖重修。國朝康熙二十二年，知縣蔣廷銓捐俸倡修，僧簪朗募修。○各志作元致和元年誤。」南塔寺是宋嘉泰間僧人雲谷修建，同時造浮屠一級。上杭縣隸屬汀州府，《（開慶）汀州志》由胡太初、趙與沐編纂於開慶己未年（1259），因《（開慶）汀州志》原著已佚，《永樂大典》中保存甚多，近有六種輯本，查其中上杭縣寺廟並無南塔寺，或許是散佚未收。限於資料的缺乏，無法確定南塔院舊塔是否真如王獻臣所說，是為了建塔以像文峰，姑且存疑。

二、宜興筆塔

北宋汪藻（1079～1154）曾撰《朝請大夫直祕閣致仕吳君墓誌銘》，吳君即吳懋。按《墓誌銘》，吳懋，字禹功，義興陽羨人（今浙江宜興），紹興四年（1134）卒，其子為葬於「其縣銅棺山南，筆塔之原」。〔註76〕義興縣古稱荊邑，春秋時屬吳。秦置陽羨縣，屬會稽郡。宋太宗太平興國元年（976），避趙光義諱，改義興縣為宜興縣，屬常州。宜興縣現屬無錫市。記載宜興地方資料的古方志很複雜，宋《（咸淳）重修毗陵志》、元《（至元）嘉禾志》、明《（成化）重修毗陵志》、明《（萬曆）常州府志》、清《（康熙）重修宜興縣志》等等，包括1990年宜興市地方志編纂委員會《宜興縣志》。

這些方志中，可以查到銅官山和吳懋的資料，但實在找不到「筆塔之原」指何「筆塔」，筆者費力頗多而無果，且姑且錄之待考。

小結

綜合以上，宋代有六座塔確定無疑是有文峰塔意義的。從妙果院塔到雲塔，從宋初到宋末，相信仍有一些其他的文峰塔，文獻未及記載，或記載的文獻已經亡佚。筆者將上述六座佛塔的信息列成表格，方便分析。

〔註76〕〔宋〕汪藻撰：《浮溪集》，《影印文淵閣四庫全書》第1128冊，臺北：臺灣商務印書館，1982年，第238頁。

名稱	妙果院塔	多寶塔	繩金塔	光孝塔	平湖湖心塔	雲塔
地點	鄱陽縣城北	湖州道場山	南昌	通州光孝寺內	平湖縣東湖中	淳安縣威坪鎮
始建年代	唐	宋元豐年間	唐天祐年間	唐咸通年間	不詳	1254年後
建造目的	佛塔	佛塔、文峰塔	佛塔、文筆峰	佛塔	風水塔	文峰塔
重要文獻	妙果禪院一塔高峙，當城之東南，屹起千餘尺，饒之文章應也。於是名其塔為文筆峰，目其湖為硯池	道場山在州南離方，文筆山也，低於他州，故未有魁天下者。僧乃丐緣，即山背建浮屠，望之如卓一筆	文筆要同孤塔聳，詞源宜與兩湖長。	光孝塔堯然表於東南，因以為文峰峰	遠峰列如筆架，一塔屹於波心，文峰挺立，登名仕版者世有其人。湖心有地一方，立塔以按風水，人呼之曰按山。	陰陽家謂是水口值風雷，峰若文筆聳立，當有掇巍科者。今擬其鄉之同志，峙一塔於雲頭之峰，以迓氣數之復。
配合事物	饒州郡學	湖州	貢院	通州貢院	魯壽寧墓	威坪鎮
文獻年代	1095年	1119年	1168年	1268年	（1260～1264）	1254年

通過比較分析，筆者得出宋代文峰塔的幾點規律，略論如下：

（一）妙果院塔、多寶塔、繩金塔、光孝塔、平湖文峰、雲塔都是被當作文筆峰，意圖使科舉興旺。妙果院塔屹起千尺，被范仲淹視作文筆峰；道場山為湖州文筆峰，因低於他州，僧乃建浮屠以高之；繩金塔始建於唐，宋代被貢舉士子將繩金塔和東湖視作「詞源筆峰」之像；光孝塔堯然表於通州貢院之東南，因以為文筆峰；平湖湖心塔，屹於波心如文峰挺立，且立塔之由原為按風水；淳安威坪鎮建雲塔，乃因陰陽家之言，建塔以肖文筆峰，希望未來有掇巍科者。文筆峰原是自然之山峰，因其形象肖似文筆，在風水學上屬於貴山。《地理新書》言「文筆山似方倉，在排衙山外，主子孫居方伯之任」，這是版本較早的可見文獻。後期的文筆山、文筆峰理論更為豐富，後面的章節將詳細論述。

（二）妙果院塔之於饒州郡學，是學校的科舉風水，可作用於學校中的士

子；道場山多寶塔之於湖州，是州縣的科舉風水，可作用於整個州縣的士子；
繩金塔之於南昌貢院，也是大有利於應舉士子；光孝塔之於通州貢院，貢院乃
會試的考場，有利於本州學子的考試；平湖湖心塔之於魯壽寧墓，是陰宅墳墓
的科舉風水，可作用於整個家族中的士子；淳安雲塔是威坪鎮的文峰塔，可使
本鄉鎮的士子受益。幾座文峰塔作用的範圍各不相同，大至州縣，小到鄉鎮，
多至學校，少至家族，作用形式是比較全面的，也反映出宋代社會各階層對於
科舉成功的追求。

（三）范仲淹視妙果院佛塔為文筆峰，道場山僧人建浮屠以補高文筆峰，
繩金塔被視作南昌貢院文筆峰，光孝塔被視作通州貢院的文筆峰，這四座塔本
質上還是佛塔，具有佛教崇拜功能。平湖湖心塔，原也為按風水而立，但後也
建光嚴庵以護塔。淳安威坪鎮的雲塔，因資料缺乏，不知道其形制如何，也不
知道其是否還具有宗教崇拜功能。雖然樣本較少，但也可以看出，文峰塔早期
與佛塔的崇拜功能很難分割，但後期文峰塔的風水意義成為建塔的根本原因，
文峰塔逐漸從佛塔中剝離出來，為世俗化的科舉風水所用。

（四）視佛塔為文峰塔、建佛塔以肖文峰、專為文筆峰而建塔，這是文峰
塔產生的三種形式，這三種形式在明清時期有大量的例子。比如安陽天寧寺
塔、湖北鍾祥市白乳高僧塔原為佛塔，後被視作文峰塔；明代揚州文峰塔屬於
典型的建佛塔為文峰塔的，後來還建文峰塔院以護塔；專為文筆峰而建，而
不具有佛塔崇拜意義更比比皆是。

綜上所述，可以確定文峰塔在宋代已經產生。從宋景祐三年（1036）妙果
院塔被視作文筆峰開始，佛塔開始可以兼具文峰塔的意義。從發展過程來看，
佛塔肖似文筆峰的風水意義逐漸成為建塔的根本原因。明清時期文峰塔的形
式在宋代都可以找到源頭和樣板。研究明清文峰塔，不可不溯源於宋代，這也
是本章的價值意義所在。

第二章　宋元文筆峰研究

　　第一章已說文峰塔在宋代確已存在，從文峰塔的性質來說，佛塔被視作文筆峰，或者建佛塔以肖文筆峰，都是為了使本地有文筆峰，或增高本地文筆峰。文峰塔的出現，乃因佛塔與文筆峰都肖似文筆，才被創造出來。那麼本章將展開對文筆峰的研究，對文筆峰在宋元時期的存在狀況做整理和探討。針對文獻材料的性質，將分為方志、文集、筆記、詩歌幾部分加以整理和考證。研究宋元文筆峰的情況，必然要對宋以前文筆峰的情況做追溯。

第一節　宋以前文筆峰的情況

　　文筆峰，顧名思義，是山峰的形象肖似文筆。山川河嶽，宇宙萬物，未有人時，何得稱名。命名是人類具有高級思維能力後的產物，是能將自己與環境區分開來後的產物。因形象命名，本就是地名學的一條規律。《左傳·桓公六年》記載：

　　　　公問名於申繻。對曰：「名有五：有信，有義，有象，有假，有類。以名生為信，以德命為義，以類命為象，取於物為假，取於父為類。不以國，不以官，不以山川，不以隱疾，不以畜牲，不以器幣。周人以諱事神，名，終將諱之。故以國則廢名，以官則廢職，以山川則廢主，以畜牲則廢祀，以器幣則廢禮。晉以僖侯廢司徒，宋以武公廢司空，先君獻、武廢二山，是以大物不可以命。」公曰：「是其生也，與吾同物，使之曰同。」〔註1〕

────────────────

〔註1〕李夢生：《左傳譯注》，上海：上海古籍出版社，1998年，第69頁。

申繻所說乃是人名的命名規律，其中即有「以類命為象」的方式。楊伯峻《春秋左傳注》注釋為：

> 以類命為象（《論衡‧詁術篇》云：「以類名為象，若孔子名丘也。」杜注：「若孔子首像尼丘。」《孔子世家》云：「禱於尼丘，得孔子，生而首上圩頂，故因名曰丘云。」）〔註2〕

孔子頭上凹陷，像於尼丘，所以名丘，這算是因形象而命名的例子。有關以形象命名地名的例子也很多，如南朝盛弘之《荊州記》中「平樂縣有山臨水，岩間有兩目如人眼，極大，瞳子黑白分明，名為目岩。」又「馬牧城東三里有蜂城，城隨門勢，上大下尖，其形似蜂，故有蜂號。」像於人眼，其形似蜂，都是基於地貌的想像來命名的。不過這些想像都是基於日常事物，並未超出其時代和現實生活，正如原始人不可能知道電腦、手機等現代事物。龐樸先生《陰陽五行探源》曾言：

> 卜辭中未曾發現「五材」字樣或水火木金土並舉的例子，說來似乎令人失望，其實不如說，要想發現它，倒未免是一種奢望。因為不僅在萬物有靈論的殷人腦袋裏，不能有世界是由五大元素組成的思想，而且連「天生五材，民並用之」。（《左傳》襄公二十七年子罕曰）的思想，在當時亦不可能出現。道理就在於，五材之一的金，尚未成為民生日用之物；物質生活中提不出重複的刺激，精神生活中便形不成相應的反映。因而，同後來那種以五材為綱統率一切的五行圖式不同，殷人的五行，或早期的五行思想，是以五方為綱的。〔註3〕

「物質生活提不出重複的刺激，精神生活便形不成相應的反應」，也只有筆這個事物產生並普遍之後，才會有與筆相關的形象命名產生。筆者所能找到的最早以筆為形象命名的是「筆星」，漢劉熙《釋名》卷一「釋天」曰：「筆星，星氣有一枝，末銳似筆也。」〔註4〕其後《魏書‧古弼傳》言「弼頭尖，世祖常名之曰筆頭，是以時人呼為筆公弼」。〔註5〕又如宋初《太平寰宇記》記載尉氏縣有「筆溝，在縣東北四十里，與康溝相合，端直如筆」。〔註6〕筆星、筆頭、

〔註2〕楊伯峻：《春秋左傳注》，北京：中華書局，1990年，第115頁。
〔註3〕龐樸：《陰陽五行探源》，《中國社會科學》，1984年03期，第80頁。
〔註4〕〔漢〕劉熙撰：《釋名》，《叢書集成初編》，北京：中華書局，1985年，第9頁。
〔註5〕〔北齊〕魏收撰：《魏書》，北京：中華書局，1974年，第2冊第692頁。
〔註6〕〔宋〕樂史撰；王文楚等點校：《太平寰宇記》，北京：中華書局，2007年，第13頁。

筆溝都是因其形象肖似筆而得名。

　　文筆山或文筆峰，以筆的形象命名山峰起於何時則不詳。筆者運用檢索工具進行檢索，以「筆山」、「筆峰」為關鍵詞對愛如生的《中國基本古籍庫》、《四庫全書》、《四部叢刊》、《古今圖書集成》等電子檢索數據進行檢索，對重點古籍如梁昭明太子《文選》、唐代四大類書（《北堂書鈔》、《藝文類聚》、《初學記》、《白氏六帖》）、宋代四大類書（《太平御覽》、《太平廣記》、《文苑英華》、《冊府元龜》）、唐代方志總志（《括地志》、《元和郡縣志》）、《全唐詩》、《全唐文》等以「筆」字為關鍵詞進行了精密篩選，以考察宋以前文筆峰地名的存在情況。

一、唐代方志

　　唐代之地理總志保存較完整的，只有李泰《括地志》和李吉甫《元和郡縣圖志》，其他如《郡國志》、《貞元十道錄》等殘缺殆盡。古代書厄頗多，典籍耗散，百不存一，故筆者僅能就目前所見進行檢索。古代之名物，證其有容易，證其無則難，雖然筆者對宋以前之筆峰、筆山等用心搜檢，所獲為零，但仍不敢說宋以前不存在以筆命名山峰的現象。

　　以《括地志》為例，《括地志》由唐初魏王李泰主編，成書於貞觀十六年（642）。全書按貞觀十道排比三百五十八州，再以州為單位，分述轄境各縣的沿革、地望、得名、山川、城池、古蹟、神話傳說、重大歷史事件等，共有正文五百五十卷卷，序略五卷。該書卷帙浩繁，可惜在南宋後亡佚，清代如孫星衍、陳其榮、曹元忠等都對《括地志》進行了輯佚輯補。1980年，中華書局出版賀次君輯校《括地志輯校》[註7]一書，是現存最為完整的輯本。筆者以「筆」為關鍵詞檢索《括地志輯校》，並無一例帶「筆」的地名。但該輯校本與原著的五百五十卷相比，不僅體量上相差巨大，而且多屬斷章摘句。若用此輯本說唐初無某地名，斷然不可。

　　又《元和郡縣圖志》四十卷，唐李吉甫撰，成書於元和八年（813）。《元和郡縣圖志》以貞觀時劃分的十道為綱，配以憲宗時的四十七鎮，每鎮有圖，冠於敘事之前，然後分別記述各鎮所屬州縣的等級、地理沿革、四至八到、貢賦、古蹟、山川形勢、鹽鐵、墾田和軍事設置，尤其留意於山川形勢，攻守利害。該書在宋代以後也開始散佚，圖和目錄已不存。現存正文也僅三十四卷。

〔註7〕〔唐〕李泰等著；賀次君輯校：《括地志輯校》，北京：中華書局，1980年。

筆者以中華書局出版賀次君點校《元和郡縣圖志》〔註8〕進行檢索，以「筆」為關鍵詞，僅檢得「中山，在縣東南一十五里，出兔，為筆精妙」，與筆山、筆峰毫無關係。

又宋初《太平寰宇記》，樂史撰，北宋初期著名的地理總志。該書繼承唐李吉甫《元和郡縣圖志》的體裁，記述了宋初十三道範圍的全國政區建置。該書較《元和郡縣圖志》更為詳盡，舉凡境內山川、湖澤、城邑、鄉聚、關塞、亭障、名勝古蹟、祠廟、陵墓等靡不見載，全書共一百九十三卷，可謂卷帙浩繁內容豐富。《四庫全書總目提要》贊其書「蓋地理之書，記載至是書而始詳，體例亦至是而大變。然史書雖卷帙浩博，而考據特為精覈，要不得以末流冗雜追咎濫觴之源矣。」〔註9〕作為宋初的地理總志，其所記地名當有唐時至宋尚未改易的，所以用以查詢唐時地名，並加以考辨，有重要借鑒意義。筆者以「筆」字進行檢索，僅得「筆溝」一條與地名相關，並無筆峰、筆山。

又因漢唐之方志多已亡佚，筆者以劉緯毅《漢唐方志輯佚》〔註10〕為本。該書廣收漢至唐代之失傳方志，共得四百四十五種。筆者以「筆」字檢索，亦未有與筆字相關之地名，更不用說筆山、筆峰。

綜上所述，宋以前幾乎不可能有文筆山、文筆峰這樣的地名，即便因為古籍亡佚、方志零散的原因而缺載，也應該是極少數的現象。

二、唐詩

筆乃文人日用之物，詩歌又以譬喻見長，山形肖筆，也許最是文人能聯想得到。筆者運用中國國家數字圖書館網站上的《全唐詩分析系統》進行檢索，並參考陳尚君《全唐詩補編》等書。《全唐詩分析系統》包含 57000 多首唐詩。可進行全文檢索、重出詩檢索、詩人小傳檢索和高級檢索，支持嚴格數據檢索和簡繁體混合模式檢索。具有重出詩提取、格律詩標注、字及詞組的頻率分布統計、用戶自作詩的格律分析等智慧化功能。陳尚君《全唐詩補編》包括《全唐詩外編》和《全唐詩續拾》兩種，所收詩歌均為《全唐詩》所不載。筆者檢索到唐代幾首以筆比喻山峰的詩歌，錄之如下。

〔註8〕〔唐〕李吉甫等著；賀次君點校：《元和郡縣圖志》，北京：中華書局，1983年。

〔註9〕〔清〕永瑢等撰：《四庫全書總目》，北京：中華書局，1965年，第 596 頁上欄。

〔註10〕劉緯毅：《漢唐方志輯佚》，北京：北京圖書館出版社，1997年。

（一）李白《題樓山石筍》

> 題樓山石筍
>
> 石筍如卓筆，縣之山之巔。誰為不平者，與之書青天。

該詩見於陳尚君《全唐詩補編》，陳尚君校記「《遵義府志》四五《藝文詩》，按此詩《太白文集》不載，即他拾遺本亦無之。孫志有此，不知何本，仍錄俟考。」〔註11〕陳尚君乃全抄清道光年間鄭珍、莫友芝所編《遵義府志》，其按語也是原《（道光）遵義府志》所載，非陳尚君所注。「孫志」指明萬曆年間遵義知府孫敏政所修《遵義軍民府志》，簡稱「孫志」。可知此詩在明萬曆年間被收於《遵義軍民府志》中。鄭珍、莫友芝以此詩不知何本，仍錄俟考。

該詩亦見於嘉慶間修《大清一統志》卷五百十一

> 太平關，在府城北一百里大樓山上，亦曰樓山關，亦曰樓關。
> 萬峰插天，中通一線。《名勝志》：「李白詩『石筍如卓筆，懸於山之
> 巔，誰為不平者，與之書青天。』今樓山關石筍參天，是白題詩處
> 也。」〔註12〕

此處為「懸於山之巔」，縣和懸相通假。《大清一統志》引用該詩，是本於《名勝志》。《名勝志》全名為《大明一統名勝志》，明曹學佺撰，共二百八卷，收錄於《四庫全書存目叢書》史部第167～170冊，為中央民族大學圖書館藏明崇禎三年刻本。崇禎三年刻本《大明一統名勝志》前《大明輿地名勝志自序》落款為「崇禎三年歲次庚午夏之朔三山曹學佺始能撰」，可知該志晚於孫敏政《遵義軍民府志》。《名勝志》中記載：

> 《四夷傳》：宋淳熙中，遷遵義軍於穆家川。穆家川源出龍巖山，
> 流經湘山，一名湘川。李白詩云：「洛陽才子謫湘川，元禮同舟月下
> 仙。記得長安還一笑，不知何處是西天。」白詩又云：「石筍如卓筆，
> 懸於山之巔。誰謂不平者，與之書青天。」今樓山關石筍參天，是
> 白題詩處也。〔註13〕

由上可知，《（嘉慶）大清一統志》乃節錄崇禎三年曹學佺《名勝志》，而萬曆間孫敏政《遵義軍民府志》則更早，亦不知孫志本於何書。費此一番周折，仍

〔註11〕陳尚君輯校：《全唐詩補編》（全三冊），北京：中華書局，1992年，第362頁。

〔註12〕〔清〕穆彰阿等纂修：《（嘉慶）大清一統志》，四部叢刊續編景舊抄本，卷一百五十一。

〔註13〕〔明〕曹學佺撰：《大明一統名勝志》，《四庫全書存目叢書》，濟南：齊魯書社，1996年，第170冊，第27～28頁。

不能判定李白《題樓山石筍》的真偽，不得不效前人，仍錄俟考。但由上可知，該詩所描述風景是遵義縣樓山關外石筍參天的情景，詩人將石筍比作卓筆，卓有直立的意思，卓筆即是直立豎立的毛筆。

（二）李白《釣臺》

釣臺

磨盡石嶺墨，潯陽釣赤魚。靄峰尖似筆，堪畫不堪書。

該詩最早見於《元豐九域志》，北宋王存主編，成書於元豐三年（1080）。《元豐九域志》卷六載「靄峰，李白詩『靄峰尖似筆』是也」〔註14〕一句，至南宋王象之《輿地紀勝》，成書於寶慶三年（1227），卷二十始引全詩；宋祝穆《方輿勝覽》，成書於嘉熙三年（1239），卷十六亦引此全詩。《錦繡萬花谷》、《（淳熙）新安志》皆引此詩。按祝穆《方輿勝覽》卷十六所記：「釣臺在黟縣南十八里，亦名潯陽臺，相傳李白嘗釣於此。有詩云『磨盡石嶺墨，潯陽釣赤魚。靄峰尖似筆，堪畫不堪書』。」〔註15〕可見該詩所描繪尖似文筆的靄峰就在安徽省黟縣南。

清王錡《李太白全集》卷三十「詩文拾遺」中對李白《釣臺》一詩進行了詳細考證，認為「又《答山中人》所謂『桃花流水杳然去，別有天地非人間』，相傳以為入黟所作。而俗又有《石墨嶺》與《水西興唐寺》詩，語不類太白。東坡嘗疑《富陽》、《國清》、《彭澤》、《興唐詩》及《姑熟十詠》非太白所作，而王平甫疑《十詠》出於李赤。按南唐自有一翰林學士李白，曾子固以為《十詠》是此人所為，然則此間《墨嶺》、《興唐詩》豈亦此類耶」。〔註16〕託名李白的偽詩很多，王錡認為《釣臺》一詩很可能是別有人為，不一定是李白的詩。

（三）鄭谷《筆峰》

筆峰

似筆挺然秀，山川亦好文。宕渠花裏發，秦壟竹間分。

石臼生春水，香龕積暮雲。道經難久住，日後憶離群。

該詩為陳尚君《全唐詩補編》中輯出，據其校注，「見於於民國十七年刊

〔註14〕〔宋〕王存撰：《元豐九域志》，《影印文淵閣四庫全書》第471冊，臺北：臺灣商務印書館，1982年，第135頁。

〔註15〕〔宋〕祝穆撰；祝洙增訂；施和金點校：《方輿勝覽》，北京：中華書局，2003年，第284頁。

〔註16〕〔清〕王錡注：《李太白全集》，北京：中華書局，1977年，第1422～1423頁。

曾瀛藻《大竹縣志》卷十四」。〔註17〕《（乾隆）大竹縣志》「卷十・藝文志」
中已經收錄該詩，署名為唐鄭谷所作。其實該詩乃明曹學佺所作，非鄭谷也。
曹學佺《石倉詩稿》中此詩名為《寄題筆峰》，曹學佺《蜀中廣記》對此詩撰
述經過記錄甚詳：

> 《紀勝》又云：軍西百四十里筆山，即白雲山也，奇峰如筆。
> 故云宋張無盡詩「白雲山上揖世尊，各以願力濟群生」，即此。予以
> 萬曆己酉歲登峰上，即別寄題詩云：「似筆挺然秀，山川亦好文。宕
> 渠花裏出，秦嶺竹間分。石白生春水，香龕積暮雲。經過難久住，
> 日後覺離群。」壬子歲再過此，作詩云：「霧到此中止，分明要客登。
> 水田開四野，松石閉孤僧。步入禪鐘慣，詩題彩筆曾。稍紓行役苦，
> 惟有勝緣能。」〔註18〕

上所引《紀勝》指王象之《輿地紀勝》卷一百七十九，原文為：

> 筆山：去軍西一百四十里，即白雲山也，奇峰如筆，故曰筆山。
> ……
> 白雲山去軍西一百里，平地突出，奇峰如筆，亦號筆山。丞相
> 張無盡有詩云：「白雲山上揖世尊，各以願力濟群生。」識者已知有
> 宰相器。〔註19〕

可知此山在張商英時尚稱白雲山，稱為筆山恐是張商英之後的事情了。明萬曆
己酉年曹學佺登上此峰，作了此詩，不料被《（乾隆）大竹縣志》誤作唐鄭谷
作，《（民國）大竹縣志》承襲其謬，後又被陳尚君誤輯為唐詩。

（四）秀登《送小白上人歸華頂》

送小白上人歸華頂

瀑濺安禪石，秋雲鎖碧層。一峰如卓筆，幾日策孤藤。

樹偃前朝蓋，星輝下界燈。超然歸此處，心已契南能。〔註20〕

〔註17〕陳尚君輯校：《全唐詩補編》（全三冊），北京：中華書局，1992年，第1242
　　　　頁。
〔註18〕〔明〕曹學佺撰：《蜀中廣記》，《影印文淵閣四庫全書》第0591冊，臺北：臺
　　　　灣商務印書館，1982年，第290頁。
〔註19〕〔宋〕王象之撰；趙一生校注：《輿地紀勝》第11冊，杭州：浙江古籍出版
　　　　社，2012年，第3664、3666頁。
〔註20〕陳尚君輯校：《全唐詩補編》（全三冊），北京：中華書局，1992年，第1330
　　　　頁。

　　該詩被陳尚君《全唐詩補編》輯為唐詩，言「秀登，齊己、貫微、小白同時人，五代時在世。詩三首。（《全唐詩》無秀登詩）」。華頂是浙江天台山最高峰，詩中「一峰如卓筆」所指天台山何峰，今無從知曉。

　　秀登，生卒年不詳。宋陳起《宋高僧詩選》則將秀登歸為宋僧，收錄其詩歌三首，除這首《送小白上人歸華頂》，另二首是《朝海峰》、《送貫微歸天台》。蓋因秀登生活在唐宋之交，陳尚君收入唐詩，陳起收入宋詩，各有其理。陳起《宋高僧詩選》中收尚能所作《送秀登上人》：

> 送秀登上人
> 又負空囊出，都城難久居。西風隨雁急，寒柳向人疏。
> 野宿燈分燒，船齋磬動魚。如逢北來客，應寄社中書。〔註21〕

尚能還有其他寄贈之詩，如《簡長師陪黃使君宣旦歸浙右》、《送本如上人歸四明》，詩中所云簡長師、本如上人都是宋代人物，本如即天台宗神照本如（982～1051），北宋公元960年開國，則本如上人為宋人。或許秀登上人不僅是唐五代人了，而且跨入宋朝了。

（五）呂岩《題壁二絕》

> 題壁二絕
> 展旗邀我過天聰，玉女雙鸞展笑容。
> 卓筆醮乾龍鼻水，等閒題破石屏風。

　　該詩是陳尚君《全唐詩補編》從《廣雁蕩山志》卷二十一「佚文」中輯出，作回道人所撰。呂岩字洞賓，道教中有名的神仙人物，其人物事蹟真假難辨，《全唐詩》中收錄其詩頗多，但大都是宋人偽託。《廣雁蕩山志》乃清代曾唯編纂，其先已有明嘉靖朱諫《雁山志》四卷，清初李象坤《雁山志》二十二卷，曾唯《廣雁蕩山志》乃參考朱諫《雁山志》、《浙江通志》以及諸多名家文集編纂而成。《廣雁蕩山志》成書既晚，所引又頗蕪雜，呂洞賓詩又多宋人偽託，則此詩很難斷定為唐代所作。

　　雁蕩山開山雖歷史悠久，但其大幅度開發則在宋初，按明嘉靖朱諫《雁山志》所載：

> 宋太平興國元年，永嘉僧全了遊方至荊州天竺，遇一神僧，謂
> 之曰：「汝緣在浙東，當得名山居之。永嘉有諾詎那者道場適當興，

〔註21〕　〔宋〕陳起輯：《增廣聖宋高僧詩選》，《叢書集成三編》第100冊，臺北：新文豐出版公司，1997年，第728頁。

師宜往訪，力成茲事。」了詰其所，曰：「地以花名，山以鳥名，中有龍湫宴坐，此尊者棲息地也。」二年，歸而遍訪諸山不遇，行至海濱，見山水清奧，因問其名，父老曰「芙蓉村雁蕩山也」。了大感悟，遂往山中結庵於要會處，曰芙蓉庵，即今能仁寺。至天聖元年，有僧文言居山之東碧霄峰下，曰碧霄庵，即今靈峰寺。開山靈跡始著，諸寺相繼而興。〔註22〕

天聖元年是 1024 年，至此時雁蕩山才開始興盛，只有人文旅遊興盛了，山峰的命名才會趨多。上呂岩詩中的展旗峰、玉女峰、卓筆峰、龍鼻水等名稱，在王十朋（1112～1171）度雁山詩中才變得常見。綜上所述，呂岩此詩實在值得懷疑，恐為宋人偽託無疑。

小結

筆者在遍檢諸多文獻後，發現宋以前並無文筆峰、文筆山的地名。當然筆者檢索的文獻主要以《中國基本古籍庫》、唐代地方總志、唐詩、全唐文等文獻，疏漏在所難免。但《括地志》、《元和郡縣圖志》、《太平寰宇記》、《漢唐方志輯佚》諸方志，這些最能反映唐代地理山川名稱的書中都無文筆峰、文筆山等地名，雖不能完全斷言沒有，但至少說明即便有也非常罕見。另外檢索全唐詩歌可以發現，真正以筆來譬喻山峰的幾首詩歌，能夠確定是唐代的幾乎沒有，李白《題樓山石筍》、《釣臺》都是宋代文獻中才出現，鄭谷《筆峰》乃明曹學佺所作，呂岩《題壁二絕》描述雁蕩山風景，也很可能是宋人的偽託。真正算得上可靠的也是唐宋之交的秀登《送小白上人歸華頂》中的「一峰如卓筆」。綜上所述，宋以前可能真的還沒有出現文筆峰、文筆山等這樣的地名。

第二節　宋元文筆峰的情況

一、宋初文筆峰的情況

前文已說，宋以前尚無文筆峰、文筆山的地名。那麼宋初的情況又如何呢？公元 1036 年，范仲淹以饒州妙果院塔為文筆峰時，是否已經有山峰名作文筆峰呢？抑或文筆山當時還僅存在於風水師的口頭指點上，僅是言山峰之

〔註22〕〔明〕朱諫撰；胡汝寧重編：《雁山志》，《中國佛寺史志彙刊》第二輯第 10 冊，臺北：明文書局，1980 年，第 103～104 頁。

形象而斷吉凶貴賤。這些問題都需要進行文獻的考證。筆者以宋初四大類書《太平御覽》、《太平廣記》、《冊府元龜》、《文苑英華》，以及北宋《太平寰宇記》和《元豐九域志》兩部地理總志為主，以「筆」字為關鍵字，進行檢索篩選，以探求宋初文筆峰的存在情況。

按《太平御覽》共一千卷，為宋代最大的類書之一，索引經史圖書凡一千六百九十餘種，今不傳者十之七八，徵引賅博。《太平御覽》是太平興國二年（977），宋太宗命李昉等編纂，歷時六年，於太平興國八年（983）十二月完成。全書分五十五部，各部下又分類，類下又有子目，大小類目共計約五千四百七十四類，無所不包，堪稱百科全書。《太平廣記》與《太平御覽》同時編纂，亦由李昉等人主編，於太平興國三年（978）纂成。全書五百卷，目錄十卷，共分九十二類，專收野史以及小說，漢至於宋初的小說徵引頗多，其書大都已經亡佚，向來為輯佚之淵藪。《文苑英華》於太平興國七年（982）開始編輯，宋太宗命李昉、扈蒙、宋白、徐鉉等二十餘人共同編纂，雍熙三年（986）完成，篇幅多達一千卷。《文苑英華》是一部文學總集，其選材與《文選》相銜接，上自南朝梁代，下至五代，詩歌文賦碑傳銘疏等文體十分全備，其中唐人作品占十分之九。《冊府元龜》是北宋真宗景德二年（1005），宋真宗下詔命王欽若、楊億等修歷代君臣事蹟，前後歷經八年，至大中祥符六年（1013）八月十三日書成。該書廣泛取材於正史、實錄，全書多達一千卷，是宋代存世最大的著作，據統計其總字數有 9392000 餘字。明胡應麟在其《少室山房集》卷一百四曾評價到：

> 讀《太平御覽》三書
>
> 　宋初輯三大類書，《文苑》之蕪冗，《廣記》之怪誕，皆藝林所厭薄，而不知其有助於載籍者不鮮也。非《御覽》，西京以迄六代諸史乘煨燼矣。非《英華》，典午以迄三唐諸文賦煙埃矣。非《廣記》，汲冢以迄五朝諸小說烏有矣。……《廣記》之臚列詳明，紀例精密，灼然必傳，又當議於二典之外者也。〔註23〕

胡應麟之見高矣！按四大書雖不是方志，亦非地名專著，但其卷軼之夥，收書之多，對於考察宋初以前的人文事物實有幫助，不可忽略。按以上四書，下訖於大中祥符六年（1013），但經筆者檢索，其中並無「筆峰」、「筆山」等地名。

〔註23〕〔明〕胡應麟撰：《少室山房集》，《影印文淵閣四庫全書》第 1290 冊，臺北：商務印書館，1986 年，第 752 頁。

　　《太平寰宇記》成書於北宋初年，撰者樂史（930～1007），據王文楚考證，約撰成於雍熙末至端拱初，端拱元年為公元988年。按樂史所撰《自序》，樂史鑒於唐賈耽《貞元十道志》和李吉甫《元和郡縣圖志》，「不獨編修太簡，抑且朝代不同」，加上經過唐末五代的藩鎮割據，「更名易地，朝四暮三」，已經不再適用於本朝。由此可見，樂史的編纂並不是因襲唐朝舊志，而是與時俱進，能夠反映宋初政區建制和地名沿革。《太平寰宇記》原有二百卷，今中華書局本王文楚校注《太平寰宇記》以金陵書局本為底本，原缺卷一百十三至一百十八凡五卷半，以宋版補入，較為完整，不像唐李泰《括地志》那樣殘缺，因此普查價值很高。筆者對《太平寰宇記》以「筆」字進行檢索，並未發現文筆山、文筆峰等相似的山名。

　　《元豐九域志》是北宋元豐三年（1080）編纂成的又一部地理總志，由王存主編，曾肇、李德芻共同修撰。《元豐九域志》共十卷，以熙寧七年（1074）所定二十三路為綱，前述四京，末附省府州軍、化外州、羈縻州等。路下記載所屬府、州、軍、監及其地裏、主客戶數、土貢、領縣；縣下列所領鄉鎮堡寨及山嶽、河澤等。記述州縣沿革，多只述及宋初，因此也可用來考察宋初的地理嚴格狀況。《元豐九域志》篇幅雖只有《太平寰宇記》的二十分之一不到，但其有些條目記載頗為詳細，為宋朝其他總志所不及。筆者檢索《元豐九域志》亦未發現以筆命名的山峰。只發現安徽歙州「靁峰」一條，有引李白「靁峰尖似筆，堪畫不堪書」一句。

　　《輿地廣記》撰者歐陽忞，乃歐陽修族孫，《宋史》無傳，生卒年不詳。按該書前作者《自序》稱「政和年三月日廬陵歐陽忞」，則知該書在政和（1111～1117）年間即已成書。全書共三十八卷。從遠古至宋，論述郡縣建制沿革變化，為後代編一統志之先河，又不僅僅是北宋之地理總志了。該書從第五卷開始詳述宋朝之郡縣名，體例清晰，便於閱覽。不過因其主要論述郡縣州名的沿革，對山川地名極少論述，故筆者檢索中並未發現筆峰、筆山等相關條目，《輿地廣記》也無法反映出元豐到政和之間的文筆峰存在狀況。

　　按以上《太平寰宇記》、《元豐九域志》、《輿地廣記》檢索情況來看，至少到元豐三年（1080）之前，文筆峰、文筆山的地名是幾乎不存在的。儘管早在景祐三年（1036），范仲淹即以視饒州妙果寺塔為文筆峰，但此種文筆峰應該仍屬於風水理論層面，屬於風水喝形取象的思維結果，尚未形成地名。由上大約可知元豐三年（1080）之前幾乎無文筆峰地名存在。

二、南宋地理總志中的文筆峰

南宋尚有兩部地理總志存世，一是王象之《輿地紀勝》，一是祝穆《方輿勝覽》。筆者在這兩部總志中發現不少文筆峰，或形容山形肖筆的記載，故分開論述，列表以詳。

（一）《輿地紀勝》

《輿地紀勝》編纂者王象之，字儀父，婺州金華人。父師古，紹興二十四年（1154）進士，歷任州縣官。王象之青少年時期，隨父遊歷江、淮、荊、閩等地。後王象之於慶元二年（1196）登進士第，寶慶元年（1225）前後任潼川府文學，又曾任知縣等職。王象之博學多聞，喜歡收集地理書及撰寫郡縣地志圖經等，於嘉定四年（1221）開始編纂《輿地紀勝》，其郡縣沿革亦止於此。《輿地紀勝》於寶慶三年（1227）成書，全書共得二百卷。該書以南宋統治地域為限，起行在所臨安府，迄劍門軍，共計府、州、軍、監一百六十六；每一府、州，一般分為府州沿革、縣沿革、風俗形勝、景物上、景物下、古蹟、官吏、人物、仙釋、碑記、詩、四六等十二門。《輿地紀勝》主要是節錄當時數以百計的各地的方志、圖經編纂而成，對各種方志、圖經中的山川、景物、碑刻、詩詠收錄甚詳。《輿地紀勝》所引用的方志圖經大都已經亡佚，幸賴此書輯錄而保存了不少的片段。

按趙一生校點《輿地紀勝》的前言所述，「《紀勝》刊行於世，《大元一統志》、《永樂大典》、《大明一統志》均有所引用。但初刻本大概印數不多，元明以來，傳本見少，或已殘缺。……乾隆年間，錢大昕訪求此書，四十年未得，後才於嘉慶初年於錢塘藏書家何夢華齋中見到影宋鈔本。嘉興四年，浙江巡撫阮元向何氏借來影宋鈔本，並影寫了兩部。一部藏諸府內，另一部副本藏於文選樓。此年，甘泉岑紹周借得阮元藏於文選樓影宋寫本鈔錄副本，自為輯補闕文十卷，並延請劉文淇、劉毓崧父子纂輯校勘記五十二卷，於道光二十九年付梓印行，即為今所存岑氏懼盈齋本。從此，失傳六百多年的《紀勝》又得以重放光明，流傳於世。」〔註24〕按此影宋鈔本缺三十一卷，阮元《揅經室外集》卷五謂「卷數全缺者自十三至十六，又自五十至五十四，又自一百卅六至一百四十四，又自一百六十八至一百七十三，又自一百九十三至二百，共缺三十一

〔註24〕〔宋〕王象之撰；趙一生校點：《輿地紀勝》，杭州：浙江古籍出版社，2012年，第5～6頁。

卷。至其餘各卷內之有缺頁，又皆注明於目錄卷數之下。」〔註25〕今中華書局1992年出版的《輿地紀勝》影宋鈔本即道光二十九年岑紹周的岑氏懼盈齋本，趙一生點校《輿地紀勝》依據的也是中華書局影印懼盈齋本。筆者檢索乃據《中國基本古籍庫》中的《輿地紀勝》，亦是此清影宋鈔本。此版本卷數缺者三十一卷，有缺頁者二十二卷，已非全帙，但其價值不容忽視。

　　南宋的行政區劃基本分為兩級，府州軍監為一級，縣為一級，府州軍監以上的大區稱為「路」。南宋紹興十二年（1142）分為十六路：兩浙東路、兩浙西路、江南東路、江南西路、淮南東路、淮南西路、荊湖南路、荊湖北路、京西南路、廣南東路、廣南西路、福建路、成都府路、潼川府路、利州路、夔州路。嘉定元年（1208），宋寧宗改為十七路，把利州分為東、西兩路。《輿地紀勝》雖成書於寶慶三年（1227），但仍以嘉定前的十六路版圖為準。筆者以「筆」字做檢索關鍵字，檢索《中國基本古籍庫》中的《方輿勝覽》，將與文筆峰、文筆山有關的條目檢出，內容參考中華書局本《輿地紀勝》和趙一生點校本《輿地紀勝》做校對，以趙一生點校本《輿地紀勝》頁碼做備註，列表如下：

路	府州軍	縣	卷次、內容、頁碼
兩浙西路	常州	無錫	（卷六）嶔㟟當空特不群，嶄然頭角起祥氛。毗陵自古多英俊，何信孤峰解主文。（安陽山在無錫，山頗峻，土俗相傳為文筆峰，縣宰趙義夫有詩刻之石）[p261～262]
兩浙東路	紹興府	山陰	（卷十）玉架山在山陰縣，有三峰如筆，秀麗可畫。[p386]
		會稽	（卷十）望秦山在會稽縣東南三十二里，《舊經》云：始皇登此以望秦中，一名天柱峰，一名卓筆峰。[p392]
江南東路	寧國府	涇縣	（卷十九）卓筆峰，在涇縣，其形挺立峭拔，若卓筆然。[p624]
江南西路	隆興府	武寧	（卷二十六）柳山：在武寧縣西四十里，峰巒峭拔，甲於群山，遠望如文筆狀，為武寧之絕景。舊傳柳渾嘗隱於此，故號柳山。《唐史·渾傳》，渾嘗棄官，隱武寧山。[p830～831]
	吉州	龍泉	（卷三十一）金山：在龍泉縣西北，去縣一里有龍興寺，有塔，陰陽家以縣名龍泉，而金銀兩山夾峙，為龍之角，又謂兩塔為雙筆。 銀山：在龍泉縣東一里山巔有塔。[p996]

〔註25〕〔宋〕王象之撰：《輿地紀勝》，影宋鈔本全八冊，北京：中華書局，1992年，第26～27頁。

		永新	（卷三十一）玉女峰，在永新縣南三十里，舊名文峰。[p1004]
		廬陵	（卷三十一）香城山：在城南聳秀，如鋒筆然。[p1005]
	臨江軍	新喻	（卷三十四）葛峰相對為文筆，蕭水迴環當墨池。說與晚衙休報事，長官亭上有新詩。（李與詩）[p1101]
	南安軍	上猶	（卷三十六）石筍峰：在上猶，挺立眾山間，宛如卓筆。[p1140]
廣南東路	廣州	增城	（卷八十九）文筆峰：在水南，與州相對。[p2187]
廣南西路	靜江府	陽朔	（卷一百三）卓筆峰：在陽朔縣西，獨秀如筆。[p2467]
	昭州	平樂	（卷一百七）龍嶽峰：在平樂縣東北五里，有峰十數，排立如筆架。道鄉《得志軒記》云：「有峰數十仞，曰龍嶽。」，即此峰也。[p2554]
福建路	福州	福州	（卷一百二十八）上閣便見海，入門方是山。塔高端似筆，城轉曲如環。王潗《南澗寺閣》[p2900] 卓筆一峰當殿閣，合圍千嶂鏁林泉。熊濬明 [p2901]
	泉州	德化	（卷一百三十）九仙山：在德化縣西，聳起九峰如筆，中峰有人跡尤存。[p2949]
	汀州	長汀	（卷一百三十二）筆山：在長汀縣東。[p2989]
		上杭	（卷一百三十二）南寶山：在上杭縣北七里，據金山之陽，故號南寶，望之如筆插空。[p2993]
	南劍州	劍浦	（卷一百三十三）九龍雙旌，衍仙文筆，諸峰皆秀拔摩雲。（張致遠《新學記》）[p3006] 文筆峰：在劍浦縣三十里。[p3010]
	邵武軍	泰寧	（卷一百三十四）筆笋石：在泰寧縣南七十里，雙峙雲外，遠有卓筆、植笋之象。《武陽志》[p3032]
	興化軍	莆田	（卷一百三十五）雙髻山：在莆田縣東五十里，亦名筆架山。[p3050]
		仙遊	（卷一百三十五）文筆峰：在仙遊縣四十里。[p3051]
潼川府路	敘州	宣化	（卷一百六十三）姜維屯：在州南岸，群峰環秀，中一峰突立如筆，高千仞，其頂平正，俗傳姜維屯兵於此。[p3499]
	長寧軍	安寧	（卷一百六十六）軍治負據寶屏山，牛心峰在左，筆架峰在右，西南與域王諸峰為對。《圖經》。[p3548] 小桃源：其水發源於筆架峰下，在軍城西冷水溪之上。[p3551] 筆架山：在城西，能興雲雨，觀此山之顯晦，驗天陰晴。右橫筆架，而下瞰藕湖；背倚寶峰，而前盡棫嶺。《忠靈廟上樑文》[p3557]

夔州路	梁山軍	梁山	（卷一百七十九）筆山：去軍西一百四十里，即白雲山也，奇峰如筆，故曰筆山。[p3664] 白雲山：去軍西一百里，平地突出，奇峰如筆，亦號筆山。丞相張無盡有詩云：「白雲山上揖世尊，各以願力濟群生。」識者已知有宰相器。[p3666]
利州路	興元府	西縣	（卷一百八十三）卓筆山：在西縣（南）二十里泥潭谷中，一峰削立。[p3729]

以上共有十路二十五縣有與卓筆峰、筆峰、筆山、筆架山等相關的記載。因《輿地紀勝》現有三十一卷全缺，二十二卷缺頁，所以有些州縣或許也有筆峰、筆山，但因闕文，無法檢出。按上表可見，福建路和江南西路此類記載最多。

（二）《方輿勝覽》

《方輿勝覽》是南宋時期又一部地理總志，全書共七十卷，以南宋嘉定元年（1208）之後的十七路行政區劃為綱，以行在臨安府為首，記錄了浙西路、浙東路、福建路、江東路、江西路、湖南路、湖北路、京西路、廣東路、廣西路、淮東路、淮西路、成都府路、夔州路、潼川府路、利州東路、利州西路，疆域上僅限於南宋統治地域。每一路記載府縣情況，包括郡名、風俗、形勝、土產、山川、學館、堂院、亭臺、樓閣、亭榭、井泉、館驛、橋樑、佛寺、道觀、古蹟、名宦、人物、題詠等。

《方輿勝覽》的作者祝穆，少名丙，字伯和，又字和父，晚年自號樟隱老人。祝穆生年不詳，祖籍徽州歙縣，後遷居福建建陽，寶祐四年（1256）卒，諡文修。祝穆除編纂《方輿勝覽》七十卷外，還編纂了《事文類聚》。有關《方輿勝覽》的成書，按卷首祝穆的《自序》所說：

> 始，予遊諸公間，強予以四六之作，不過依陶公樣，初不能工也。其後稍識戶牖，則酷好編輯郡志，如耆昌歜。予亦自莫曉其癖，所至輒借圖經。積十餘年，方輿風物收拾略盡，出以詒予友，乃見譏曰：「還如食小魚，所得不償勞。」予恍然自失，亦搜獵古今記序詩文，與夫稗官小說之類，摘其要語以附入之。予友又嗤曰：「天吳與彩鳳，顛倒在短褐。」予復愧其破碎斷續，而首末之不貫也。又益取夫巨篇短章所不可闕者，悉載其文，大書以提其綱，附注以詳其目，至三易稿而體統粗備，予友亦印可焉。〔註26〕

　　由上可知，祝穆編纂《方輿勝覽》是因四六之學而入門，其編輯也著重收錄記序詩文、稗官小說，無怪乎《四庫全書總目》稱其「書中體例，大抵於建置、沿革、疆域、道里、田賦、戶口、關塞、險要，他志乘所詳者，皆在所略，惟於名勝古蹟多所臚列。而詩、賦、序、記，所載獨備。蓋為登臨題詠而設，不為考證而設。名為地記，實則類書也。然採摭頗當，雖無裨於掌故，而有益於文章。摛藻挨華，恒所引用。故自宋、元以來，操觚家不廢其書焉。」〔註27〕

　　《方輿勝覽》大約撰成於南宋理宗年間，按卷首祝穆《自序》是嘉熙三年己亥（1239），應該大約成書於 1239 年。國內現存的宋槧本，都是祝洙的增訂本。按施和金點校《方輿勝覽》所見到的宋刻本有北京圖書館和上海圖書館館藏的宋咸淳三年吳堅、劉震孫的刻本兩種，其後元刻本和清抄本都比較多。《四庫全書》中的《方輿勝覽》亦是清抄本。筆者檢索的也正是《四庫全書》中的《方輿勝覽》。現將所檢得的條目列表如下，頁碼以中華書局施和金點校本《方輿勝覽》為準：

路	州府軍	縣	卷次、內容、頁碼
浙西路	常州	無錫	（卷四）安陽山：在無錫縣。山頗峻，俗號文筆峰。[p87]
福建路	邵武軍	泰寧	（卷十）筆笏石；在泰寧縣南七十里。雙峙雲外，有卓筆植笏之象。[p174]
	南劍州	劍浦	（卷十二）文筆峰：在劍浦三十里。[p203]
	興化軍	莆田	（卷十二）雙髻山：在莆田東五十里，亦名筆架山。[p218]
江東路	徽州	黟縣	（卷十六）釣臺：在黟縣南十八里，亦名潯陽臺。相傳李白嘗釣於此，有詩云：「磨盡石嶺墨，潯陽釣赤魚。靄峰尖似筆，堪畫不堪書。」[p284]
	饒州	鄱陽	（卷十八）文筆峰：乃妙果禪院一塔，范希文曰「此文章之應也」，名為文筆峰，下枕湖水，目為硯池，且謂二十年後當出狀元。治平乙巳，趙尚書汝礪果廷對第一。[p324]
江西路	吉州	廬陵	（卷二十）香城山：在城南，地跨三縣，聳秀如筆鋒。周益公云：「廬陵南四十里有香城山，其名見唐皇甫持正所作碑碣。峻拔廣衷，中一峰尤奇秀，諺所謂文筆者。胡氏世居其下，至忠簡公遂以直節修能，名震當世。」[p360]
	臨江軍	新喻	（卷二十一）題詠：葛峰相對為文筆。李輿詩：「葛峰相對為文筆，蕭水迴環當墨池，說與晚衙休報事，長官亭上有新詩。」[p386]

〔註27〕 〔清〕永瑢等撰：《四庫全書總目》，北京：中華書局，1965 年，第 596 頁。

廣東路	廣州	增城	（卷三十四）文筆峰：在水南，與州相對。[p607]
夔州路	梁山軍	梁山	（卷六十）白雲山：在軍西百里，奇峰突出如筆，亦名筆山。[p1049]
潼川府路	長寧軍	安寧	（卷六十五）筆架山：在軍治右。[p1140] 小桃源：……其水發源筆架山，在軍城冷水溪之上。[p1140]
利州東路	興元府	西縣	（卷六十六）卓筆山：去西縣二十里，一峰削出如筆。[p1149]

祝穆在編纂《方輿勝覽》中受到過王象之《輿地紀勝》影響，二者不僅體例上有相似之處，內容上也有很多一致的地方，不過兩書編纂的旨趣不同，所以篇幅、內容上都有不少差異。比較《輿地紀勝》和《方輿勝覽》中檢索出來的文筆山相關條文，顯然《輿地紀勝》記載要更豐富一些。《輿地紀勝》檢索到十路二十五縣的相關條文，《方輿勝覽》檢索到了八路十一縣的相關內容。其中相同的條目不少，而《方輿勝覽》則多出了江東路饒州鄱陽文筆峰。

另外元代尚有兩部總志，一是《大元混一方輿勝覽》，另一是《元一統志》，但二書中有關文筆峰記載頗少，且已見於《輿地紀勝》和《方輿勝覽》。唯《大元一統志》卷九江西等處行中書省中記載瑞州路新昌州，「折桂峰：（在新昌州）在州東，一名文筆峰」〔註28〕，不見於前志。

三、宋元地方志中的文筆峰

據張國淦《中國古方志考》，宋代有方志43種，今存北宋2種，南宋27種；明《文淵閣書目》中記有元代方志90餘種，今存15種。中華書局編纂《宋元方志叢刊》收錄方志41種，精選善本，加以影印出版。按其前言「在影印底本的選擇上，我們不以刊刻年代的早晚作為取捨的依據，而是盡可能地擇取字跡清晰、附刊有後世學者寫的校勘考證等研究成果的足本，以便於讀者參考。對於各本均殘的方志，這次影印不作輯補，一仍其舊，各志悉以通行名稱著錄。」〔註29〕可見《宋元方志叢刊》多選內容完整的足本，參考價值很高。

〔註28〕〔元〕孛蘭肹等撰；趙萬里校輯：《大元一統志》，北京：中華書局，1966年，第638頁。
〔註29〕中華書局編輯部：《宋元方志叢刊》，北京：中華書局，1990年，第一冊卷首「影印說明」。

　　《永樂大典》是明永樂年間編纂的我國規模最為宏大、卷軼最多的一部大型類書。全書共二萬二千八百七十七卷，貫徹了明成祖「凡書契以來，經史子集百家之書，至於天文、地志、陰陽、醫卜、僧道、技藝之言，各輯為一書，毋厭浩繁」的宗旨，收入書籍八千餘種。因此《永樂大典》的輯佚價值頗高。清全祖望稱讚「或可以補人間之缺本，或可以正後世之偽書……不可謂非宇宙之鴻寶也」。《永樂大典》中的方志有九百餘種，大都是已經亡佚的方志，僅存於《大典》。二十世紀三十年代，張國淦先生從《永樂大典》中輯出了許多方志，但當時不少《永樂大典》的殘卷尚在國外，難以得見，所以漏輯難免。《永樂大典方志輯佚》〔註30〕一書，根據國內外現存《大典》殘卷八百餘卷，所輯方志更為全面。其中輯出宋代方志一百七十多種，遠比張國淦《中國古方志考》所說四十餘種為多。

　　按顧宏義《宋朝方志考》〔註31〕，宋朝郡邑志有一千零三十一種，加上總志四十種，達一千零七十一種，數量之多超乎想像，可惜大都已經亡佚。劉緯毅主編《宋遼金元方志輯佚》宋遼金元亡佚方志一千零八十七種，其中宋志七百九十四種，遼志四種，金志二十八種，元志一百七十九種，宋金、金元、宋元之間不能確定朝代者八十二種，成果豐碩，彌足珍貴。

　　本節所考察的宋元方志中的文筆峰，即以《宋元方志叢刊》、《永樂大典方志輯佚》、《宋遼金元方志輯佚》三種書為主。按書分節列表，間有重複者情理之中。

（一）《宋元方志叢刊》

　　中華書局《宋元方志叢刊》為影印版，不便閱讀檢索，好在古籍數字化時日已久，《宋元方志叢刊》中的大多數方志都有數字版（txt 或 word），《中國基本古籍庫》、《中國方志庫》也基本收錄全備，大大減小了筆者的繁勞。蓋宋元方志南宋多而北宋少，南方多而北方少，其中方志種數最多的是浙江，達十四種，江蘇有宋志七種，而北方僅有《長安志》和《雍錄》兩種。為方便分析文筆峰出現的時間先後，此部分按方志的編纂時間進行排序，而不按地域劃分，因其地域特徵已經很明顯了。此處不再贅述各志書的作者和版本，僅標注其成書年代。

〔註30〕馬蓉、陳抗、鍾文等點校：《永樂大典方志輯佚》全五冊，北京：中華書局，2004 年。

〔註31〕顧宏義：《宋朝方志考》，上海：上海古籍出版社，2010 年，前言第 4 頁。

書　名	年　代	州縣	卷次、內容、頁碼
吳郡圖經續記	1084年	吳縣	（卷中）天平山，在吳縣西二十里。巍然特高，群峰拱揖，郡之鎮也。……有卓筆峰、臥龍峰、巾子峰、五丈峰、石龜、照湖鑒、毛魚池、大小石屋，蓋因好事者得名。[p663]
淳熙新安志	1175年	黟縣	（卷五）釣灘：在縣南十八里亦名潯陽臺。相傳李太白遊新安，嘗釣於此，作詩云：「磨盡石嶺墨，潯陽釣赤魚。靄峰尖似筆，堪畫不堪書。」[p7695]
淳熙三山志	1182年	福州	（卷八）五通廟：有進士方矞為記【記云「古筆峰之上游，宅石渠之左」。】[p7862]
		候官	（卷三十四）精嚴寺：寺山南望古靈席帽山文筆、天柱二峰，方山雁湖在其左右。[p8176]
		長溪	（卷三十五）棲勝院：溫麻里。二年置。古有十奇【旃檀林、文筆峰、石鑑軒、壽山臺、翠蘿屏、湛恩池、偃松塔、涅槃石、仙人冢、展旗峰】[p8184]
			（卷三十五）太姥山：山凡有三十六奇【仙掌、石虎、摩霄、懸鍾、石筍、天柱、撥雲、卓筆、椑子、蓮花、石鴉、飛仙、棋盤、隱真】[p8188]
		福清	（卷三十六）十二峰【佛座、香爐、吉祥、寶峰、缽盂、報雨、寶月、羅漢、天樂、屏嶂、天柱、文筆】[p8198]
		懷安	（卷三十八）九峰院：興城裏，以山峭拔若筆格名，與芙蓉、壽山號曰三山。[p8230]
吳郡志	1192年	吳縣	（卷三）胡舜申《吳門忠告》：「蛇門之水為貪狼，主文筆官職之事，於理為重。」[p711]
			（卷十五）天平山在吳縣西二十里，此山在吳中最為崒嵂，高聳一峰，端正特立，《續圖經》以為吳鎮，不誣也。山皆奇石，卓筆峰為最。[p800]
嘉泰會稽志	1201年	會稽	（卷九）《泊宅編》云：「會稽東南巨鎮，對案梅李尖山，謂之筆案，其周回六十里。」[p6859]
			（卷九）望秦山，在縣東南三十二里，《舊經》云秦始皇與群臣登此以望秦中也，一名天柱峰，一名卓筆峰，蓋會稽山之別峰。[p6859]
			（卷九）方勺《泊宅編》云：「會稽山為東南巨鎮，周回六十里，下瞰鏡湖，有山橫抱如几案，案外尖峰曰梅李尖，地理家謂之筆案。」[p6861]
			（卷九）玉架山：三峰如筆格故得名，秀麗可畫。[p6866]

嘉定赤城志	1223 年	臨海	（卷十九）岐山：在縣東南六十里黃岩，方山戴氏贅杜氏居於此，故俗呼杜岐山。【按《臨海記》舊有謝詩：「杜岐一穴占三鈞，聳筆金門玉戶新。」】[p7426]
		寧海	（卷二十二）白岩山在縣東一百里，其左一峰筆立，山圍繞如屏，旁有赤白岩輔其下，形肖石鼓，又梅林及永樂山鄉亦有白岩山，與此為三。[p7451]
寶慶四明志	1227 年	奉化	（卷十四）謝家洞：縣東二十五里，其洞虛圓，雖炎歊之月，凜然猶寒，其下如廣廈，可容百餘人。俗傳有大白蛇藏其間，隱見不常，左有一峰曰福堆山，右即筆架峰也。 筆架峰：縣之下郝村，其峰崒兀，宛如筆架之狀，雲霧興則必雨，有一龍祠名祭山。[p5183]
淳祐臨安志	1252 年	錢塘	（卷八）卓筆峰：在靈隱無垢院有石筍，形如筆，葛澧《帝都賦》云「峰曰卓筆」。[p3301]
			（卷九）虎頭岩：在錢塘門外，介於寶嚴、定業寺後山，葛澧《錢塘帝都賦》云「峰曰卓筆，岩則虎頭」。[p3311]
仙溪志	1257 年	仙遊	（卷一）西接飛山，東列石鼓，北枕瀑布，南帶仙溪，夾以二塘，水由民出，文筆峰、銅鼎環列其旁，水繞山蟠，面勢環翕，真東南之壯邑也。[p8271]
			（卷三）僧自殊住席麻庵般若庵，曾參大慧禪師，有大贊真墨云：「真實既無妄，毀贊了無功。卻許殊禪者，於中一線通。」庵在文筆峰下。[p8307]
景定嚴州續志	1262 年	建德	（卷五）楊溪峰：在慈順鄉，峰如卓筆。[p4385]
咸淳臨安志	1268 年	錢塘	（卷二十三）卓筆峰：靈隱無垢院有石筍形如筆卓。[p3859]
		新城	（卷二十七）百丈山：在縣南五里太平鄉，亦名卓筆峰。題詠【許廣淵詩：「片雲晴點墨，滴露夜揮毫。」○許仲蔚詩云：「雲葉閑鋪紙，煙煤潤灑尖。遠疑題塞雁，高欲篆秋蟾。」】[p3617]
		仁和	（卷三十一）海門：在仁和縣東北六十五里。有山曰赭山與龕山（隸紹興府）對勢，潮水出其間，郭璞《地記》所謂「海門一點巽山小」，又曰「海門筆架峰巒起」，指此也。[p3647]
		錢塘	（卷七十七）褒親崇壽寺，在鳳皇山後，紹興十八年建，十九年賜褒親崇壽額，為劉貴妃家功德院，有鳳凰泉、瑞應泉、松雲亭、觀音洞、筆架池。[p4057]

		錢塘	（卷九十四）丹陽葛澧《錢塘賦》曰：「墩曰仙姥，嶺曰金鵝，峰曰卓筆，岩則虎頭、雞棲、龍池、朱積。」〔p4230〕
無錫志	1296年	無錫	（卷二）安陽山：……其山平地拔起，高峰圓峻，四望如一，挹湖水之光，包林木之秀，若人之有文采然。故世易以美名，曰文筆峰。〔p2205～2206〕
大德南海志	1304年	南海	（卷九）南海縣學舊寓郡庠東廡。嘉定二年，知縣宋鈞創建於縣東六十步。前瞰城濠，背枕遠碧。千佛塔立其右，如文筆卓然；越台山擁其左，若屏障森列。〔p8439〕
延祐四明志	1326年	奉化州	（卷七）望春山：在州西五十里，其右文筆峰，其左展旗峰，寶化山在州南三里，有古松如臥龍，杜防花如翔鳳。〔p6240〕
			（卷七）筆架峰：在州東三十里，其峰崒屼，如筆架之狀，雲興則必雨。〔p6241〕
		慈谿	（卷十八）五磊普濟禪寺：縣西北四十里，唐文德中僧令頵禪師建，舊名靈山，大中祥符改今額。中丞舒亶詩云：「五磊峰高筆插天，長松合抱幾千年。塵氛灑落非人世，風露清明近月邊。枕上數聲敲夜磬，山前百畝起春田。我來欲臥蒼苔色，不著藍輿兩兩肩。」〔p6394〕

（二）《永樂大典方志輯佚》

前面已說，二十世紀三十年代，張國淦曾有《永樂大典方志輯本》，但其時所見《永樂大典》殘本不如今日之多，所以漏輯很多，所以筆者此處僅參考中華書局馬蓉等點校的《永樂大典方志輯佚》〔註32〕。因為這些方志大都亡佚，年代失考，故按地域劃分，不著錄版本和年代，以《永樂大典方志輯佚》內容、頁碼為準。

省份	方志名稱	內容、頁碼
福建	延平府志	文筆石岩，在福建延平府將樂縣普安里鮑源。孤峰突峻，上銳下豐，若倒筆書空之狀。（冊一百，卷九七六四，頁十七）〔p1111〕
	建安志	鐵獅頂，在城南三里，即今府治對山也。山之巔有庵，庵有鐵鑄文殊獅子像，因山名之。先是陰陽家謂府治來山若猛虎出林，溪西諸山若隊羊然，欲其不為傷也，乃於對山

〔註32〕馬蓉、陳抗、鍾文等點校：《永樂大典方志輯佚》全五冊，北京：中華書局，2004年。

		置鐵獅以鎮之。宣和間，移置開元寺。未幾，葉、范二寇繼作，且有虎渡河之異。紹興改元，太守劉公子翼以耆老楊觀等有請，遂復其故。【或云恐嫌獅下視城內，仍於府治廳事及建安堂柱下，埋小獅二十四於地中，以明子母相應之意。又郡庠面對此山，曰文筆峰。紹興初，有僧卓庵其上，收兵器鑄鐵塔於山巔。厥後郡人以其不利於科舉，移置光孝寺。次年，城中遂有盧覺者登第。諺云：「城外打鐵塔，城裏得盧覺。」談者以為笑。自是登科，省無虛榜，亦足為驗云。】（冊一百二十，卷一一九五一，頁二）[p1165～1166]
	臨汀志	筆山，在長汀縣東十五里。[p1244]
		南寶山，在金山之陽。【《郡縣志》：南寶山下水凡七，水入本州島大溪。《輿地紀勝》：南寶山，在上杭縣北七里，據金山之陽，故號南寶，望之如筆插空。】[p1257]
湖南	古羅志	《新建筆峰亭祝文》：按縣志，筆峰元在縣市內，歲久平塌，僅存一井與筆峰牌爾。後好事者謂陰陽家以尖峰屬貪狼，遂砌一石尖於井前，以象倒地貪狼，不經甚矣。咸淳五年冬，知縣陳宣教蘭孫，乃採士友議，始作亭於井之上，以象筆峰。專委直學鄭垤、進士晁世基任責提督，而官助費焉。亭成，氣象高聳，咸謂壯觀。乃請於冰壺趙尚左書其扁，而洇吉以祝之。其文曰：巍巍筆峰，宅是邑南。誰鑿而平，闐焉林憗。文運之復，一亭函三。上映卓筆，突兀天參。下有德井，淵泉地涵。相我多士，漱芳濯藍。惠我千室，汲清酌甘。君子之澤，百世可覃。[p2358～2359]
廣東	潮州府圖經志	王大寶《清平閣記》：「楹桷瑰挺，堂室宏遠，文峰秀氣卑拱於襟宇。」[p2639]
	高州府圖經志	茂嶺，一名筆架山，去州城南三里，有三峰並列，高聳秀麗，冠於諸山。（冊一百二二，卷一九八〇，頁二四）[p2796]
廣西	昭潭志	筆架山，在縣南十五里。（冊二四，卷二三四，頁三）[p3042]

（三）《宋遼金元方志輯佚》

劉緯毅等人從類書、方志、史注、文集中輯佚宋遼金元方志，共輯出亡佚方志一千零八十七種，命名為《宋遼金元方志輯佚》[註33]。因其輯佚用到了《永樂大典》和《輿地紀勝》，所以所輯出的條目有些與前面兩節相同。雖然如此，筆者還是羅列如下。

〔註33〕劉緯毅、王朝華、鄭梅玲：《宋遼金元方志輯佚》，上海：上海古籍出版社，2011年。

省份	方志名稱	內　容
福建	《建安志》二十四卷（宋張叔椿修、林光纂）	鐵獅頂，在城南三里，即今府治對山也。山之巔有庵，庵有鐵鑄文殊獅子像，因山名之。先是陰陽家謂府治來山若猛虎出林，溪西諸山若隊羊然。欲其不為傷也，乃於對山置鐵獅以鎮之。宣和間，移置開元寺。未幾，葉、范二寇繼作，且有虎渡河之異。紹興改元，太守劉公子冀以耆老楊觀等有請，遂復其故。【或云恐嫌獅下視城內，仍於府治廳事及建安堂柱下，埋小獅二十四於地中，以明子母相應之意。又郡庠面對此山，曰文筆峰。紹興初，有僧卓庵其上，收兵器鑄鐵塔於山巔。厥後郡人以其不利於科舉，移置光孝寺。次年，城中遂有盧覺者登第。諺云：「城外打鐵塔，城裏得盧覺。」談者以為笑。自是登科，省無虛榜，亦足為驗云。】（《大典》卷一一九五頂字）[p392]
	《武陽志》十卷（宋葛元驚纂）	筆笏石，在泰寧縣南七十里，雙峙雲外，遠有卓筆植笏之象。（《勝》一三四《邵武軍‧景物下》）[p415]
	（興化軍）舊經	（牛頭嶺）大抵環興化皆山也，來自建昌、昭武，越尤溪，至於永福分為三四，自洑口達九座為仙遊，至於壺山入於海。筆架、仙臺、大雪至於香山，乃其支出也。（《紀勝》一三五《興化軍‧景物下》）[p450]
四川	長寧圖經	軍治負據寶屏山，牛心峰在左，筆架峰在右，西南與域王諸峰為對。（《紀勝》一六六《長寧軍‧風俗形勝》）[p1057]

四、宋元筆記文集中的文筆峰

　　此部分的檢索文獻以上海古籍出版社出版的《宋元筆記小說大觀》和《四部叢刊》、《四庫全書》為主。《宋元筆記小說大觀》共收宋元兩代有重要影響的筆記 69 種。按筆記多收於子部之中，文集多在集部，《四部叢刊》和《四庫全書》中收錄宋元筆記和文集也不少。筆者先檢索，後篩選，謹按作者活動年代或成書年代來編次。

書　名	作者	年　代	卷次、內容
江南野史	龍袞	生卒年不詳，約宋真宗、仁宗時人 998～1056	（卷六）尹琳者，其先名灈者為晉平南將軍，廣州刺史，封都陽侯。灈死葬於盧陵永新縣積慶鄉，今墳猶存。而諸尹僅數百家，皆其子孫也。唐開元中，尹氏女姿容頗麗，性識敏慧，不因保姆，而妙善唱歌，因重陽與群女戲登南山文峰。〔註34〕

〔註34〕〔宋〕龍袞撰：《江南野史》，《影印文淵閣四庫全書》第 0464 冊，臺北：臺灣商務印書館，1982 年，第 97 頁。

梁溪集	李綱	1083～1140	（卷十三）《留題雙溪閣書呈南劍守謝少卿》：「……天倚筆峰排玉筍，仙留篆石浸銀鉤。」〔註35〕
夷堅志	洪邁	1123～1202	（《夷堅甲志》卷第九）卓筆峰，泰寧縣東十五里，有仙棺石。相傳往年因風雨，白晝晦冥，人聞空中音樂聲，及霽，見棺木在岩間，其處峭絕，人莫能上，疑仙人蛻骨送於此，因名「音山」，亦曰「聖石」。遇大旱，祈雨即應。蔣穎叔使福建日，過之，為賦詩，更名卓筆峰。〔註36〕
錦繡萬花谷別集	佚名	陳元老（紹聖元年 1094 進士）	（卷二）陳元老《卓筆峰》：「石為銀管草為毫，卓出天心萬仞高。莫是獲麟書史罷，悶投山谷至今牢。」〔註37〕
泊宅編	方勺	生卒年不詳，約宋哲宗前後時人1077～1118	（卷上）會稽山為東南巨鎮，周回六十里，北出數隴，葬者紛紛，得正隴者趙陸二祖墳而已，二墳下瞰鑒湖，湖外有山橫抱如几案，案之外尖峰名梅里尖，地理家謂之文筆案。陸氏葬後六十年，生孫佃為尚書左丞，趙氏葬後八十年，生孫抃為太子太師。陸公贈太保，趙公贈少保，二隴同一山，而有曾孫追賁於九泉盛哉。〔註38〕
石門文字禪	惠洪	1070～1128	（卷十）《張氏快軒》：「欲傾蛟室瓊詞句，試借溫江卓筆峰。」〔註39〕 （卷二十）《王裕之求硯銘》：「借溫江卓筆之峰，以蘸其尖。」〔註40〕
浮溪集	汪藻	該墓誌銘撰於紹興四年（1134）	（卷二十六）《朝請大夫直秘閣致仕吳君墓誌銘》：「師尹以君卒之年十二月某甲子，葬君其縣銅棺山南，筆塔之原。」〔註41〕

〔註35〕〔宋〕李綱撰：《梁溪集》，《影印文淵閣四庫全書》第 1125 冊，臺北：臺灣商務印書館，1982 年，第 613 頁。

〔註36〕〔宋〕洪邁撰；何卓點校：《夷堅志》，北京：中華書局，1981 年，第一冊第 79～80 頁。

〔註37〕〔宋〕佚名撰：《錦繡萬花谷別集》，《續修四庫全書》第 1217 冊，上海：上海古籍出版社，第 28 頁。

〔註38〕〔宋〕方勺撰；許沛藻、楊立揚點校：《泊宅編》，北京：中華書局，1983 年，第 75～76 頁。

〔註39〕〔宋〕惠洪撰：《石門文字禪》，《影印文淵閣四庫全書》第 1116 冊，臺北：臺灣商務印書館，1982 年，第 261 頁。

〔註40〕〔宋〕惠洪撰：《石門文字禪》，《影印文淵閣四庫全書》第 1116 冊，第 417 頁。

〔註41〕〔宋〕汪藻撰：《浮溪集》，《影印文淵閣四庫全書》第 1128 冊，臺北：臺灣商務印書館，1982 年，第 238 頁。

梅溪集	王十朋	1112～1171	（梅溪前集‧卷八）《度雁山》：「石柱屹天外，卓筆書雲端。」〔註42〕〔1156年〕 （梅溪後集‧卷二）《遊靈巖輝老索詩至靈峰寄數語》：「岩前有卓筆，可以書雄詞。」〔註43〕〔1157年〕
石湖詩集	范成大	1126～1193	（卷四）《自天平嶺過高景庵》：「卓筆峰前樹作團，天平嶺上石成關。綠陰匝地無人過，落日秋蟬滿四山。」〔註44〕
浪語集	薛季宣	1134～1173	（卷四）《春江夕泛二首》：「短棹春江裏，桃花流水生。天高妝鏡淨，岸遠筆山橫。」〔註45〕
文忠集	周必大	1126～1204	（卷一百六十七）《泛舟遊山錄》：「躡石磴至卓筆峰，峰高數丈，截然立雙石之上。」〔註46〕
誠齋集	楊萬里	1127～1206	（卷七十六）《喚春園記》：「新喻縣南五十里而近有鄉曰臨川，其山深秀，其水紺潔。東西行者，未至十里所，則望見一峰孤聳，如有人自天投筆於太空，至天半翔舞，翻倒而下，至地躍而起，卓爾而立，其跗豐而安，其穎銳而端。又如有人臥地仰空，醉持翠筆，而書青霄也。故里之人名之曰卓筆峰，云士之居於臨川者，皆爭此峰而面之。」〔註47〕 《喚春園記》作於慶元二年（1196）。
攻媿集	樓鑰	1137～1213	（卷六）《贈黃真護道人遊茅山》：「達道所居更奇絕，萬山開豁如重關。一山巉岩似筆格，聳秀正蠱湖中間。」〔註48〕
東塘集	袁說友	1140～1204	（卷三）月河 路轉雙溪曲，河灣一徑通。

〔註42〕〔宋〕王十朋撰：《梅溪集》，《影印文淵閣四庫全書》第1151冊，臺北：臺灣商務印書館，1982年，第171頁。

〔註43〕〔宋〕王十朋撰：《梅溪集》，《影印文淵閣四庫全書》第1151冊，第322頁。

〔註44〕〔宋〕范成大撰：《石湖詩集》，《影印文淵閣四庫全書》第1159冊，臺北：臺灣商務印書館，1982年，第626頁。

〔註45〕〔宋〕薛季宣撰：《浪語集》，《影印文淵閣四庫全書》第1159冊，臺北：臺灣商務印書館，1982年，第173頁。

〔註46〕〔宋〕周必大撰：《文忠集》，《影印文淵閣四庫全書》第1148冊，臺北：臺灣商務印書館，1982年，第811頁。

〔註47〕〔宋〕楊萬里撰：《誠齋集》，《影印文淵閣四庫全書》第1161冊，臺北：臺灣商務印書館，1982年，第42頁。

〔註48〕〔宋〕樓鑰撰：《攻媿集》，《影印文淵閣四庫全書》第1152冊，臺北：臺灣商務印書館，1982年，第343頁。

			清秋楊柳月，落日荶荷風。 直抵濯纓水，當前文筆峰。 滿城佳氣聚，擢秀美群公。〔註49〕
江湖小集	陳起	生卒年不詳，約1190～1256	（卷三十九）葉茵（1200？～？）《卓筆峰》：「疑是飛來天柱峰，一尖秀出白雲中。料應宰相書成後，留得殘毫倚半空。」〔註50〕
秋崖集	方岳	1199～1262	（卷十三‧詩）《汪運幹容安齋》：「筆峰插天碧，其下可以廬。誰與半間雲，共此一束書。」〔註51〕 （卷三十八‧題跋）《程少章文槁》：「予家筆峰下，有田一壗。」《胡氏乞米詩》：「蓋其計有三，左去筆峰下，而家行在所，以寂易喧，一。」〔註52〕
閒窗括異志	魯應龍	約1241～1252	光嚴庵：正議之塋瀨湖占勝，為一方冠，東南皆枕湖，遠峰列如筆架，一塔屹於波心，文峰挺立，登名仕版者世有其人，視他族為最盛。〔註53〕
雪坡集	姚勉	1216～1262	（卷十二）《題崔莊庵壁》：「筆峰秀聳帶溪縈，人傑當知是此生。說與山靈須借助，從今姓字達天京。」〔註54〕 （卷二十三）《發解謝新昌趙判縣啟》：「切以宜豐之邑，實為多士之林。錦水發源，春動墨池之浪；桂峰拔秀，霄崢文筆之尖。英氣攸鍾，異人間出。」〔註55〕 （卷二十五）《回上高項宰謝文筆峰記》：「花縣奏功，遂啟生花之瑞；筆峰記役，遽蒙潤筆之頒。」〔註56〕

〔註49〕〔宋〕袁說友撰：《東塘集》，《影印文淵閣四庫全書》第1154冊，臺北：臺灣商務印書館，1982年，第171頁。

〔註50〕〔宋〕陳起編：《江湖小集》，《影印文淵閣四庫全書》第1357冊，臺北：臺灣商務印書館，1982年，第315頁。

〔註51〕〔宋〕方岳撰：《秋崖集》，《影印文淵閣四庫全書》第1182冊，臺北：臺灣商務印書館，1982年，第274頁。

〔註52〕〔宋〕方岳撰：《秋崖集》，《影印文淵閣四庫全書》第1182冊，第596頁。

〔註53〕〔宋〕魯應龍撰：《閒窗括異志》，《叢書集成初編》，上海：商務印書館，1985年，第4頁。

〔註54〕〔宋〕姚勉撰：《雪坡集》，《影印文淵閣四庫全書》第1184冊，臺北：臺灣商務印書館，1982年，第86頁。

〔註55〕〔宋〕姚勉撰：《雪坡集》，《影印文淵閣四庫全書》第1184冊，第158頁。

〔註56〕〔宋〕姚勉撰：《雪坡集》，《影印文淵閣四庫全書》第1184冊，第171頁。

			（卷三十六）《仁智堂記》：「且宅於山水之要有曰翠雲嶺者，有曰卓筆峰者，有曰仙山者，嶒崒奇跽秀躍，則山之峙乎前者也。」〔註57〕
			（卷四十三）《西澗書院換新梁文》：「況地靈標異，天秀發祥。鳳沼波澄，春色動墨池之水；雁塔雲立，晴霄崢文筆之峰；中間一水之橫陳，南北萬山之雄峙。氣類聿新，於感召英髦，皆萃於遊。」〔註58〕
			（卷四十三）《惠政橋上樑文》：「南——天筆峰高，碧玉篸橋，與棘闈相映帶。」〔註59〕
夢梁錄	吳自牧	書撰成於咸淳甲戌（1274）年	（卷十一）無妬院有一峰，如筆卓然而立，故名卓筆峰。〔註60〕
吳都文粹	鄭虎臣	1219～1276	（卷四）天平在吳縣西二十里此山在吳中最為崛崒，高聳一峰，端正特立，《續圖經》以為吳鎮，不誣也。山皆奇石，卓筆峰為最。〔註61〕
文山集	文天祥	1236～1283	（卷十七）《代曾衢教秀峰上樑文》：「東——穹秀崢嶸華蓋峰，卓筆雲霄天下獨，曹劉班馬避詩鋒。」〔註62〕
蛟峰文集	方逢辰	1221～1291	（卷四）寶祐甲寅（1254）《雲塔序》：「陰陽家謂是水口值風雷，峰若文筆聳立，當有掇巍科者。今擬其鄉之同志，峙一塔於雲頭之峰，以迓氣數之復。」〔註63〕
桐江續集	方回	1227～1307	（卷三十六）《餘干州學記》：「登所謂養正堂而懷前修，遄所謂筆峰亭而覽絕景。」〔註64〕

〔註57〕〔宋〕姚勉撰：《雪坡集》，《影印文淵閣四庫全書》第1184冊，第243頁。
〔註58〕〔宋〕姚勉撰：《雪坡集》，《影印文淵閣四庫全書》第1184冊，第301頁。
〔註59〕〔宋〕姚勉撰：《雪坡集》，《影印文淵閣四庫全書》第1184冊，第303頁。
〔註60〕〔宋〕吳自牧撰：《夢梁錄》，《叢書集成初編》第3220冊，上海：商務印書館，1985年，第90頁。
〔註61〕〔宋〕鄭虎臣編：《吳都文粹》，《影印文淵閣四庫全書》第1358冊，臺北：臺灣商務印書館，1982年，第691頁。
〔註62〕〔宋〕文天祥撰：《文山粹》，《影印文淵閣四庫全書》第1184冊，臺北：臺灣商務印書館，1982年，第666頁。
〔註63〕〔宋〕方逢辰撰：《蛟峰文集》，《影印文淵閣四庫全書》第1187冊，臺北：臺灣商務印書館，1982年，第532頁。
〔註64〕〔元〕方回撰：《桐江續集》，《影印文淵閣四庫全書》第1193冊，臺北：臺灣商務印書館，1982年，第728頁。

西巖集	張之翰	1243～1296	（卷一）《登池州文選閣》：「秀山為筆峰，清溪為硯池。」〔註65〕
雪樓集	程鉅夫	1249～1318	（卷十三）《宜遠樓記》：「予寓於盱之上，南踰百里有筆峰焉，不知其幾千仞。然自豫章南望，翠筆穎然於天末，其去之也猶將四百里也。」〔註66〕
吳文正集	吳澄	1249～1333	（卷三十六）《廣州路香山縣新遷夫子廟記》：「縣東有文廟舊基。後枕崇崗，前瞻筆峰，土質燥剛，山勢拱抱。宋末遷於今所，遷之後士風頹衰，今復舊所為宜。」〔註67〕
			（卷四十九）《宜黃縣杜燧興祖禪寺重修記》：「宜黃小邑也，寺之以禪名者八數，杜燧其一也。寺後枕崇岡，前俯大溪，北之山曰筆峰，南之山曰南搭，東之山曰重華，西之山曰西華，他山不能悉紀也。」〔註68〕
水雲村稿	劉壎	1240～1319	（卷一）《延平新郡賦》：「眷惟延津，形勝天成，據七聚之要衝，控八閩之縱橫，衍山崎秀，筆峰凝清。」〔註69〕
牆東類稿	陸文圭	1252～1336	（卷七）《重作泮宮樓記》：「前對筆峰，旁資麗澤，芳蓮淨植，芹藻相依，光風徐來，生香不斷。」〔註70〕
養吾齋集	劉將孫	1257～？	（卷二）《延平官滿歸路有感示送客》：「亭亭文筆峰，秀麗有筆意。宇宙當何人，應此山水瑞。科目何足言，一日定文字。況此亦無傳，泯沒誰與記。」〔註71〕

〔註65〕〔元〕張之翰撰：《西巖集》，《影印文淵閣四庫全書》第1204冊，臺北：臺灣商務印書館，1982年，第369頁。

〔註66〕〔元〕程鉅夫撰：《雪樓集》，《影印文淵閣四庫全書》第1202冊，臺北：臺灣商務印書館，1982年，第177頁。

〔註67〕〔元〕吳澄撰：《吳文正集》，《影印文淵閣四庫全書》第1197冊，臺北：臺灣商務印書館，1982年，第388頁。

〔註68〕〔元〕吳澄撰：《吳文正集》，《影印文淵閣四庫全書》第1197冊，第503頁。

〔註69〕〔元〕劉壎撰：《水雲村稿》，《影印文淵閣四庫全書》第1195冊，臺北：臺灣商務印書館，1982年，第343頁。

〔註70〕〔元〕陸文圭撰：《牆東類稿》，《影印文淵閣四庫全書》第1194冊，臺北：臺灣商務印書館，1982年，第610頁。

〔註71〕〔元〕劉將孫撰：《養吾齋集》，《影印文淵閣四庫全書》第1199冊，臺北：臺灣商務印書館，1982年，第23頁。

芳谷集	徐明善	約1294年前後在世	（卷下）《俞學正文筆峰賦》：「昔文正范公守饒郡，病學陋陋，乃睠城東得勝處，則今學是也。湖光沖融，雙塔倒影，堪輿家以筆峰、硯池名之。」〔註72〕
養蒙文集	張伯淳	1242～1302	（卷三）《蕭山縣學重建大成殿記》：「縣有學，學有大成殿，凡皆然，不特蕭山也。蕭山為邑，西瞰錢塘，東接千岩萬壑之秀。宋紹興間，建學文筆峰前，拓址恢規，自昔為諸邑最，弦誦聲日相聞，名公巨卿，彬彬輩出。」〔註73〕 張伯淳大德三年（1299）撰
子淵詩集	張仲深	約1338年左右	（卷二）《疇昔》：「文筆峰前動客吟，百花岩底留行跡。」〔註74〕
午溪集	陳鎰	約1342年左右	（卷六）《次韻題東岩》：「萬古筆峰歆日轂，半空劍石掛雲衣。」〔註75〕 《次韻答道元上人》：「歸來趺坐岩西屋，白月如珠照筆峰。」〔註76〕
靜齋至正直記	孔齊（或孔克齊）	約1358年左右	（卷一）《地理之應》：「句容之三茅山，原自丫頭山。地理家嘗謂丫頭峰不尖，所以只主黃冠之流，若尖則為雙文筆峰，必主出文章狀元。丫頭俗呼為丫角。貪狼蓋陰陽者流以九星配山水者，固不足據，然其有是形者主是應，或可信矣。」〔註77〕
玉山名勝集	顧瑛	1310～1369	（卷二）《會稽楊維楨廉夫》：「丈人家住筆峰下，玉氣有似藍田山。」〔註78〕

〔註72〕〔元〕徐明善撰：《芳谷集》，《影印文淵閣四庫全書》第1202冊，臺北：臺灣商務印書館，1982年，第606頁。

〔註73〕〔元〕張伯淳撰：《養蒙文集》，《影印文淵閣四庫全書》第1194冊，臺北：臺灣商務印書館，1982年，第454頁。

〔註74〕〔元〕張仲深撰：《子淵詩集》，《影印文淵閣四庫全書》第1215冊，臺北：臺灣商務印書館，1982年，第323頁。

〔註75〕〔元〕陳鎰撰：《午溪集》，《影印文淵閣四庫全書》第1215冊，臺北：臺灣商務印書館，1982年，第391頁。

〔註76〕〔元〕陳鎰撰：《午溪集》，《影印文淵閣四庫全書》第1215冊，第393頁。

〔註77〕〔元〕孔齊撰：《靜齋至正直記》，《四庫全書存目叢書》，濟南：齊魯書社，1996年，第239冊，第219頁。

〔註78〕〔元〕顧瑛編：《玉山名勝集》，《影印文淵閣四庫全書》第1369冊，臺北：臺灣商務印書館，1982年，第14頁。

草堂雅集	顧瑛	1310～1369	（卷十）郯韶《同報復元上人登南崗文筆峰兼柬句曲外史》〔註79〕
伊濱集	王沂	1317～1383	（卷八）《用吳閑閑韻題解辰公詩卷》：「望見香城山似筆，他時諸子看飛騰。」〔註80〕
北郭集	許恕	1322～1374	（補遺）《卓筆峰》：「千峰石嶙峋，一峰高插天。慘淡太古色，似帶桐花煙。安得燕許手，醉草凌雲篇。」〔註81〕

五、宋代詩歌中的文筆峰

　　宋代詩歌亦常收錄於作者之文集，或載於方志中，此部分主要檢索宋代詩歌，有些詩歌會與前面重複。中國國家數字圖書館上有《全宋詩分析系統》，收全宋詩三千七百八十五卷，約二十七萬餘首。此部分筆者按筆峰、卓筆、文筆、文峰分成四類，按年代排序。

（一）筆峰

1. 畢文簡《登筆峰詩》

　　《（萬曆）廣東通志》卷二十七記「曲江縣北一里曰筆峰山。（皇岡倚其後，為郡主山，以其端圓如帽，亦名帽子峰。淳熙中，郡守梁世安亭其上，得斷碑，有畢文簡公《登筆峰詩》。）」〔註82〕《（康熙）廣東通志》卷三則記「筆峰山在郡城北一里，郡主山也，初名筆峰，後人呼帽子峰，以其端圓如帽。宋紹興間，舍人朱翌屏居有《登帽峰序》。淳熙間，郡守梁世安創亭於上，曰整冠，又薙草得斷碑畢文簡公《登筆峰詩》，始知為筆峰。今序詩皆無存。」〔註83〕

　　畢文簡公即畢士安（938～1005），字仁叟，一字舜舉，宋太祖乾德四年（966）進士，景德二年（1005）卒，年六十八，諡文簡。淳熙是南宋孝宗年號（1174～1189），距畢文簡去世已有一百七八十年。按熊鳴琴《論北宋名相

〔註79〕　〔元〕顧瑛編：《草堂雅集》，《影印文淵閣四庫全書》第1369冊，臺北：臺灣商務印書館，1982年，第368頁。

〔註80〕　〔元〕王沂撰：《伊濱集》，《影印文淵閣四庫全書》第1208冊，臺北：臺灣商務印書館，1982年，第456頁。

〔註81〕　〔元〕許恕撰：《北郭集》，《影印文淵閣四庫全書》第1217冊，臺北：臺灣商務印書館，1982年，第354頁。

〔註82〕　〔明〕郭棐等纂修：《（萬曆）廣東通志》，明萬曆二十九年刊本，《稀見中國地方志彙刊》第42冊，北京：中國書店，2007，第675頁。

〔註83〕　〔清〕金光祖等修；莫慶元等纂：《（康熙）廣東通志》，康熙三十六年刻本，京都大學電子圖書館，卷三。

畢士安》〔註84〕文中《畢士安職任簡表》，畢士安的仕履並未到過廣東曲江，所謂畢文簡公《登筆峰詩》難以判斷是不是其曾親登筆峰山而作，也許是其曾遊歷過此。另曾鞏《隆平集》卷四記畢士安「士安端重有識度，善談論，所至以公下稱。年高目錯，讀書不輟。有文集三十卷，藏於家。」〔註85〕可惜其文集已經亡佚，間有流傳下來的部分文章詩歌，也沒有《登筆峰詩》。朱翌（1079～1167）在紹興（1131～1162）年間撰有《登帽峰序》，但該序在其《灊山集》和《猗覺僚雜記》並未見收。《（康熙）廣東通志》說「今序詩皆無存」，我們也就只能信其文獻所載了。如若畢士安真曾登過曲江縣筆峰山，並作詩刻碑，那曲江筆峰山恐怕就是最早的筆峰了。

2. 李綱《留題雙溪閣書呈南劍守謝少卿》

留題雙溪閣書呈南劍守謝少卿

華構何年玉斧修，規摹宏麗屬賢侯。

治成不廢登臨樂，望遠宜窮水石幽。

千里煙雲瞻北闕，四時風景冠南州。

山如蟠踞成龍虎，劍有雌雄射斗牛。

天倚筆峰排玉筍，仙留篆石浸銀鉤。

三川俯瞰丁為字，萬室傍連蜃結樓。

罇俎幸容陪勝賞，笙歌更覺助清遊。

朝雲暮雨滕王閣，明月清風白鷺洲。

夢草惠連留句法，遊山安石繼風流。

尚能執筆從公賦，卻恨歸鞍不可留。

詩中所稱的雙溪閣，在宋福建路南劍州劍浦縣，《輿地紀勝》卷一百三十三記載「雙溪閣在劍津之上，陳瓘詩云『歲久謾傳龍變化，潭深誰睹劍鋒鋩』」。按該詩作者李綱（1083～1140），字伯紀，號梁溪居士，邵武（今福建）人，宋徽宗政和二年（1112）進士。宣和元年（1119），李綱因言事謫監南劍州沙縣稅務。宣和七年（1125），被召回朝，為太常少卿。因此該詩當作於（1119～1125）年之間。南宋王象之《輿地紀勝》卷一百三十三記有「文筆峰，在劍浦縣三十里。」詩中所稱「天倚筆峰排玉筍」指的應該就是這座文筆峰。

〔註84〕熊鳴琴：《論北宋名相畢士安》，《晉陽學刊》，2003 年 02 期。

〔註85〕〔宋〕曾鞏撰：《隆平集》，《影印文淵閣四庫全書》第 0371 冊，臺北：臺灣商務印書館，1982 年，第 41 頁。

3. 王偁《謁張文獻公祠》

謁張文獻公祠

停舟曲江滸，弔古謁遺祠。岩岩始興公，遺澤芬在斯。

堂傾風雨萃，碑斷苔蘚滋。芳春莫行旅，落日歸文狸。

唐宮替無事，衡鑒方獨持。弼諧展嘉猷，讜論非詭隨。

雝雝朝陽鳳，粲粲補袞絲。側聞臥病後，九廟煙塵飛。

漁陽突騎來，中華混群彝。信哉砥柱力，用舍同安危。

昭陵鐵馬空，仙李祚九疑。維餘蘭菊存，千秋恒若茲。

我來薦微誠，再拜當前墀。顧瞻廟貌間，風度猶可希。

武溪何茫茫，筆峰亦巍巍。只今相業隆，孰與前修期。

臨風一長歎，山雨來霏霏。

該詩作者王偁，一作稱，字季平，曾撰《東都事略》一百三十卷。南宋孝宗十三年（1186），王偁赴知龍州任，龍州在今廣西壯族自治區崇左市轄區內，該詩可能是作於途徑曲江之時。按曲江張文獻公祠，即唐開元時宰相張九齡的祠廟，盧永光曾撰《張文獻公祠考述》〔註 86〕進行考證。《（光緒）曲江縣志》卷六記載：「張文獻公祠在府學右，明皇遣中使至曲江祭之，始鑄鐵像祀於府，昔在武水西。宋天禧，郡守許申遷今祠，景炎兵毀。」〔註 87〕天禧乃宋真宗年號（1017～1021），景炎乃宋端宗年號（1276～1278）。王偁詩稱「武溪何茫茫，筆峰亦巍巍」，所指正是曲江的張文獻公祠。按前面畢文簡《登筆峰詩》亦是曲江縣境之事，由王偁所稱「筆峰亦巍巍」，可知至少南宋時曲江即有筆峰山的地名了。

4. 薛季宣《春江夕泛二首・其一》

其一

短棹春江裏，桃花流水生。

天高妝鏡淨，岸遠筆山橫。

落日無窮意，丹霞逐旋明。

何時遂歸志，一葉任縱橫。

〔註 86〕 盧永光：《張文獻公祠考述》，《韶關大學韶關師專學報》（社會科學版・粵北文史專輯），1991 年第 3 期。

〔註 87〕 〔清〕張希京修；歐樾華、馮翼之纂：《（光緒）曲江縣志》，《中國地方志集成・廣東府縣志輯・9》，上海：上海書店，2003 年，第 90 頁。

薛季宣（1134～1173），字士龍，號艮齋，學者稱常州先生，永嘉（浙江溫州）人。薛季宣歷仕鄂州武昌令、大理寺主簿、大理正，知湖州，改常州，未赴而卒，壽僅四十。著有《浪語集》等。該詩中「岸遠筆山橫」的筆山在何地無從考證。

5. 袁說友《月河》

> 月河
>
> 路轉雙溪曲，河灣一徑通。
>
> 清秋楊柳月，落日芰荷風。
>
> 直抵濯纓水，當前文筆峰。
>
> 滿城佳氣聚，擢秀美群公。

袁說友（1140～1204），字起岩，號東塘居士，福建建安人，僑居湖州。有《東塘集》，已佚，清四庫館臣從《永樂大典》輯出二十卷。其生平事蹟見《東塘集》附錄《家傳》。月河在湖州，按《（成化）湖州府志》卷六：「月河在府治東南，前溪支流環嶢，形如初下闌。」[註88]「當前文筆峰」指的應該就是湖州道場山山巔的多寶塔，事蹟見於朱彧《萍州可談》，本書第一章已論述過。

6. 方岳《汪運幹容安齋》

> 汪運幹容安齋
>
> 筆峰插天碧，其下可以廬。
>
> 誰與半間雲，共此一束書。
>
> 君看柴桑人，自愛松菊居。
>
> 北窗天地寬，不受世卷舒。
>
> 脫巾漉老瓦，高枕眠華胥。
>
> 日月雙車轂，乾坤一蘧蒢。
>
> 是身亦安用，吾膝猶自如。
>
> 煙波健跨犢，蘚石寒緝漁。
>
> 農人告春暮，山月隨歸鋤。
>
> 尚堪抱文度，談詩到黃初。
>
> 謹毋屈聲利，望塵拜軒車。

[註88] 〔明〕陳頎修；勞鉞續修；張淵纂：《（成化）湖州府志》，《日本藏中國罕見地方志叢刊》，北京：書目文獻出版社，1991年，第69頁。

方岳（1199～1262），字巨山，號秋崖，新安祁門（今屬安徽）人，紹興五年（1232）進士，所著有《秋崖先生小稿》。汪運幹，名汪正己，號竹所主人，安徽休寧人，今屬安徽黃山市。運幹是官名，乃轉運使下的幹辦公事。汪運幹曾奉函求為方岳的弟子，事見方岳《答汪運幹》。詩中「筆峰插天碧」，《秋崖詩詞校注》以為是「筆峰，黃山有峰曰『夢筆生花』，亦稱筆峰」〔註89〕。《（康熙）休寧縣志》卷一「玉几山在縣南三里，又名塔山，兩旁有峰十二，文筆五峰築自宋元，今頹圮；巽、丙、丁峰築自嘉靖，為邑面山，於學宮尤近」〔註90〕，存為一說。

7. 陳著《筠溪八景詩·筆架文峰》

　筆架文峰

　巧奪西湖五姥峰，架中時見掛長虹。

　近聯霞彩箋呈錦，遙對岩牙筆露蹤。

　翰墨雲煙來璧水，丹青桃李出花叢。

　恩承斗柄回春律，待詔東封陟泰嵸。

陳著（1214～1297），字子微，小字謙之，號本堂，晚年號嵩溪遺耄，鄞縣（今浙江寧波）人，南宋理宗寶祐四年（1256）進士。南宋滅亡後，陳著隱居四明山中，元大德元年（1297）卒，壽八十七。著有《本堂文集》九十四卷。《筠溪八景》是以今奉化縣溪口鎮風景為內容的一組詩，分別為筆架文峰、旗臺勝境、桃崖暄日、谷岫凌雲、徐鳧蛟瀑、設僧龍湫、金雞報曙、玉露迎輝。按《（光緒）奉化縣輯略》卷上「奉化即古鄞縣……奉之山發於新嵊，水歸於鎮，象度〔註91〕山水之會而邑焉。右則華頂雄起秀參晴昊，左則金鐘逆峙勢砥中流。前則文峰玉几，而西山南山奠於坤巽之維；後則蓮岩錦屏，而銅山金峩應於乾艮之位。靈泉南襟，葉溪後帶，而鎮亭一溪環繞三面，此內觀之勝也。」〔註92〕又「阮家夫山：縣南一十五里，在玉几山南，當學宮之前，為文筆峰」。可見文筆峰在奉化縣南面的玉几山南，是奉化縣學宮的文筆峰。

〔註89〕〔宋〕方岳撰；秦效成校注：《秋崖詩詞校注》，合肥：黃山書社，1998年，第499頁。

〔註90〕〔清〕廖騰煃修；汪晉微等纂：《（康熙）休寧縣志》，《中國方志叢書》，臺北：成文出版社，1970年，第220頁。

〔註91〕「象度」疑為「相度」。

〔註92〕〔清〕戴熙艾輯：《（光緒）奉化縣志輯略》，光緒十三年稿本，國家圖書館數字方志，卷上。

8. 姚勉《題崔莊庵壁》

> 題崔莊庵壁
>
> 碧潭見說有龍蟠，萬里滄溟氣欲吞。
>
> 此去風雷轟蟄起，大施霖雨需乾坤。
>
> 筆峰秀聳帶溪縈，人傑當知是此生。
>
> 說與山靈須借助，從今姓字達天京。

　　姚勉（1216～1262），字述之，號雪坡，筠州高安（今屬江西）人，宋理宗寶祐元年（1253）進士。宋景定三年（1262）卒，壽五十七，有《雪坡集》五十卷。詩中之崔莊庵無從考證，筆峰在何處亦無從確證。

9. 郭瑄《涇州懷古》

> 涇州懷古
>
> 危坡下盡見殘墉，勢扼長川萬古雄。
>
> 涇水無泥分畎澮，回山有脈自崆峒。
>
> 唐文曾祀龍君廟，漢武猶存阿母宮。
>
> 更喜筆峰青翠處，雨餘疑是畫圖中。

　　該詩收於清代厲鶚《宋詩紀事》卷三十，作者郭瑄，涇州監副，生卒年不詳。涇州，即今甘肅省平涼市涇川縣。《（乾隆）甘肅通志》卷五涇州記載「筆峰山，在州南五里，峰頂峭拔，樹林陰密，有水流涇州曰朝那溝。」〔註93〕恐即此筆峰山也。

（二）文筆

1. 陳宓《上巳日遊延平修禊洞》

> 上巳日遊延平修禊洞
>
> 延平山水窟，平生涉其粗。距城五十里，岩壑難具模。
>
> 崔嵬通上界，突兀動地樞。泉石自撞擊，鈞天恐難如。
>
> 或若轟雷霆，或若唾珠璣。飛瀑自天下，循涯作清渠。
>
> 云是鬼神力，巧鑿三丈餘。羽觴激如飛，聊助文字娛。
>
> 崇山迴環合，有洞容入居。覿面卓文筆，仰天真可書。
>
> 幽花與修竹，掩映釋氏廬。同遊皆勝士，適值暮春初。
>
> 山陰未足數，直想風舞雩。豈無休沐日，復洗紅塵裾。

〔註93〕〔清〕許容等監修；李迪等編纂：《甘肅通志》，《影印文淵閣四庫全書》第0557
　　　　冊，臺北：臺灣商務印書館，1982年，第200頁。

　　陳宓（1171～1230），字師復，號復齋，莆田人。紹定三年（1171～1230）
卒，年六十，追贈直龍圖閣，有《復齋先生龍圖陳公文集》二十三卷。詩中延
平修禊洞在今福建省南平市。按《南平市志》記載石佛山三處石刻，其中陳宓
石刻記其嘉定壬午（1222）遊歷石佛山，「僕到郡幾半載，捄遇不給，聞延平
山水之勝，考距城十五六里石佛山麓……峰曰文筆」，可知陳宓是在嘉定壬午
年（1222）知南劍州。另一處為遊人石刻，「陳宓、鄭起沃、范椿、邵農與葉
克、范荀來。嘉定癸未二月望，住持僧立。」嘉定癸未是 1223 年。另外還有
修禊洞石刻，在石洞上方刻「修禊洞」〔註 94〕。陳宓於嘉定十七年（1224）改
知漳州，可知此詩大概作於（1222～1224）年之間。

　　南平縣有好幾處文筆山，按《（嘉靖）延平府志》〔註 95〕記載卷一「文
筆，在資福裏，一峰秀聳如卓筆然。」卷二「南平三文筆：在府城南羅源裏，
高出群山之表。」不知陳宓詩中的「覿面卓文筆，仰天真可書」指的是哪個
文筆。

2. 陳夢庚《初度客中有感》

初度客中有感

越烏長吟有所思，生空照社老空癡。

一千餘尺拔文筆，三十六灣深墨池。

人物要當天地意，溪山不欠晉唐詩。

淵明子美成何事，牢落生涯寄酒卮。

　　陳夢庚（1190～1267），字景長，號竹溪，閩縣（今福建福州）人，宋寧
宗嘉定十六年（1223）進士。宋度宗咸淳二年（1267）卒，壽七十七。著有《竹
溪詩稿》，已佚。陳夢庚是閩縣人，按《（弘治）八閩通志》卷四所記福州府閩
縣山川有三十六灣和文筆山：

磐石山：山之頂有三石，高十餘丈，又有一石疊於其上，上方
如棋盤，每天欲雨則云出焉。迴港繞其下，水出衡山之龍溪，曲折
三十六灣，合流而注諸閩江。港之口有石橋，每風恬浪靜，江瀨無
聲，垂綸舉網者，旁午其上。

〔註 94〕 廖雲泉主編；南平市志編纂委員會編《中華人民共和國地方志福建省·南平市
　　　　志》，北京：中華書局，1994 年，第 1452～1453 頁。

〔註 95〕 〔明〕陳能修；鄭慶雲、辛紹佐纂：《延平府志》，據明嘉靖刻本影印，《天一
　　　　閣藏明代方志選刊》第 29 冊，上海：上海書店，1981 年。

　　……

　　　文筆山：在湖江山之後，與金雞山相連屬，其形如筆。有甘泉

　　出於其中，又前有雙龜，後有五虎。〔註96〕

因此陳夢庚詩中的「一千餘尺拔文筆，三十六灣深墨池」，很可能指的就在閩

縣境內。

3. 王柏《伯兄新樓十首・其六》

　　　其六

　　　林間塔影鬱蒼蒼，向晚風傳供佛香。

　　　燈焰萬龕時炯炯，恍然文筆吐光芒。

　　王柏（1197～1274），字會之，自號長嘯，後改號魯齋，金華（今屬浙江）

人。宋度宗咸淳十年（1274）卒，年七十八，諡文憲。著有《魯齋集》。按《魯

齋集》中有《上王左司書》，王柏十七歲時，父親去世，後於嘉定壬午（1222）

歲，王柏「得侍伯兄於秋闈」，王左司即其伯兄。王左司即王伯大（？～1253），

字幼學，號留耕，南宋福建長溪縣（今霞浦縣）赤岸村人，生年不詳。王伯大

為嘉定七年（1214）進士，淳祐七年（1247）拜簽書樞密院兼權參知政事。寶

祐元年（1253）逝世，諡「文忠」。王伯大晚年致仕後，歸故里福建長溪，曾

築留耕堂，自作《四留銘》，「留有餘，不盡之巧以還造化；留有餘，不盡之祿

以還朝廷；留有餘，不盡之財以還百姓；留有餘，不盡之福以還子孫」。王柏

《伯兄新樓十首》很難考證作於何時何地，不過詩中描述佛塔燈焰炯炯，好似

文筆放光芒，譬喻十分形象。

4. 李興《玉笥山》

　　　玉笥山

　　　葛峰相對為文筆，瀟水迴環當墨池。

　　　說與晚衙休報事，長官亭上有新詩。

　　該詩收於《輿地紀勝》卷四，玉笥山在宋江西南路臨江軍新淦縣，《太平

寰宇記》卷一百九江南西道新淦縣記載：

　　　玉笥山在縣南六十里，《道書》云：「玉笥山，福地山也，有水

　　東流。山數十里，地宜稻穀，肥美。」陶弘景《玉匱書》云：「山有

〔註96〕〔明〕黃仲昭纂修：《（弘治）八閩通志》，《北京圖書館古籍珍本叢刊》第33
　　冊，北京：書目文獻出版社，1988年，第58頁。

玉笥。」〔註97〕

可見玉笥山之名由來已久。《（嘉靖）江西通志》卷二十二記載臨江之形勝，稱其「當四會之要衝，據瑞筠之蜿蜒，枕金鳳之迤麗，東擁閣皂之葛峰，西互蒙山之巨嶽，南環玉笥，北接劍江，閣皂玉笥為鎮山」，可見葛峰在其東，玉笥環其南。《（康熙）江西通志》卷六記載「葛峰山在德興縣三都界，連樂平，長亙百餘里，俗傳葛仙煉丹其上，有仙跡存焉。」〔註98〕李興吟詠玉笥山，將葛峰當作其文筆峰，蕭水當作墨池，筆墨俱全，堪稱佳對。

5. 謝枋得《書林十景・書林筆峰》

> 書林筆峰
>
> 巍巍文筆光書林，插空屹地皆天成。
>
> 尖齊不假雲煙斂，圓健何勞雨露深。
>
> 橡墨太阿窺小丑，書天不動龍蛇走。
>
> 何用蒙恬制作工，五色光芒煥星斗。

書林十景乃福建建陽的景物，《（嘉靖）建陽縣志》卷三所載書林十景為書林筆峰、仙亭晚翠、龍湖春水、南山修竹、岱嶂寒泉、龜嶺暮峽、雲衢夜月、高仰疏鐘、寶應朝陽、華峰霽雪十處景物。建陽在宋代是有名的書刻出版中心，書林是對建陽崇化里的稱呼。「巍巍文筆光書林，插空屹地皆天成」，既然說是天成，這文筆峰應該是自然山峰，非佛塔。

（三）文峰

1. 錢時《文峰夜飲三首・其一》

> 其一
>
> 溪山回首昔人非，剩喜文峰擁翠微。
>
> 尊俎笑談春滿院，不辭和月夜深歸。

錢時（1175～1244），字子是，學者稱融堂先生，淳安（今屬浙江）人。早年從楊簡學，曾任象山書院教席。宋理宗嘉熙元年（1237），以布衣召見，賜進士出身，授秘閣校勘，預修國史。晚年辭歸鄉里，居鄉蜀阜玉屏街北山之岡，創融堂書院。淳祐四年卒，年七十。有《蜀阜集》十八卷，已佚，現存明

〔註97〕〔宋〕樂史撰，王文楚等點校：《太平寰宇記》，北京：中華書局，2007年，第2208頁。

〔註98〕〔清〕于成龍等修；杜果等編：《康熙江西通志》，《中國地方志集成・省志輯・江西1》，南京：鳳凰出版社，2009年，第81頁。

人徐貫重輯《蜀阜存稿》三卷。此詩作於何時何地不詳。

2. 鍾宿《狀元峰》

> 狀元峰
>
> 馬蹄一日遍長安，螢火難窗千載寒。
>
> 從此錦衣歸故里，文峰高並彩雲端。

鍾宿，生平不詳，詩中所稱的狀元峰亦不詳在何地。

（四）卓筆

1. 釋德洪《張氏快軒》

> 張氏快軒
>
> 草樹分明天遠大，酒闌登賞更從容。
>
> 眼寒數點雁橫雨，耳熱一窗風度松。
>
> 光滑紙開秋色闊，淋漓墨潑暮煙濃。
>
> 欲傾蛟室瓊詞句，試借溫江卓筆峰。

釋德洪（1071～1128），一名惠洪，號覺範，筠州新昌（今江西宜豐）人。著有《石門文字禪》、《天廚禁臠》、《冷齋夜話》、《林間錄》、《禪林僧寶傳》等。張氏快軒在何地無從考證。《石門文字禪》卷二十一《王裕之求硯銘為作此》：「吾聞大梁之東郭有硯臺焉，而自然成坳淵，挽九江之水以為滴，聚桐柏之色以為煙，借溫江卓筆之峰以蘸其尖，展青天以為紙，書吾餞君之詩，情與曠野以相連。」〔註99〕此處又提到「溫江卓筆之峰」，溫州市永嘉縣有永寧江，又名溫江、甌江，而溫州市的雁蕩山宋時即有卓筆峰，或指此也，無從確證。

2. 陳元老《卓筆峰》

> 卓筆峰
>
> 石為銀管草為毫，卓出天心萬仞高。
>
> 莫是獲麟書史罷，悶投山谷至今牢。

《錦繡萬花谷別集》卷二收此詩。清陸心源《宋詩紀事小傳補正》卷三記載「陳元老，福建閩縣人，紹興元年（1094）進士。歷吏部員外郎，知漳州、泉州，終朝奉大夫。」陳元老，生卒年不詳，活動時間在紹興（1131～1162）年間，字大年，又有字壽夫一說，人稱城山先生，著有《城山集》。此詩作於

〔註99〕〔宋〕惠洪撰：《石門文字禪》，《影印文淵閣四庫全書》第 1116 冊，臺北：臺灣商務印書館，1982 年，第 417 頁。

何時何地不詳，卓筆峰所在何處亦無從考證。

3. 王大寶《靈巖禪寺》

> 靈巖禪寺
>
> 雁蕩聞名久，靈巖捨道邊。
>
> 諸峰皆列岫，一柱獨擎天。
>
> 卓筆豈容有，展旗非偶然。
>
> 眼前無障礙，自是洞中仙。

靈巖禪寺在溫州雁蕩山內，始建於宋初，卓筆峰也是雁蕩山名勝。王大寶（1089～1165），字符龜，潮州人，高宗建炎二年（1128）進士第二名。王大寶於紹興二十六年（1156），出知溫州，其後任福建路提點刑獄、廣東提點刑獄。宋孝宗繼位（1162）時，召回王大寶。故該詩應作於王大寶知溫州任上，時間大約在（1156～1162）之間。

4. 王十朋雁蕩山詩

太平興國二年（977），永嘉僧人全了來到雁蕩山結芙蓉庵，雁蕩山進入了全面開發的時期，後人稱其為「開發雁蕩山全了禪師」，實為雁蕩山的開山祖師。王十朋（1112～1171），字龜齡，號梅溪，溫州樂清人。高宗紹興二十七年（1157）進士。王十朋家鄰雁蕩山，其詩集中吟詠雁蕩山的詩歌有二十多首，多有涉及雁蕩山卓筆峰的。如作於 1149 年的《次先之過雁山韻》，「欲向靈巖移卓筆，與君同掃萬人鋒」。又如作於 1156 年的《度雁山》，「石柱屹天外，卓筆書雲端」。又如作於 1157 年的《遊靈巖輝老索詩至靈峰寄數語》，「岩前有卓筆，可以書雄詞」。雁蕩山卓筆峰具體起於何時不詳，但可以肯定是在全了禪師開山之後的宋代才有卓筆峰。

5. 范成大《自天平嶺過高景庵》

> 自天平嶺過高景庵
>
> 卓筆峰前樹作圍，天平嶺上石成關。
>
> 綠陰匝地無人過，落日秋蟬滿四山。

范成大（1126～1193），字至能，號石湖居士，吳郡（今江蘇蘇州）人。高宗紹興二十四年（1154）進士，著有《石湖居士詩集》三十四卷，及《吳郡志》、《攬轡錄》、《驂鸞錄》、《桂海虞衡志》、《吳船錄》等。按范成大《吳郡志》卷十「天平山在吳縣西二十里，此山在吳中最為崷崒，高聳一峰，端正特立，《續圖經》以為吳鎮，不誣也。山皆奇石，卓筆峰為最。」《吳郡圖經續記》

乃北宋朱長文作於元豐七年（1084），其中已記載天平山卓筆峰。

6. 楊萬里《登大鞋嶺望大海》

　　　登大鞋嶺望大海

　　　杖屨千崖表，波濤萬頃前。

　　　瓊天吹不定，銀地濕無邊。

　　　一石當流出，孤尖卓筆然。

　　　更將垂老眼，何許看風煙。

　　楊萬里（1127～1206），字廷秀，號誠齋，吉州吉水（今屬江西）人。高宗紹興二十四年（1154）進士。《中國古典詩歌》一書中注解「大鞋嶺，在廣東海濱，面臨大海」。〔註100〕楊萬里曾於淳熙六年（1179），提舉廣東常平茶鹽，該詩可能大概作於此時。「一石當流出，孤尖卓筆然」，所指應是海濤中的一塊巨石孤立尖銳，像卓立的文筆。

第三節　宋元文筆峰的分析研究

　　本章第二節基於文獻檢索，對宋元時期文筆峰的存在情況進行了整理。在文獻上主要檢索了地理總志、方志、宋元文集、詩歌等，這當然不足以窮盡宋元時期的文獻，比如《全宋文》三百六十冊、《全元文》六十冊、《全元詩》六十八冊，因卷帙浩繁，且無文字檢索版，筆者都未能予以全文檢索。但僅以筆峰、筆山、卓筆、文峰等檢索《全宋文》、《全元文》篇名時，所得相關結果在第二節中都有收錄，如宋姚勉《回上高項幸謝文筆峰記劄子》、元徐明善《俞學正文筆峰賦》等。第二節中所檢索到的文筆峰情況，至少也能反映出宋元時期的大貌。有基於此，下文對其展開分析。

一、宋元文筆峰的時空分布

　　文筆峰在唐代方志、文集、詩歌等文獻中並未出現，幾乎可以確定唐代時尚無文筆峰。宋朝地理總志《元豐九域志》（1080 年）中尚無文筆峰的地名，但宋初龍袞（約宋真宗朝人）所撰《江南野史》中已記載江西省永新縣的南山文峰。若畢士安（938～1005）《登筆峰詩》為真的話，那麼廣東曲江文筆峰在

〔註100〕人民文學出版社主編：《中國古典詩歌》，北京：人民文學出版社，1995 年，
　　　　第 188 頁。

宋朝初年即已出現。唐李白的「靄峰如尖筆」「石筍如卓筆」如果是後人偽作，那麼唐宋之交的僧人秀登「一峰如卓筆」，恐怕是能確定的最早以筆比擬山峰的詩句。綜合判斷而言，文筆峰在公元十世紀末的宋朝初年就已經出現。

文筆峰自宋初出現之後，在宋代呈現出北宋少南宋多，北方少南方多的特徵。因為檢索的文獻主要是地理方志，而宋朝的方志恰恰也是北宋少南宋多，北方少南方多，文獻即有此種特徵。但若僅以南方地域來說，也是北宋少南宋多，所以這個結論應該是正確的。北方少南方多，則與風水文化的地域性相關，蓋北方地多平曠，而南方山地丘陵廣袤，加上宋朝時形勢派風水在南方更為流行，所以像文筆峰這種以形貌命名的風水地名，自然是南方比北方更多。北方的文筆峰，筆者僅發現郭瑄《涇州懷古》「更喜筆峰擁翠微」所描述的甘肅涇州文筆峰，可謂極少；而南方文筆峰有名的很多，如天平山卓筆峰、雁蕩山卓筆峰、無錫安陽山、廬陵香城山等。

《輿地紀勝》記南宋統治區域十六路，其中就有兩浙西路、兩浙東路、江南東路、江南西路、廣南東路、廣南西路、福建路、潼川府路、夔州路、利州路等十路共二十五縣有文筆峰的相關記載；至於剩下的淮南東路、淮南西路、荊湖南路、荊湖北路、京南西路、成都府路在南宋時期有無文筆峰尚待繼續研究。總體而言，文筆峰在南宋統治區域內的分布是比較廣泛。宋元時期仍然是文筆峰出現的起始階段，發展到明清時期就才更為流行。

二、宋元文筆峰的地名變遷

宋代有些文筆峰地名的出現尚有明確的記載，從中可以看出其地名變遷。如洪邁《夷堅志》記載：

> 卓筆峰，泰寧縣東十五里，有仙棺石。相傳往年因風雨，白晝晦冥，人聞空中音樂聲，及霽，見棺木在巖間。其處峭絕，人莫能上，疑仙人蛻骨送於此，因名「音山」，亦曰「聖石」。遇大旱，祈雨即應。蔣穎叔使福建日，過之，為賦詩，更名卓筆峰。〔註101〕

泰寧縣在福建路邵武軍，今泰寧縣歸福建省三明市管轄，在福建省西北部。泰寧縣卓筆峰原名「音山」，且頗為靈異。蔣穎叔，名之奇，江蘇宜興人，嘉祐二年（1057）與蘇軾同登進士第。王安石新法推行時，蔣之奇任福建轉運

〔註101〕　〔宋〕洪邁撰；何卓點校：《夷堅志》，北京：中華書局，1981年，第一冊第79～80頁。

判官，應該就是「蔣穎叔使福建日」，其時大概在 1069 年。蔣穎叔所賦之詩已不傳，但將「音山」更名「卓筆峰」的事蹟卻被洪邁記載下來。

　　泰寧縣卓筆峰名稱的來源是有明確記載的，其他文筆峰的名稱變更於何年都無從考證，很多山峰因酷肖文筆，而亦名文筆峰，同原名並存了很久。如《咸淳臨安志》：「百丈山在縣南五里太平鄉，亦名卓筆峰。」《無錫志》：「安陽山，其山平地拔起，高峰圓峻，四望如一，挹湖水之光包林木之秀，若人之有文采然。故世易以美名曰文筆峰。」《輿地紀勝》：「白雲山去軍西一百里，平地突出，奇峰如筆，亦號筆山。」這種原名不變，亦名筆山、文筆峰、卓筆峰的現象，恰恰也能說明科舉風水文化不斷對原有地名的塑造，使其兼具了文筆峰的意義，而出現兼名的現象。

三、宋元文筆峰的科舉價值

　　宋元時期文筆峰具有科舉風水的意義，也常與陰宅、陽宅、學校、貢院等相關。陰宅如《泊宅編》卷上記載：

> 　　會稽山為東南巨鎮，周回六十里，北出數隴，葬者紛紛，得正
> 隴者趙陸二祖墳而已，二墳下瞰鑒湖，湖外有山橫抱如几案，案之
> 外尖峰名梅里尖，地理家謂之文筆案。陸氏葬後六十年，生孫佃為
> 尚書左丞；趙氏葬後八十年，生孫抃為太子太師。陸公贈太保，趙
> 公贈少保，二隴同一山，而有曾孫追貴於九泉盛哉。〔註102〕

　　《泊宅編》作者方勺，字仁聲，婺州人，徙居湖州，後寓居烏程（今浙江吳興）泊宅村，因號泊宅翁。方勺生卒年均不詳，其與蘇軾、葉夢得等人有交遊，其《泊宅編》多記北宋元祐（1086～1094）至政和（1111～1118）間事。陸佃的祖父是陸軫，宋真宗朝時人，曾官至吏部郎中。陸佃於建中靖國元年（1101）遷官尚書左丞，追贈三代，贈祖父陸軫為太傅，前翻六十年，則陸軫大概葬於 1040 年左右。陸佃祖墳得會稽山正隴，又有案外尖峰名梅里尖，地理家稱為文筆案，則此梅里尖峰就是文筆峰。陸軫本就是大中祥符間的進士，陸佃為熙寧三年（1070）進士，趙抃（1008～1084）為景祐元年（1034）進士。宋朝選官多由進士出身，陸趙兩家祖墳得文筆案，在風水意義上是非常有利於科舉的。

〔註102〕　〔宋〕方勺撰；許沛藻、楊立揚點校：《泊宅編》，北京：中華書局，1983 年，
　　　　　第 75～76 頁。

陽宅包括家宅、學校、貢院等，先說家宅，如《方輿勝覽》卷二十所記江西廬陵香城山：

> 香城山：在城南，地跨三縣，聳秀如筆鋒。（周益公雲廬陵南四十里有香城山，其名見唐皇甫持正所作碑碣，峻防廣袤，中一峰尤奇秀，諺所謂文筆者。胡氏世居其下，至忠簡公遂以直節修能，名震當世。）〔註103〕

胡忠簡公指胡銓（1102年～1180年），字邦衡，號澹庵，吉州廬陵薌城（今江西吉安市），建炎二年（1128）登進士第，淳熙七年（1180）卒，諡忠簡。胡銓也是進士出身，名震當世，在當時人看來，也有家住香城文筆峰下的緣故。文天祥，廬陵人，因所居對文筆峰，自號文山。又如楊萬里慶元二年（1196）所作《喚春園記》：

> 新喻縣南五十里而近有鄉曰臨川，其山深秀，其水紺潔。東西行者，未至十里所，則望見一峰孤聳，如有人自天投筆於太空，至天半翔舞，翻倒而下，至地躍而起，卓爾而立，其跗豐而安，其穎銳而端。又如有人臥地仰空，醉持翠筆，而書青霄也。故里之人名之曰卓筆峰，云士之居於臨川者，皆爭此峰而面之。面之者眾，而莫有正焉者。面之而正焉者，惟人士周仲祥之居為然，餘皆不然。
>
> 不然者，皆仲祥之為媢，媢仲祥而仲祥不懼，又加貪焉。〔註104〕

上文言「士之居於臨川者，皆爭此峰而面之」，而周仲祥的居所恰好面之而正，「其一子某未冠已秀警，誦書如水倒流，下筆翩翩有可愛者，其筆峰秀氣鍾美於是乎」〔註105〕，這又是說筆峰風水對於家宅後代的吉利。

學校是培養人才的地方，貢院是士子考試的地方，兩處的風水同樣重要，是否有文筆峰也是判斷風水好壞的一個標準。元張伯淳《蕭山縣學重建大成殿記》：「縣有學，學有大成殿，凡皆然，不特蕭山也。蕭山為邑，西瀕錢塘，東接千岩萬壑之秀。宋紹興間，建學文筆峰前，拓址恢規，自昔為諸邑最，弦誦聲日相聞，名公巨卿，彬彬輩出。」〔註106〕張伯淳先言蕭山縣之形勝，再言

〔註103〕〔宋〕祝穆撰，祝洙增訂；施和金點校：《方輿勝覽》，北京：中華書局，2003年，第360頁。

〔註104〕〔宋〕楊萬里撰：《誠齋集》，《影印文淵閣四庫全書》第1161冊，臺北：臺灣商務印書館，1982年，第42頁。

〔註105〕〔宋〕楊萬里撰：《誠齋集》，《影印文淵閣四庫全書》第1161冊，第43頁。

〔註106〕〔元〕張伯淳撰：《養蒙文集》，《影印文淵閣四庫全書》第1194冊，臺北：臺灣商務印書館，1982年，第454頁。

宋紹興時建學文筆峰前，而為諸縣之最，出了不少名公巨卿，那麼文筆峰對於蕭山縣學的吉利意義自不待言，對於多出科舉人才的結果也是不證自明。

　　元孔齊《靜齋至正直記》「地理之應」言：「句容之三茅山，原自丫頭山。地理家嘗謂丫頭峰不尖，所以只主黃冠之流，若尖則為雙文筆峰，必主出文章狀元。丫頭俗呼為丫角。貪狼蓋陰陽者流以九星配山水者，固不足據，然其有是形者主是應，或可信矣。」〔註107〕有文筆峰則出文章狀元，這便是文筆峰的科舉價值。正是文筆峰的科舉價值，是導致文筆峰產生的社會心理根源，也推動著宋代文筆峰的出現和流行。

四、宋元文筆峰的文學形象

　　文筆峰產生之後，增加了人們對山峰形象的想像，宋以前的詩歌中幾乎不見有以筆來比喻山峰的詩歌，而宋代則開始越來越多，如秀登「一峰如卓筆」，舒亶「五磊峰高筆插天」，楊萬里「一石當流出，孤尖卓筆然」等等。文筆峰又常與筆架山、墨池、硯臺等相搭配，反映在詩歌中，如「葛峰相對為文筆，蕭水迴環當墨池」，又如「一千餘尺拔文筆，三十六灣深墨池」，陳著《筠溪八景‧筆架文峰》則又把筆架峰、文筆峰合詠，又張之翰「秀山為筆峰，清溪為硯池」將筆峰、硯池作對，如此者種種，不勝枚舉。

　　第一章中已提到將佛塔視作文筆峰的形象，這種現象在宋代也漸漸出現，如王淮《南澗寺閣》「塔高端似筆，城轉曲如環」，又如王柏「燈焰萬龕時炯炯，恍然文筆吐光芒」，再如吳芾「文筆要同孤塔聳，詞源宜與兩湖長」。《輿地紀勝》記「金山，在龍泉縣西北，去縣一里有龍興寺，有塔，陰陽家以縣名龍泉，而金銀兩山夾峙，為龍之角，又謂兩塔為雙筆。」

　　這種佛塔似筆的形象一經確立就成為經典譬喻，並逐漸流行。甚至連伊斯蘭教的宣禮塔也被視作銀筆，岳珂《桯史》卷十一《番禺海獠》記有：「後有窣堵波，高入雲表，式度不比它塔，環以壁，為大址，累而增之，外圜而加灰飾，望之如銀筆。」〔註108〕以上皆是文筆峰形象流行後的文學影響。

〔註107〕〔元〕孔齊撰：《靜齋至正直記》，《四庫全書存目叢書》，濟南：齊魯書社，
　　　　　1996 年，第 239 冊，第 219 頁。
〔註108〕〔宋〕岳珂撰；吳企明點校：《桯史》，北京：中華書局，1981 年，第 126 頁。

第三章　唐宋社會變遷與科舉風水

　　上兩章已知，科舉制雖開創於隋朝發展於唐代，歷時近三百年而至於宋，但隋唐時期尚無文峰塔和文筆峰；佛塔自漢代傳入中國至宋朝亦近千年，亦罕有人視其如筆。可見文筆峰和文峰塔的風水觀念並不能一時形成，而是受其他因素影響。唐代無而宋代有，這就需要分析唐宋社會變遷對科舉風水的影響。茲舉一例，可以互相發明。北宋邵伯溫《邵氏聞見錄》卷十六：

　　　　長安張衍年八十，以術遊士大夫間，其為人有忠信，識道理。
　　　章子厚、蔡持正官州縣時，許其為宰相；蒲傳正、薛師正未顯，皆
　　　以執政許之。紹聖初，余官長安，因論范忠宣公命，衍曰：「范丞相
　　　命甚似其父文正公，正艱難中，僅作參知政事耳。」余曰：「忠宣為
　　　相何也？」衍曰：「今朝廷貴人之命皆不及，所以作相。」又曰：「古
　　　有命格，今不可用。古者貴人少福人多，今貴人多福人少。」余問
　　　其說，衍曰：「昔之命出格者作宰執，次作兩制，又次官卿監，為監
　　　司大郡，享安逸壽考之樂，任子孫厚田宅，雖非兩制，福不在其下，
　　　故曰福人多貴人少。今之士大夫，自朝官便作兩制，忽罷去，但朝
　　　官耳，不能任子孫，貧約如初。蓋其命發於刑段，未久即災至，故
　　　曰貴人多福人少也。」〔註1〕

紹聖（1094～1098）是北宋宋哲宗第二個年號，術者張衍所論「古者貴人少福人多，今貴人多福人少」，並分析其原因就是唐宋官制之差別。官制變化，術

〔註1〕〔宋〕邵伯溫撰；李劍雄、劉德權點校：《邵氏聞見錄》，北京：中華書局，1997年，第176～177頁。

者在論命的時候也要跟著做相應的調整，否則就會算不准，其理論就會被淘汰。另一則故事是南宋時期趙溍《養屙漫筆》所記：

> 臨安中瓦在御街上，士大夫必遊之地，天下術士皆聚焉，凡挾術者易得厚獲。而近來數十年間，向之行術者多不驗，惟後進者術皆奇中。有老於談命者下問後進：「汝今之術即我向之術，何汝驗，我若何不驗？」後進者云：「向年士大夫之命，占得祿貴生旺皆是貴人，今日士大夫之命，多帶刑殺衝擊方是貴人。汝不見今日為監司郡守閫帥者，日以殺人為事邪。」老師歎服。〔註2〕

南宋臨安中瓦老於談命者感歎「汝今之術即我向之術，何汝驗，我若何不驗」，後進者指出往年的士大夫以占得祿貴生旺為貴人，今日士大夫帶刑殺衝擊才是貴人，原因在於今天做監司郡守閫帥的都日以殺人為事。按作者趙溍為南宋咸淳（1265～1274）年間人，已是南宋末年，宋與蒙元間的戰爭已到了白熱化時期，監司郡守閫帥們都得指揮作戰抗擊蒙元，所以日以殺人為事，選任官員自然以有領兵作戰能力的人為主。早幾十年的時候，宋蒙之間尚未全面開戰，南宋政權也以和為主，地方主官大概也以平和有福的人為主。這則故事則反映出社會政局對術數推演的影響。

　　占卜、命相等術數理論亦能反映出當時社會文化，何麗野《八字易象與哲學思維》一書中論述：「八字易象的產生，主要是在北宋時期。此時的中國封建社會，已是過了正午的太陽。封建地主階級已不再是推動社會變革的革命力量，相反地，它要求維持現狀，害怕變革，只求穩定。這種社會思潮反映到八字易象上，就是八字易象強調中和、平衡。」〔註3〕馮爾康認為「開展術數社會史的研究，拓展了社會文化史的新領域，有利於我們通過術數活動，瞭解歷史上社會生活方式，社會價值觀念、社會心態和人們的精神風貌。」〔註4〕首先是社會現實決定了術數理論和活動的面貌，反過來術數理論和活動也能反映出當時的社會面貌。

　　何麗野《八字易象與哲學思維》分析了八字易像是中國封建社會家庭關係

〔註2〕〔宋〕趙溍撰：《養屙漫筆》，《叢書集成初編》，北京：中華書局，1991年，第6頁。

〔註3〕何麗野：《八字易象與哲學思維》，北京：中國社會科學出版社，2004年，第25頁。

〔註4〕宮寶利：《術數活動與明清社會》，天津：天津古籍出版社，2009年，《緒論》第5頁。

的模型，六親的排列反映了封建家庭的現實關係。隨著時代變化，家庭關係亦發生變化，八字易象的推理亦要與時俱進並加以修正。何麗野引用民國命理家徐樂吾《子平真詮評注‧論妻子》之言加以佐證：

> 命運吉凶，屬本身之厲害。富貴貧賤，進退順逆，皆為本身之事，故可於八字中推之。妻財子祿，以本身屬害相關，榮辱與共，故亦可推。若將來歐風東漸，父子分之，夫妻異產，屬害不相連屬，吉凶即無可徵驗，如子貴而父賤，妻富而夫貧，各不相謀，即無可推算。同時利害關係相連屬者，依然可見。命之理如是，非今昔有不同也。〔註5〕

徐樂吾也清醒地認識到命理推理中有變與不變，變在於應切近社會現實，才能推算準驗。所謂世事洞明皆學問，論命者要通於人事變遷方可，不可株守於古法秘訣。

陳進國博士論文《事關生死：風水與福建社會文化變遷》，該論文以區域研究為取向，從文化史和社會史的視角，比較全面地討論風水習俗與福建傳統地方社會的互動關係，剖析了風水習俗中所蘊含著的社會文化意義。其第二章中討論了風水術中形勢和理氣兩大流派在福建的傳播過程中，從對抗走向相容，逐漸形成以形法為主，理氣為輔的特徵。陳進國分析道：

> 明清以來風水理氣派和形法派由對抗走向相容或折衷，亦是福建民間普遍的袪邪避煞祈禱的社會心態使然。風水先生從其接受的風水知識體系出發，可能會對某派風水術「情有獨鍾」，但民眾並未深諳某派風水知識，只會自發或自覺地從「自利」（避煞求吉）的視角出發，從而對兩派風水術皆採取「兼容並包」的態度，這在陰宅的拋造方面特別明顯。明清以來福建喪久不葬之俗，實與士紳或普通民眾在兩派風水術之間躊躇或游離不無關聯。〔註6〕

由上可見，民眾從追求自利的視角出發，對風水術有所取捨和兼容並包，也在塑造著風水活動。執著於某家某派的風水術，或許會不利於其市場發展，只有變通適應才能生存下去。

回到本章的問題，文筆峰和文峰塔風水為何到宋代才產生流行，這恐怕就

〔註5〕何麗野：《八字易象與哲學思維》，北京：中國社會科學出版社，2004年，第43頁。

〔註6〕陳進國：《事關生死：風水與福建社會文化變遷》，廈門大學博士學位論文，2002年，第80頁。

跟當時的唐宋社會變遷與風水文化之間的互動有關，一方面社會變遷推動了科舉風水的產生，乃至具有特色的文筆峰風水的產生；另一方面風水師們把握住了民眾對科舉功名的追求，發展出相關理論為民眾提供服務。故本章擬先從討論科舉風水產生的事實出發，再分析其背後社會變遷的原因。

學界一般認為風水理論成型於漢代，《漢書・藝文志》中記載了《堪輿金匱》和《宮宅地形》，學界一般認為此二書是早期的風水堪輿著作。其中《宮宅地形》屬於形法類，班固對形法的解釋為：「形法者，大舉九州之勢以立城郭室舍，形人及六畜骨法之度數，器物之形容，以求其聲氣貴賤吉凶，猶律有長短，而各徵其聲，非有鬼神，數自然也。然形與氣相首尾，亦有有其形而無其氣，有其氣而無其形，此精微之獨異也。」〔註7〕《宮宅地形》即屬於「大舉九州之勢以立城郭室舍」的相宅之書，張舜徽《漢書藝文志通釋》認為「漢志著錄之《宮宅地形》，本謂廬舍之建造也。……至於辨方位，審燥濕，皆營造之事所宜求者，故為書至二十卷之多，此乃世所謂陽宅也。」〔註8〕王充《論衡・詰術篇》中言「《圖宅術》曰宅有八術，以六甲之名數而第之，第定名立，宮商殊別。宅有五音，姓有五聲，宅不宜其姓，姓與宅相賊，則疾病死亡，犯罪遇禍」〔註9〕，可見東漢時相宅之術理論派別已多，且風水吉凶之說已然流行。

後世葬先蔭後的思想也起於東漢時期，有名的例子即是袁安葬父。《後漢書・袁安傳》記載：「初，安父沒，母使安訪求葬地，道逢三書生，問安何之，安為言其故，生乃指一處，云：『葬此地，當世為上公。』須臾不見，安異之。於是遂葬其所佔之地，故累世隆盛焉。安子京、敞最知名。」〔註10〕袁安是漢平帝、漢明帝、漢和帝朝大臣，尚屬東漢初年。按《後漢書》是南朝宋史學家范曄（398～445）所撰，袁安葬父的故事同樣收錄於南朝宋劉義慶（403～444）《幽明錄》中，可知此故事應該流傳甚久。魏晉南北朝時期，風水學說日趨興盛。至於魏之管輅、晉之郭璞，當世之時即有精於風水之傳說，但世傳管輅《地理指蒙》和郭璞《葬書》應屬偽託。後世所傳如樗里子、青烏子、黃石公、朱

〔註7〕〔漢〕班固：《漢書》，北京：中華書局，1964年，第6冊第1775頁。

〔註8〕張舜徽：《漢書藝文志通釋》，武漢：湖北教育出版社，1990年，第285頁。

〔註9〕〔漢〕王充著；黃暉撰：《論衡校釋》（附劉盼遂集解）全四冊，北京：中華書局，1990年，第4冊第1027頁。

〔註10〕〔南朝宋〕范曄撰；〔唐〕李賢等注：《後漢書》，北京：中華書局，1965年，第6冊第1522頁。

仙桃等秦漢人物所撰風水典籍，蓋皆是偽託。可信者如東漢王景所撰《大衍玄基》、王充所引《圖宅術》等當是東漢確有之風水典籍。

《隋書・經籍志》著錄了漢代至隋代十一部風水典籍：庾季才《地形志》八十卷、《宅吉凶論》三卷、《相宅圖八卷》、《五姓墓圖》一卷（梁有《冢書》四卷、《黃帝葬山圖》四卷、《五音相墓書》五卷、《五音圖墓書》九十一卷、《五姓圖山龍》一卷、《科墓葬不傳》一卷、《雜相墓書》四十五卷，亡）。〔註11〕《舊唐書・藝文志》和《新唐書・藝文志》所著錄的風水典籍也都已經亡佚。雖然如章宗源、姚振宗等對《隋書經籍志》做了考證補正，但僅僅依靠書目，並不能知曉其內容，對這些風水典籍進行文獻文本研究十分必要。

研究宋以前的風水典籍，一是靠文獻輯佚。范春義《古代風水文獻研究》〔註12〕中對宋前傳世風水文獻輯補，這些殘篇斷簡主要見於劉孝標《世說新語注》、《北堂書鈔》、《初學記》、《太平御覽》等書中。范春義輯得《堪輿書》、《圖宅術》、《葬歷》、《青烏子》、《青烏子葬書》、《青烏子相冢書》、《圖墓書》、《相冢書》等宋前風水文獻的佚文。另外如張齊明《漢魏六朝風水信仰研究》則對此時期的風水理論和活動做了細緻深入的研究，對這一時期內的風水文獻做了考辨整理，雖然沒有進行專門輯佚，但其在研究過程中搜集整理了大量相關的文獻材料。

二是利用敦煌文獻。自 1900 年，道士王圓籙發現敦煌藏經洞中的敦煌卷子後，對於敦煌遺書的整理研究也漸漸拉開了帷幕。最早對敦煌堪輿文獻研究的是羅振玉 1931 年對《陰陽書（葬事）》的考證，最早對敦煌堪輿文獻進行全面梳理的是黃正建《敦煌占卜文書與唐五代占卜研究》〔註13〕（2001 年），該書搜集宅經葬書文獻 28 號，釐定為 31 件。其後陳於柱《敦煌寫本宅經研究》〔註14〕（2003 年），金身佳《敦煌寫本宅經葬書校注》〔註15〕（2007 年），再後為關長龍《敦煌堪輿文書研究》（2013 年）。就最晚近的關長龍的研究成果來看，敦煌遺書中有宅經葬書 32 號，釐定為 28 件，分為十類：陰陽宅經類 5 件，五姓宅經類 2 件，陰陽、五姓宅經合編類 5 件，三元宅經類 4 件，玄女宅經類 1 件，八宅經 1 件，葬經類 1 件，山崗地理類 1 件，卜葬書類 2 件，附錄

〔註11〕〔唐〕魏徵等撰：《隋書》，北京：中華書局，1973 年，第 4 冊第 1039 頁。
〔註12〕范春義：《古代風水文獻研究》，南京大學博士論文，2008 年。
〔註13〕黃正建：《敦煌占卜文書與唐五代占卜研究》，北京：學苑出版社，2001 年。
〔註14〕金身佳：《敦煌寫本宅經葬書校注》，北京：民族出版社，2007 年。
〔註15〕陳於柱：《敦煌寫本宅經研究》，蘭州大學碩士論文，2003 年。

《陰陽書》1 件。〔註 16〕這些研究著作不僅對敦煌卷子中宅經葬書做了輯錄校注，還對唐五代的敦煌風水活動進行了研究。雖然文獻是敦煌出土的，但這些風水文獻應當主要是從中原流傳到敦煌地區，應該能夠反映整個唐代的風水習俗。

三是通過風水活動來理解當時的風水理論。這些風水活動主要見於文獻中的人物傳記、筆記小說中的故事傳說，以及建築遺跡、考古遺跡等實物。有關唐代風水活動的研究，一部分來自於風水史研究，如何曉昕《風水探源》〔註 17〕（1990 年）、《風水史》〔註 18〕（1995 年）、《中國風水史（增補版）》〔註 19〕（2008 年）中對唐代風水活動都有所描述，在《風水史》中有論及科舉制與風水的互動。蔡達峰《歷史上的風水術》〔註 20〕一書對隋唐時期堪輿理論的發展，做了比較細緻的分析，對《宅經》、《九天玄女青囊海角經》等唐代堪輿文獻做了考證。另外還有閭淳純《唐代風水活動考》〔註 21〕中對唐代的風水實踐和風水傳說都有論述，其中描述風水師擇地時，往往自道其理論，也能直接反映出當時的風水理論。特別值得注意的是《太平廣記》中記錄了諸多漢至五代堪輿相地的傳說故事，尤以唐五代為多，另外宋初《地理新書》卷九《史傳事驗》中也記錄了不少唐五代的風水故事。唐蕙韻《中國風水故事研究》〔註 22〕則是對史傳、方志、筆記小說、類書、小說總集、風水書籍中的風水故事進行故事類型研究，這些故事能夠反映當時的社會價值觀念，也能反映當時的風水理論，唐蕙韻另有《中國風水故事資料類編》（上下冊）〔註 23〕。筆者依託以上文獻和專家學者的成果，展開對唐代科舉風水活動的研究。

第一節　唐代科舉風水

隋朝建立後，廢除魏晉以來的九品中正制，並廢除州郡長官辟舉佐官的制

〔註 16〕關長龍：《敦煌本堪輿文書研究》，北京：中華書局，2013 年，前言第 4 頁。
〔註 17〕何曉昕：《風水探源》，南京：東南大學出版社，1990 年。
〔註 18〕何曉昕、羅雋：《風水史》，上海：上海文藝出版社，1995 年。
〔註 19〕何曉昕、羅雋：《中國風水史（增補版）》，北京：九州島出版社，2008 年。
〔註 20〕蔡達峰：《歷史上的風水術》，上海：上海科技教育出版社，1994 年。
〔註 21〕閭淳純：《唐代風水活動考》，浙江大學碩士論文，2010 年。
〔註 22〕唐蕙韻：《中國風水故事研究》，中國文化大學中國文學研究所博士論文，2005 年。
〔註 23〕唐蕙韻：《中國風水故事資料類編》上下冊，臺北：花木蘭文化出版社，2011 年。

度，各級官吏改由中央統一任免。學界一般以隋文帝開皇七年（587）設立每年舉行常貢的制度，作為科舉制之始。科舉及第者，由考官定其等第，再根據等第授予出身或者授予官職，科舉自此成為隋唐官員銓選之重要一途。科舉之外，尚有門蔭入仕、軍功、流外入流、雜色入流等官員銓選途徑並存，單從人數上來看，科舉制還不占主流。據統計計算，終唐一代 290 餘年，共取進士 6646 人，而明經約為進士的 2～3 倍，大約 16600 人，兩者合計 2.32 萬人。這個數字看似較大，但平均下來每年僅 80 餘人。諸色出身者，每年都超進士、明經十餘倍。《全唐文》卷二九八中楊瑒《諫限約明經進士疏》以開元十七年為例，「諸色出身每歲向二千人，方於明經、進士，多十於倍」。〔註24〕

　　儘管科舉出身而入官者在數量上不佔優勢，但進士出身的官員發展前途大都很好，多為顯官名宦，出將入相，位極尊榮。劉海峰統計《新唐書》《舊唐書》記載的 1804 名官員的入仕出身，科舉出身占總數的 35.1%，唐前期科舉出身者 389 人，占總數的 27.8%，唐後期則有 905 人，占到總數的 43%。從所佔比例上可以看出，科舉出身者呈上升趨勢，逐漸居於官員銓選的首位。而能夠載入史冊的大都是高級官員，特別是宰相中科舉出身者所佔比例愈來愈高。〔註25〕據吳宗國《唐代科舉制度研究》所稱：唐太宗時，宰相中許敬宗為隋秀才，房玄齡、侯君集為隋進士，其餘二十六人皆非科舉出身；唐高宗時，宰相中科舉出身者十三人，達到四分之一；武則天稱帝時，宰相中科舉出身者占到一半；唐玄宗開元年間，科舉出身的宰相十八人，占這個時期宰相總數的三分之二，比重有所增加。〔註26〕在唐朝的中晚期，這種情況則更甚，從唐憲宗開始，進士數量在宰相中佔據了絕對優勢。雖然宰相中科舉出身者比例增加，但在中下級官員中，門蔭入仕和流外入流仍然是官員的主要來源。不過自開元天寶以來，科舉取士的人數增多，已漸漸形成科舉入仕的社會風氣，特別是中小地主無士族門閥背景的，科舉亦被視作入仕的唯一正途。

　　當科舉成為庶族百姓生活中的重要事項之後，圍繞其產生的信仰習俗也就逐漸增多。隨著大量士子舉人開始應舉，他們也就進入了科舉命運的迷霧中，求神問卜常常被用來寬慰解釋命運的莫測。星命、占卜、相學、風水等術

〔註24〕〔清〕董浩等編：《全唐文》，北京：中華書局，1983 年，第 3027 頁。

〔註25〕劉海峰：《唐代選舉制度與官僚政治的關係》，《廈門大學學報》，1989 年第 3期。

〔註26〕吳宗國：《唐代科舉制度研究》，瀋陽：遼寧大學出版社，1992 年，第 167～168 頁。

數也都開始發展出針對科舉的理論。周鷺《唐五代科舉習俗研究》〔註27〕論文中對唐五代舉人與占卜習俗、神靈信仰習俗有很好的整理闡釋。占卜習俗中則以占夢、占相為主，又有筮卜、龜卜、日卜、扶乩等。以占相為例，《太平廣記》記柳芳占相一事：

> 柳芳嘗應進士舉，累歲不及第。詣朝士宴坐，客八九人皆朱紱，亦有幾赤官。芳最居坐末，又衣服粗，故客咸輕焉。有善相者，眾情屬之，獨謂芳曰：「柳子合無兄弟姊妹，無莊田資產，孑然一身，羈旅辛苦甚多。後二年當及第，後祿位不歇。一座之客，壽命官祿皆不如君。」諸客都不之信，後二年，果及第，歷校書郎、幾尉丞，遊索於梁宋間，遇太常博士有闕，工部侍郎韋述知其才，通明譜第，又識古今儀注，遂舉之於宰輔。恩敕除太常博士，時同座客亡者已六七人矣。（出《定命錄》）〔註28〕

柳芳乃開元二十九年（741）及第，善相者不僅預測了其家庭成員和田產狀況，還預測了他「後二年當及第」，以及其壽命官祿，可見當時的相術已將科舉作為重要的推斷事項。不過周鷺的文章中並未考察星命術、風水術對科舉的關注情況。以星命術為例，《太平廣記》載：

> 牛錫庶性靜退寡合，累舉不第。貞元元年，因問日者，曰：「君明年合狀頭及第」。錫庶但望偶中一第，殊不信也。時已八月，未命主司。偶至少保蕭昕宅前，值昕杖策，將獨遊南園，錫庶遇之，遽投刺，並贄所業。昕獨居，方思賓友，甚喜，延之與語，及省文卷，再三稱賞，因問：「外間議者以何人當知舉？」錫庶對曰：「尚書至公為心，必更出領一歲。」昕曰：「必不見命，若爾，君即狀頭也。」錫庶起拜謝，復坐未安，忽聞馳馬傳呼曰：「尚書知舉。」昕遽起，錫庶復再拜曰：「尚書適已賜許，皇天后土，實聞斯言。」昕曰：「前言期矣。」明年，果狀頭及第。（出《逸史》）〔註29〕

牛錫庶貞元元年（785）求問日者，日者言其明年狀頭及第，後牛錫庶因緣際會，碰到後將主持科舉的蕭昕，得到「若爾，君即狀頭」的承諾，後果然兌現

〔註27〕周鷺：《唐五代科舉習俗研究》，首都師範大學碩士學位論文，2011年。

〔註28〕〔宋〕李昉等編：《太平廣記》，北京：中華書局，1961年，卷222《相二》，第1706頁。

〔註29〕〔宋〕李昉等編：《太平廣記》，北京：中華書局，1961年，卷一百八十·貢舉三，第1339頁。

承諾，日者的預言也應驗了。其他的星命術例子仍有一些，茲不贅述。

　　唐代風水活動也已興盛，《舊唐書》、《新唐書》著錄不少風水典籍，而敦煌遺書中也整理出許多宅經葬書文獻，《太平廣記》妖妄、冢墓、雜錄等部中輯錄了不少相宅相墓的風水活動，其中也以唐五代故事為多。唐代以相地知名者如張景藏、舒綽、僧泓師、張說、康訔、張師覽、周士龍、金州道人等，但在這些風水活動中，都未發現直接與科舉相關的，而更多的是有關富貴蔭後的。呂才《敘葬書》曰：「《葬書》云：富貴官品，皆由安葬所致；年壽延促，亦曰墳隴所招。」〔註30〕又曰：「野俗無識，皆信葬書，巫者詐其吉凶，愚人因而徼幸，遂使擗踴之際，擇葬地而希官品；荼毒之秋，選葬時以規財祿。」〔註31〕可見官品、財祿是擇葬風水的根本目的。東漢袁安葬父，三書生指一地曰「葬此地當世為上公」，後來之卜葬大率如此，以求三公卿相之地，甚至以求天子帝王之風水佳地為目的。南朝宋劉敬叔《異苑》記載：

　　　　孫堅喪父，行葬地。忽有一人曰：「君欲百世諸侯乎，欲四世帝乎？」答曰：「欲帝。」此人因指一處，喜悅而沒。堅異而從之。時富春有沙漲暴出。及堅為監丞，鄰黨相送於上。父老謂曰：「此沙狹而長，子後將為長沙矣。」果起義兵於長沙。（出《異苑》）〔註32〕

　　此類故事還有許多。唐代之時，卜宅卜葬也大都是希求官品，《盧氏雜說》記載「牛宅本將作大匠康訔宅，訔自辨岡阜形勢，以其宅當出宰相。後每年命相有按，訔必引頸望之。宅竟為僧孺所得，李後為梁新所有。」〔註33〕康訔善辨風水，所居宅當出宰相，便每年引頸望之，可見其希慕之切。僧泓師為韋安石推薦一葬地曰：「貧道近於鳳棲原見一地，可二十餘畝，有龍起伏形勢。葬於此地者，必累世為臺座。」〔註34〕又《桂林風土記》記載的陳思膺擇葬地故事更可見一斑：

　　　　陳思膺，本名聿修，福州龍平人也。少居鄉里，以博學為志。

〔註30〕〔後晉〕劉昫等撰：《舊唐書》，卷七十九「呂才傳」，第08冊，北京：中華書局，1975年，第2725頁。

〔註31〕〔後晉〕劉昫等撰：《舊唐書》，卷七十九「呂才傳」，第08冊，第2726頁。

〔註32〕〔宋〕李昉等編：《太平廣記》，卷三百七十四·靈異，北京：中華書局，1961年，第2969頁。

〔註33〕〔宋〕李昉等編：《太平廣記》，第四百九十七·雜錄五，北京：中華書局，1961年，第4076頁。

〔註34〕〔宋〕李昉等編：《太平廣記》，卷三百八十九·冢墓一，北京：中華書局，1961年，第3108頁。

開元中，有客求宿。聿修奇其客，厚待之。明日將去，乃曰：「吾識
地理，思有以報。遙見此州上裏地形，貴不可言，葬之必福昆嗣。」
聿修欣然，同詣其處視之。客曰：「若葬此，可世世為郡守。」又指
一處曰：「若用此，可一世為都督。」聿修謝之。居數載，喪親，遂
以所指都督地葬焉。〔註35〕

陳思膺遇奇人連指三葬地，一者「貴不可言，葬之必福昆嗣」，一者「若葬此
可世世為郡守」，一者「若用此可一世為都督」。陳思膺是開元中人，科舉已
盛，卻不見有說科舉風水的。最後陳思膺選擇都督地以葬親，與孫堅葬父捨
百世諸侯而選擇四世帝王之地一樣，都可以看出他們的希求富貴官品之心。
最終筆者尚未發現唐代與科舉直接相關的風水活動。何曉昕《風水史》（1995
年）在唐代風水一節，也花了不少的篇幅來論述科舉制對風水活動的巨大影
響：

三、運用一種特殊類型的建築，即風水與宗教建築相融合而成
的一種鄉村公共建築——文樓、奎閣、文塔等來達到振興文風、昌
盛文運的目的。這種獨特的人文建築往往成為一鄉之標誌，含有種
種的象徵意味。此類建築的出現無疑也豐富了風水理論，唐代之後
的風水書中，多有專門的篇幅闡述如何建奎樓、文閣，在何方位，
運用何種手法等等，故唐代的風水與科舉制達到了相得益彰的地
步。〔註36〕

按文樓、奎閣、文塔都是宋代才開始出現，其出現固然與科舉十分密切。
唐代雖有科舉制，但尚未發現直接相關的科舉風水活動，大都包含於希求官品
富貴的風水活動中。可惜的是何曉昕並未舉出唐代的事例來論證，或許是筆者
搜檢有遺缺。

唐代風水文獻大都亡佚，宋初官修《地理新書》中多收宋初以前風水文
獻。《地理新書》卷六：「大德主文章，在笏山外第三重，其山肥厚，來向與眾
山相登，則子孫賢智，以文才登科。若起高崗如貫珠則彌吉，水破則主愚鈍。」
〔註37〕這一部分屬於唐僧一行《五音地理經》的內容，該理論明確出現了大德

〔註35〕〔宋〕李昉等編：《太平廣記》，卷三百八十九·冢墓一，北京：中華書局，1961
年，第3111頁。
〔註36〕何曉昕、羅雋：《風水史》，上海：上海文藝出版社，1995年，第110頁。
〔註37〕〔宋〕王洙編；金身佳校注：《地理新書校理》，湘潭：湘潭大學出版社，2012
年，第198頁。

主文章，以文才登科的說法。《地理新書》中「五音三十八將」理論引自僧一行《五音地理經》，《郡齋讀書志》記載「《五音地理新書》三十卷，右僧一行撰，以人姓五音驗八山三十八將吉凶之方，其學今世不行。」[註38]《五音地理經》與《五音地理新書》內容蓋相似也，宋前風水書多為偽託，其書定然在僧一行之後，但其理論或可能早於僧一行。另外《地理新書》「筮地吉凶」一節引用郭璞《括地林》有「泰卦坤宮……當興工時，有群鳥來集，出子孫聰慧明敏，登科則兄弟聯榮，謂校茅連茹之象也。」[註39]《地理新書》按「右本《括地林》，專筮地吉凶，參內外宅占，題云郭璞撰，似託。故書或鄙俚，文義辭惡而不協者，悉刪去之。」[註40] 按以卜筮擇葬之術久已有之，但該《括地林》中出現「登科」一詞，恐怕是唐代才新加進去的。不論如何，唐代確實出現了論及登科的風水理論。

　　又以黃正建、金身佳、陳於柱、關長龍等人校錄整理的敦煌宅經葬書來考證，並未發現直接與科舉相關的風水理論。以敦煌文獻中的「大德」為例，陳於柱認為，大德是黃黑二道十二神之一，屬於神煞。[註41] 而敦煌文獻中有關大德的文獻，也與科舉無關，如 p.3647 號《葬經》中有「大德在西方，亦名華蓋，又名玄衝。葬其方，世祿長遠，大吉。」[註42] 又有「葬得大德下，大富貴，出二千石，大吉利」[註43]，雖然是吉神，但與科舉無關。就幾位學者整理的敦煌寫本宅經葬書來看，並無僧一行《五音地理經》，但有「五音三十八將」的理論。風水流派向來繁多，呂才《敘葬書》批判「暨近代以來加之陰陽葬法，或選年月便近，或量墓田遠近，一事失所，禍及死生。巫者利其貨賄，莫不擅加防害，遂使葬書一術，乃有百二十家。各說吉凶，拘而多忌。」[註44] 葬書一術有百二十年，所以有關大德的說法不一，也是情理之中。雖如此，唐代風水文獻中確有科舉風水理論已可確定。

〔註38〕〔宋〕晁公武撰；孫猛校正：《郡齋讀書志校正》，上海：上海古籍出版社，1990年，第 615 頁。

〔註39〕〔宋〕王洙編；金身佳校注：《地理新書校理》，湘潭：湘潭大學出版社，2012年，第 170 頁。

〔註40〕〔宋〕王洙編；金身佳校注：《地理新書校理》，第 175 頁。

〔註41〕陳於柱：《敦煌寫本宅經研究》，蘭州大學碩士學位論文，2003 年，第 31 頁。

〔註42〕金身佳：《敦煌寫本宅經葬書校注》，北京：民族出版社，2007 年，第 259 頁。

〔註43〕金身佳：《敦煌寫本宅經葬書校注》，第 281 頁。

〔註44〕〔後晉〕劉昫等撰：《舊唐書》，卷七十九「呂才傳」，北京：中華書局，1975年，第 2723 頁。

第二節　宋代科舉風水

　　宋代科舉十分興盛，錢穆先生《中國歷史研究法》中曾稱唐代科舉為「門第過渡時期」，而稱宋代為「進士社會」。又言：「科舉進士，唐代已有。但絕大多數由白衣上進，則自宋代始。我們雖可一併稱呼自唐以下之中國社會為『科舉社會』，但劃分宋以下特稱之為『白衣舉子之社會』，即『進士社會』，則更為貼切。我們亦可稱唐代社會為『前期科舉社會』，宋以後為『後期科舉社會』。」〔註45〕《中國歷史研究法》在 1961 年就已在香港初次出版，後之學者也有很多稱宋代為科舉社會。宋代進士多由白衣上進，且宋代進士錄取人數大為增加，使得宋代科舉具有更廣泛的群眾基礎和社會基礎，與科舉相關的術數習俗更為普遍，也留下了豐富多樣的科舉故事。

　　賈志揚《宋代科舉》（1985 年）一書中言：「從科舉故事來判斷，宋代的士人是生活在充滿神、鬼、預兆、預言、算命人、龍等等的世界裏。」〔註46〕賈志揚對科舉故事中的預兆、預言、夢幻、風水、觀相、占卜、梓潼神崇拜等習俗都有所述及。有關宋代科舉習俗的研究中，較知名者又如廖咸惠《祈求神啟——宋代科舉考生的崇拜行為與民間信仰》（2004 年），則主要以宋代科舉考生與地方神祇的互動為探究的重心，並列舉梓潼神、二相公、廣祐王、仰山神四個神靈作為分析對象，對科舉考生們在面臨科舉競爭壓力的時候，祈禱神靈預示和福佑的習俗做了探討。〔註47〕廖咸惠《探休咎：宋代士大夫的命運觀與卜算行為》〔註48〕與《體驗小道：宋代士大夫生活中的術士與術數》〔註49〕，以及劉祥光《兩宋士人與卜算文化的成長》〔註50〕對科舉與宋代卜算文化的交集都有所論及。

　　有關宋代科舉風水的研究則有梁庚堯《士人在城市：南宋學校與科舉文化

〔註45〕錢穆：《中國歷史研究法》，北京：生活・讀書・新知三聯書店，2001 年，第 46 頁。
〔註46〕賈志揚：《宋代科舉》，臺北：東大圖書股份有限公司，1995 年，第 262 頁。
〔註47〕廖咸惠：《祈求神啟——宋代科舉考生的崇拜行為與民間信仰》，《新史學》十五卷四期，2004 年 12 月，第 41～92 頁。
〔註48〕廖咸惠：《探休咎：宋代士大夫的命運觀與卜算行為》，收於《走向近代：國史發展與區域動向》，臺北：東華書局股份有限公司，2004 年，第 1～43 頁。
〔註49〕廖咸惠：《體驗小道：宋代士大夫生活中的術士與術數》，《新史學》二十卷四期，2009 年 12 月，第 1～58 頁。
〔註50〕劉祥光：《兩宋士人與卜算文化的成長》，《鬼魅神魔——中國通俗文化側寫》，臺北：麥田出版社，2005 年，第 221～277 頁。

價值的展現》（2002 年），該論文第三節「學校興修、科第表現與風水」中提到「學校已成為培養學生應舉的場所，而人們也視學校的興修為地方科第表現的重要指標。許多例子裏，學校興修與科第表現的關聯，又牽涉到學校環境的風水，人們認為風水會影響到學校在科第表現上的盛衰。」〔註 51〕梁庚堯在文中列舉了二十餘所縣學、書院修造過程中的風水因素，資料詳實有力。又劉祥光《宋代風水文化的擴展》中也對地方官學學舍和官方建築營建中所考慮的科舉風水因素做了探究，並稱「修建地方學校重風水的做法可能早已行於唐代，但宋代特出之處在於大興地方學校，數量上遠超過前代，因此重風水的心態隨之突顯。其次，宋代重科舉取士之法，參與人數為歷代空前，龍門之難登，前所未有。帝國內的各方人士無不想盡辦法使其子弟通過棘闈。宋代風水文化表現在教育上的，就是各地官學興修重風水，而這種擴展幅度前代未見。」〔註 52〕又周蓓《宋代風水研究》〔註 53〕中對宋代的科舉風水也有簡要論述，趙章超《宋代小說風水信仰論析》〔註 54〕中亦有涉及科舉與風水。有關宋代科舉與風水研究的論著頗多，大家盡可參閱，筆者此處列表舉例以明宋代風水與科舉的概況：

墓葬	臨川羅彥章，酷信風水。有閩中賴先知山人者，長於水城之學，漂泊無家，一意嗜酒，羅敬愛而延館之。會喪妻，命卜地，得一處，其穴前小澗水三道平流，唯第三道不過身而徑入田。賴吒曰：「佳哉！此三級狀元城也，恨第三不長，若子孫它年策試，正可殿前榜眼耳。」其子邦俊，挾十三歲兒在傍立，拊其頂而顧賴曰：「足矣足矣，若得狀元身邊過也得。」所謂兒者，春伯樞密也。年二十六，廷唱為第二人。賴竟沒於羅氏，水城文字雖存，莫有得其訣者。」（洪邁：《夷堅三志壬》卷第一・賴山人水城）〔註 55〕
	先友提學張公大亨，字嘉甫，雪川人。先墓在卉山之麓，相墓者云：「公家遇丑年，有赴舉者必登高第。」初未之信。熙寧癸丑，嘉甫之父通直公著登第；元豐乙丑，嘉甫登乙科；大觀己丑，嘉甫之兄大成中甲科；重和辛丑，嘉甫

〔註 51〕 梁庚堯：《士人在城市：南宋學校與科舉文化價值的展現》，《經濟史、都市文化與物質文化》第三屆國際漢學會議論文集歷史組，臺北：中研院史語所，2002 年，第 265～326 頁。

〔註 52〕 劉祥光：《宋代風水文化的擴展》，《臺北歷史學報》第 45 期，2010 年 6 月，第 1～78 頁。

〔註 53〕 周蓓：《宋代風水研究》，上海師範大學碩士學位論文，2003 年。

〔註 54〕 趙章超：《宋代小說風水信仰論析》，《中國俗文化研究國際學術研討會論文集》，2002 年。

〔註 55〕 〔宋〕洪邁撰；何卓點校：《夷堅志》，北京：中華書局，1981 年，第四冊第 1470 頁。

	之弟大受復中乙科。此亦人事地理相符之異也。（何薳《春渚紀聞》卷一・丑年世科第）〔註56〕
住宅	余拂君厚，霅川人也。其居在漢銅官廟後，溪山環合。有相宅者言：「此地當出大魁。」君厚之父朝奉君云：「與其善之餘一家，不若推之於一郡。」即遷其居於後，以其前地為烏程縣學。不二三年，君厚為南宮魁，而莫儔、賈安宅繼魁天下，則相宅之言為不妄。然君厚之家不十年而朝奉君歿，君厚兄弟亦繼殂謝，今無主祀者，則上天報施之理又未易知也。（何薳《春渚紀聞》卷一・烏程三魁）〔註57〕
	陳公輔國佐，台州人。父正，為郡大吏，歸老，居於城中慧日巷。時國佐在上庠，有僧謁正，指對門普濟院曰：「俟此寺為池，貢元當上第。」正曰：「一剎壯麗如此，使其不幸為火焚則可，何由為池？君知吾兒終無成，以是相戲耳。」僧曰：「不一年，吾言必驗。」普濟地卑下，每春雨及梅潦所至，水流不可行，寺中積苦之。偶得曠土於郡倉後，即徙焉，而故基卒為池，與僧言合。政和癸巳，國佐遂魁辟雍，釋褐第一，後至禮部侍郎。（洪邁《夷堅甲志》卷五・陳國佐）〔註58〕
學校	始姑蘇郡城之東南有夫子廟，所處隘陋。及文正公以天章閣待制守是邦，欲遷之高顯，相地之勝，莫如南園。南園者，錢氏之所作也。高木清流，交陰環醮，乃割其巽隅以建學。廣殿在左，公堂在右，前有泮池，旁有齋室。是時學者才逾二十人，或言其太廣。文正曰：「吾恐異日以為小也。」於是召安定先生首當師席，英才雜沓，自遠而至。厥後登科者逾百數，多致顯近。由景祐迄今五十餘載，學者倍蓰於當時，而居不加闢也。（節選自宋朱長文《樂圃餘稿》・蘇州學記）〔註59〕
貢院	嘉定十二年閏三月壬子，潮州貢院成，郡學職十有四人，以其繪事之圖來請記。余既受圖於使者，則進而問之曰：「始余讀梅溪王公詩，知潮之貢院久矣。今者所創將新其舊耶？抑改作之也？且其地焉在？」曰：「郡城之北有曰鳳嘯坊者，故試士之所也。郡地之東有曰登雲坊者，今試士之所也。故基之廢八十有八年，而今始復其舊也。」問：「其所以復之意？」曰：「以形勢言之，則背負五龍，前峙金鼇。大江之水，迴環而縈帶，雙旌雁塔，駢羅而鼎列者，昔人卜地之勝也。」（節選真德秀《西山文集》卷二十四・潮州貢院記）〔註60〕

〔註56〕〔宋〕何薳撰：《春渚紀聞》，《影印文淵閣四庫全書》第0863冊，臺北：臺灣商務印書館，1982年，第454頁。

〔註57〕〔宋〕何薳撰：《春渚紀聞》，《影印文淵閣四庫全書》第0863冊，第454頁。

〔註58〕〔宋〕洪邁撰；何卓點校：《夷堅志》第一冊，北京：中華書局，1981年，第37頁。

〔註59〕〔宋〕朱長文撰：《樂圃餘稿》，《影印文淵閣四庫全書》第1119冊，臺北：臺灣商務印書館，1982年，第28～31頁。

〔註60〕〔宋〕真德秀撰：《西山文集》，《影印文淵閣四庫全書》第1174冊，臺北：臺灣商務印書館，1982年，第364頁。

書院	嘉定二年，余以心制里居，宅兆未聞。資中王直夫雅善青囊之術，即具書幣致之。居三日，余表兄高南叔拉與登隈支山，過蟠龜鎮，歷馬鞍山。未至山數里，直夫頓足而言曰：「由長秋山而下乾岡數里，其下當有坤申朝甲乙出之水，子之先君子其當葬此乎。」下而卜之，果如所云，遂為今長寧阡。既又為余言：「子未有室居，子之先廬被山帶江，其上有山與馬鞍之朝向相似，然隈支為巽巳峰，實當其前，倘知之乎？」余曰：「而未嘗涉吾地，而惡乎知之。」曰：「余以氣勢之所萃知之。」卜之，又如其所云，由是即其地成室，是為今白鶴書院。直夫又曰：「書院氣勢之所鍾，當有以文字發祥者。」余乃約十餘士之當赴類省試者，會文其上。是歲，自類元王萬里而下，凡得七人。其不在得中者，後亦接踵科第，或以恩得官，莫有遺者。又曰：「白鶴書院雖得江山之要，然此地堙鬱已久，今一旦開豁呈露，則家於是山之下者，其餘氣所鍾亦當有科級之應。」是歲，余弟嘉甫與鄰居譙仲甫同登，即七人之選也。先是貢士題名於浮屠，以問直夫，直夫曰：「若在七級則當七士。」後皆如其言。凡此皆余一歲間身履而目擊者，自余類此者不可勝數，恐歲浸久而忘之，姑隨筆書此以記。（魏了翁《鶴山集》卷九十二・贈王彥正）〔註61〕

　　以上如墓葬、住宅、學校、貢院、書院都僅舉了一例，實際上相似的案例很多，可知宋代科舉風水的普遍性。在科舉風水營建中，除了學校擇址時多選東南巽隅外，還涉及到很多方法，如開河、改向、營建風水建築等，此處亦列一表以說明：

巽隅	慶曆甲申歲，予參貳國政，親奉聖謨，詔天下建郡縣之學，俾歲貢群士，一由此出。明年春，予得請為邠城守。署事之三日，謁夫子廟。通守太常王博士稷告予曰：「奉詔建學，其材出於諸生備矣。今夫子廟隘甚，群士無所安。」因議改卜於府之東南隅，地為高明，遂以建學，並其廟遷焉。（節選范仲淹《邠州建學記》）〔註62〕
開河	慶曆中，太守國子博士李公餘慶始疏顧塘河，益引惠明水注之漕渠。顧塘地勢在漕渠後，故俗又謂之後河。崇寧初，太守給事中朱公彥復增濬之，方是時毗陵多先生長者，以善俗進後學為職，故儒風蔚然為東南冠，及余公中、霍公端友皆策名天下士第一，則說者遂歸之後河曰：「是為東南文明之地。」……予謂渠之興自為一郡之利，不必為士之舉有事者設然。城南衣冠以杜固鑿而頓減，則後河成廢與士之舉有司者相為盛衰，亦自有理。（節選陸游《渭南文集》卷十八・常州開河記）〔註63〕

〔註61〕〔宋〕魏了翁撰：《鶴山集》，《影印文淵閣四庫全書》第1173冊，臺北：臺灣商務印書館，1982年，第385頁。

〔註62〕〔宋〕范仲淹著，李勇先、王蓉貴校點：《范仲淹全集》，成都：四川大學出版社，2007年，第867頁。

〔註63〕〔宋〕陸游撰：《渭南文集》，《影印文淵閣四庫全書》第1163冊，臺北：臺灣商務印書館，1982年，第450〜451頁。

	江陰之有學久矣，應詔取第，歲無幾人，說者以為學面城，水旁流而不顧，此其未盛也，欲引注於其前，而東鑿於熙春，北接於大河。侯始聞之，曰：「君子修其在已，俟其在物，考於昭昭，聽於冥冥，豈在山川乎？」既又請之，乃任其自為。眾遂拓地集工，不三日而河就。然昔持是說，何以越四紀而始集，豈非廢興冥冥之數會於此乎。由此而魁傑之士爭出焉，馳榮於天下可卜也。然觀水之環流，不捨晝夜，終必至於海，亦足以自反而不求於彼，則其於河也得之矣。（《（崇禎）江陰縣志》卷五‧黃佖《元豐縣學開河紀略》）〔註 64〕
改向	吉之學故南向也，郡人蕭序辰轉輸本道，與其守方時，可規徙東方，據依弗安徙取城之門相直耳，學之次舍以礙盡易。吉之人雖未嘗為士者，無不議其非也。昔之以科目起者眾矣，今不幸而劣於舊，吉之人又曰：「此東向之咎也。」（節選周必大《文忠集》卷二十八‧吉州改修學記）〔註 65〕
建樓	堰在城東楊家、聶家二洲間，其地正與郡學龍首相值，邇年以來堰忽驟合，應如龜湖，豈伊人力也哉。時雨將興，山川出雲，雁塔先題，斷於斯兆。余故作危樓百尺於郡學之龍首，俯瞰文昌，名之曰堰合，以應佳兆以作士氣，以預為此州曲江宴集之所，於乎宜必有以稱此矣。（黃震《黃氏日抄》卷八十八‧撫州堰合樓記）〔註 66〕
建亭	按《縣志》，筆峰元在縣市內。歲久平塴，僅存一井與筆峰碑爾。後好事者謂陰陽家以尖峰屬貪狼，遂砌一石尖於井前，以象倒地貪狼，不經甚矣。咸淳五年冬，知縣陳宣教蘭孫，乃採士友議，始作亭於井之上，以象筆峰。（《永樂大典》卷五百七十‧新建筆峰亭祝文）〔註 67〕
建塔	漕貢進士方君，至京謁予，謂其鄉自溪堂後，未有顯者。今幾百年，氣數當一復。陰陽家謂是水口值風雷峰，若文筆聳立，當有掇巍科者。今擬其鄉之同志，峙一塔於雲頭之峰，以迓氣數之復。予謂君不必以陰陽家為辭，但舉文正之言、謝氏之詩，以扣同志，孰不聞風以興。（方逢辰《蛟峰文集》卷四《雲塔序》）〔註 68〕

以上幾種並不能反映出宋代科舉風水營建方法的全貌，但至少說明文筆峰和文峰塔僅是其中之一種，並不占主流。

〔註 64〕〔明〕徐遵湯、周高起纂：《（崇禎）江陰縣志》，明崇禎十三年刻本，《無錫文庫》第一輯，南京：鳳凰出版社，2011 年，第 331～332 頁。
〔註 65〕〔宋〕周必大撰：《文忠集》，《影印文淵閣四庫全書》第 1147 冊，臺北：臺灣商務印書館，1982 年，第 308 頁。
〔註 66〕〔宋〕黃震撰：《黃氏日抄》，《影印文淵閣四庫全書》第 0708 冊，臺北：臺灣商務印書館，1982 年，第 937～938 頁。
〔註 67〕馬蓉、陳抗、鍾文等點校：《永樂大典方志輯佚》全五冊，北京：中華書局，2004 年，第 2358～2359 頁。
〔註 68〕〔宋〕方逢辰撰：《蛟峰文集》，《影印文淵閣四庫全書》第 1187 冊，臺北：臺灣商務印書館，1982 年，第 532 頁。

第三節　唐宋文筆峰風水變遷的文獻考證

宋初《地理新書》所引唐代《括地林》和《五音地理經》中已有科舉風水的內容，那麼到了宋代這種情況又是如何呢？由於本節主要從風水文獻入手，目錄、版本與辨偽之學都須運用。有書目而無書，則無法知其內容；有其書而不知其版本，則無法知其年代；有書有目而託名甚古者，也須辨其真偽。宋版書萬不存一，風水書籍亦是如此。故筆者首選宋元真版，次選書與目俱存且版本較精者。按《中國古籍總目》〔註69〕著錄現存宋代風水典籍最早也是金元刊本，僅有如下數種：

編　號	書　名	作　者	版　本	藏書單位
子 30813271	新刊名家地理大全錦囊經	唐張說注；宋蔡成禹附注	元刻本	臺圖（存卷一，清李文田校記並題識）
子 30813389	重校正地理新書十五卷	王洙編	金明昌刻本 清影金鈔本 清光緒二十五年刻本	臺圖（翁同龢題記）
子 30813400	塋原總錄五卷	楊惟德編	元刻本	國圖、臺圖
子 30813401	胡先生陰陽備用	胡舜申編	元刻本	臺圖（存卷七至十三）
子 30813402	黃帝周書秘奧六卷	佚名	元刻本	臺圖（存卷一至卷六）

宋代風水典籍流傳下來的數目很多，且大都見於宋元書目，如鄭樵《通志藝文略》載宅經三十七部六十一卷，葬書一百四十九部四百九十八卷，共 186部〔註70〕。雖然宋代風水書籍保留下來的很多，如楊筠松、曾文辿、廖瑀、賴文俊等人的著作，只是苦無宋元版本對勘，難保有後世竄入的文本。以郭璞《葬書》為例，《葬書》舊名《錦囊經》，蔡發曾撰《辯〈錦囊經〉下非郭氏書》：「自此以下非郭氏書，皆後人模仿本文、剽竊他書而增益之。〔註71〕《四庫全書總目》亦說：「蔡元定病其蕪雜，為刪去十二篇，存其八篇。吳澄又病蔡氏

〔註69〕中國古籍總目編纂委員會：《中國古籍總目》，北京：中華書局、上海：上海古籍出版社，2013 年。

〔註70〕〔宋〕鄭樵撰：王樹民點校：《通志二十略》上下冊，北京：中華書局，1995年，第 1699～1703 頁。

〔註71〕曾棗莊，劉琳主編：《全宋文》第 180 冊，成都：巴蜀書社，1990 年，第 117～118 頁。

未盡蘊奧，擇至純者為內篇，精粗純駁相半者為外篇，粗駁當去而姑存者為雜篇。新喻劉則章親受之吳氏，為之注釋。今此本所分內篇、外篇、雜篇，蓋猶吳氏之舊本。至注之出於劉氏與否，則不可考矣。」〔註72〕這種情況在郭璞《葬書》中尤為明顯，因為郭璞被視作風水祖師，《葬書》也是風水書的宗經，如同儒家的《論語》一樣，後世附注者甚多。至於其他的經典，在後代的傳本仍難免有所竄改，如《狐首經》，元刻本《新刊名家地理大全錦囊經》中「山元篇」為「案高齊眉，案低捧心，或如覆釜，或連青雲，或如橫幾，或兩三重，左旗右鼓，品列三峰，代代顯赫，奕世侯封。」而元刻本《胡先生陰陽備用》中的《狐首經·山元篇》則為：「案高齊眉，案低捧心，或如覆釜，或連青龍，或如橫幾，或兩三重，左旗右鼓，品列三峰，代代顯赫，奕世侯封。」到了明代余象斗《地理統一全書》中則成為「案高齊眉，案低捧心，或如覆釜，或如筆架，或如橫幾，或兩三重，左旗右鼓，品列三峰，代代顯赫，奕世侯封。」「或連青雲」和「或連青龍」還可能是文字舛誤所致，而「或如筆架」則明顯是明人的改寫了。因此本書儘量以宋元版本為主，寧缺毋濫。

風水喝形，就是根據地理形勢的樣貌進行聯想，比擬成人物、器物、動物等形象，比如覆舟、龜、龍等，然後根據形象來判斷吉凶。喝形一詞始見於宋張洞玄《玉髓真經》，《玉髓真經》中有記「此地亦復未易得，不許時師亂喝形」〔註73〕，可知在宋時喝形已經是比較流行的風水技法。其實這種方法由來已久，如：

> 《相冢書》曰青烏子稱山望之如缺月形，或如覆舟，葬之出富貴。山望之如雞棲，葬之滅門。山有重迭，望之如鼓吹樓，葬之連州兩千石。〔註74〕（《藝文類聚》卷七）
>
> 凡相山陵之法，山望如龜狀，葬之出公卿，封侯代代不絕。
>
> 山望如龜狀，有頭尾蟂蛇者，葬之出二千石。凡依山作冢，皆當立在山東為利，得山之形也。山如龜形，又巍巍直上如斗狀，出二千石。〔註75〕（《太平御覽》卷五百六十引《圖墓書》）

〔註72〕〔清〕永瑢等撰：《四庫全書總目》，北京：中華書局，1965年，第922頁。
〔註73〕〔宋〕張洞玄撰；〔宋〕劉允中注釋；〔宋〕蔡元定發揮：《玉髓真經》，《續修四庫全書》一○五三·子部·術數類，上海：上海古籍出版社，2013年，第282頁。該版本為明嘉靖二十九年福州府刊本。
〔註74〕〔唐〕歐陽詢撰；汪紹楹校：《藝文類聚》，北京：中華書局，1965年，第123頁。
〔註75〕〔宋〕李昉等編：《太平御覽》，北京：中華書局，1960年，第2532頁。

《相冢書》、《圖墓書》都是隋朝以前的風水書籍，當時風水理論處於發展時期，即有喝形的傳統，這種傳統到隋唐以後就愈來愈盛，敦煌卷子中的《司馬頭陀地脈訣》中有很多喝形案例，喝形的風氣漸漸形成了後世風水二大宗中的形勢派，此處按下不表。

將山形喝為筆，在唐代已有。《地理新書》卷三引唐僧一行《五音地理經》有「山如筆，有人無穀食，風水相侵主狂淫，水火相害主顛狂，金木相剋主兵賊」，金大定甲辰年（1184）平陽畢履道對《地理新書》加以圖解，附「山如筆」圖〔註76〕如下：

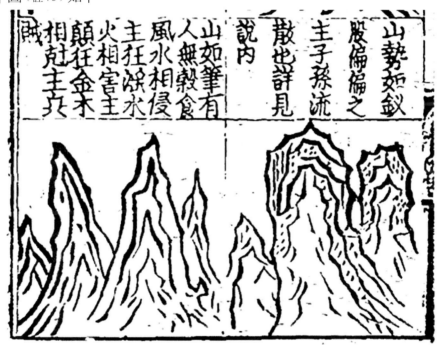

《五音地理經》中的「山如筆」的風水看來並不吉利，或是沒飯吃，或是狂淫癲狂，或是兵賊相害。《地理新書》卷六「貴山」則首次著錄文筆山，按文筆山與其他貴山相類：

> 貴山：排衙、文筆、旌節、進奉、屏障、華表、捍門、銅魚、
> 羅成。
>
> 排衙山在生氣山外，繚繞向蒙（冢）宅，還如列衙仗，主子孫
> 清貴。

〔註76〕〔宋〕王洙：《重校正地理新書》，北京圖書館藏金刻本，《續修四庫全書》第1054冊，上海：上海古籍出版社，第31頁。

　　　　文筆山似方倉，在排衙山外，主子孫居方伯之任。

　　　　旌節山如初生筍，在文筆山外，主子孫建旌節。

　　　　進奉山形如獸頭，又如雞將鬥，在旌節山外，主子孫為將相。

　　　　屏障山如立案，在進奉山外，主子孫文華。

　　　　華表山如球杖，兩邊朝揖，在屏障山外，主子孫為公卿。

　　　　捍門山勢橫遮冢宅，在華表山外，主子孫忠孝。

　　　　銅魚山形如大鐘，在華表山外第三重，當地戶，不遮塞水路，

主子孫厚祿。

　　　　羅成山四面都遮冢宅，朝從備足者，其地非臣庶所用。〔註77〕

　　文筆山主子孫居方伯之任，雖然為吉兆，但此種風水推斷，尚與科舉無直接關係。《地理新書》來源於《乾坤寶典》，史序於景德二年（1005）纂成《乾坤寶典》四百一十七卷以上宋真宗，真宗為撰《乾坤寶典敘》，後藏於秘閣。景祐初，司天監王承用指謫《乾坤寶典》中錯謬甚多，宋仁宗責成秬穎、張遜、秦弁、胡宿與王承用複校同異，將《乾坤寶典》中的地理三十篇整成另書。景祐五年（1038），宋仁宗又詔令司天少監楊惟德等 37 人根據新曆法加以修訂，賜名《地理新書》。嘉祐三年（1051），曾公定奏其淺漏疏略，仁宗又命王洙、掌禹錫、劉羲叟、曾公定等刪修《地理新書》，最終於宋仁宗嘉祐元年（1056）十一月成書，仁宗復賜名《地理新書》。其後《地理新書》在刊布流傳過程中，逐漸有散佚缺失。金世宗大定甲辰（1184），平陽畢履道對其加以校正，並附圖解。金章宗明昌壬子（1192），張謙復為精校刊行。現在流傳的版本都來自於金明昌三年刊本。有關《地理新書》的版本流傳，范春義〔註78〕、沈睿文〔註79〕、劉未〔註80〕、金身佳〔註81〕等都有專文論述。《地理新書》多徵引宋初以前的風水典籍，可知宋初以前文筆山或許尚與科舉無直接關係。

　　元刻本《新刊名家地理大全錦囊經》中有郭璞《錦囊經》，署名為「唐丞相燕公注，宋牧堂君蔡成禹附注」，篇中有《牧堂蔡成禹辯》和《北岩郭氏葬

〔註77〕〔宋〕王洙：《重校正地理新書》，北京圖書館藏金刻本，《續修四庫全書》第1054 冊，上海：上海古籍出版社，第 55～56 頁。

〔註78〕范春義：《古典風水文獻研究》，南京大學博士學位論文，2008 年。

〔註79〕沈睿文：《〈地理新書〉的成書及版本流傳》，《古代文明（輯刊）》，2010 年 00 期。

〔註80〕劉未：《宋元時期的五音地理書》，《青年考古學家》總 22 期，2010 年 5 月，98～101 頁。

〔註81〕金身佳：《地理新書校理》，湘潭市：湘潭大學出版社，2012。

書敍論》（節文）。按牧堂君為蔡發，字神與，乃西山先生蔡元定的父親，又宋代自有北巖老人蔡成禹撰《明山寶鑑》，蔡神與、蔡成禹並非一人，後人多有混淆，此留待詳考。此版本之《錦囊經》文中有張說、一行、陳希夷、蔡發四人注解，其中「因勢篇第二」中有「陳曰」，與韓國奎章閣本《錦囊經》大略相同：

新刊名家地理大全錦囊經（中國臺灣國家圖書館藏）	陳曰：「成龍之地，入形之穴，在後為寶殿，在前為龍樓，尖秀為筆，方秀為笏，圓秀為簡，走足為旗，頭高為馬，連節為羅城，踏節重重為屯軍衙隊，方而小為金箱，圓而小為玉印，尖利為牙刀，橫直為衙杖，羅前殿後，聳左森右，重重疊疊，靡一不具，是之謂攬而有也。」
錦囊經（韓國國立國會圖書館藏）	張曰：「若人以手攬取物而有之，若攬而無有者非也。」又曰：「成龍之地，入形之穴，若端正福厚，侵于雲漢，在後而來者則為寶殿，在前而應者則為龍樓，尖秀者為筆，圓秀者為簡，方秀者為笏，走足者為旗，頭高者為馬，連接者為羅城，踏節重重者為屯軍衙隊，方而小者為金箱，圓而小者為玉印，尖而利者為牙刀，橫而直者為衙杖，羅前殿後，聳左森右，重重疊疊，靡一不具，是之謂攬而有者也。」

上表中對文獻進行對勘，我們可以發現，顯然韓國國立國會圖書館所藏《錦囊經》內容更為全面，而且沒有陳注和蔡發注，所謂的「陳曰」不過是竊張說的注而已。可見韓國《錦囊經》的原始版本應當在《新刊名家地理大全錦囊經》版本之前。

韓國《錦囊經》前有託名張說的《錦囊經序》，署名為「唐燕國公張說注，僧泓師注，僧一行注」，其全文亦僅錄《錦囊經》前八篇，雖然奎章閣本《錦囊經》是 1866 年的「丙寅重刊」，但原本估計在蔡發（1089～1152）注《錦囊經》之前。《錦囊經》是郭璞《葬書》的舊名，歷來有關其成書年代說法不一，大多以為是自宋始出。《地理新書》可謂宋前風水文獻的欄江網，而未引郭璞《錦囊經》，很可能宋初以後才形成的文本。范春義考證陸佃《埤雅》中引《葬書》「若龍若鸞，或騫或盤」和「玄武垂頭，朱雀翔舞，青龍蜿蜒，白虎蹲踞」兩句，與上兩個版本的《錦囊經》內容相同，按陸佃《埤雅》大概成書於宋神宗（1078～1085）之間，可見《葬書》此時已經產生。〔註82〕韓國國立國會圖書館所藏丙寅重刊《錦囊經》應該是北宋時期就已傳入韓國的，此時的《錦囊經》注中已經出現了「尖秀者為筆」的說法，但對其吉凶判斷卻沒有詳說，也未言及其與科舉有關。

受限於宋元版本的稀缺，一旦我們將下限放到《永樂大典》，則相關文獻

〔註82〕范春義：《古典風水文獻研究》，南京大學博士學位論文，2008 年，第 132 頁。

會更多。《永樂大典》，明成祖永樂年間由內閣首輔解縉總編，歷時六年（1403～1408），全書 22937 卷，11095 冊，共收集古今圖書七八千種。《四庫全書》中即有許多書是從《永樂大典》中輯出，其保存文獻之功勞可謂偉矣。現僅存 800 餘卷，不過幸而尚存有部分風水相地典籍，十分珍貴。僅列表如下：

卷八一九九·十九庚·陵	大漢原陵秘葬經	中國國家圖書館
卷一萬四千二百十七·四霽·地	相地九	中國臺北中央圖書館
卷一萬四千二百十八·四霽·地	相地十	
卷一萬四千二百十九·四霽·地	相地十一	英國大英博物館
卷一萬四千二百二十·四霽·地	相地十二	

據海城郝慶柏《永樂大典書目考》卷四所載相地一部分的情況是：

一四二〇九至一四二一二·地·諸家總訣

一四二一三至一四二二〇·地·相龍法

一四二二一至一四二三六·地·相穴法

一四二三七至一四二四六·地·相砂法

一四二四七至一四二五〇·地·相水法

一四二五一至一四二五五·地·相山法

一四二五六至一四二五八·地·葬法

一四二五九至一四二六四·地·祖地明圖

一四二六五至一四二六六·地·相宅法

一四二六七·地·陽宅事驗

一四二六八·地·相地書目〔註83〕

可知相地一部分從一四二〇九到一四二六八，共六十卷，現存四卷相地僅是相龍法中的一部分。《永樂大典》距宋不遠，經過宋元、元明之交的戰爭，宋元時期的很多書籍都已亡佚零散，賴《永樂大典》收錄保存者，大多也都是宋元版本的書籍。僅是此四卷所摘抄的唐宋風水典籍就很多，如《撼龍經》、《疑龍經》、《楊公三十六龍形歌》、《龍髓經》、《曾公尋龍記》、《尋龍歌》、《尋龍入式歌》、《楊筠鬆口訣》、《至寶經秘訣》、《九星形穴》、《明山寶鑑》、《明山論》、《李淳風小卷》、《左仙經》、《至寶經》等書，又有《地理大全》、《地理精奧》、《地理全書》等叢書。因為《永樂大典》是摘抄眾書，所以內容篇什十分零散。

〔註83〕郝慶柏：《永樂大典書目考》，1931～1934 年印《遼海叢書》本，第 584 頁。

筆者僅摘錄與文筆峰風水相關的內容：

撼龍經	《變星篇》：案山如筆插青天，對面推來始是真。
尋龍記	文筆尖峰在左右，火星臨墳照。 前有碩筆入雲中，四畔起圓峰。 龍山雙管進田筆，進契年年吉。
明山寶鑑	《論傳龍換骨篇》：若其山從東發枝，足入北，須得寅上頓起大峰如筆，傳龍過北。
陽星圖	第五陽星如何識，來山高處覓；或如文筆插山腰，代代出官僚。
陽星論	或如文筆插於山腰，或如牙笏頓於平洋

這些還只是《永樂大典》殘卷中所記載的，文筆峰的推斷承襲《地理新書》中「文筆峰似方倉，在排衙山外，主子孫居方伯之任」的說法，兆示出官僚。《永樂大典》中與科舉風水相關的記載就更多了，如《洞林照膽·天星篇》記「貪狼在天卦為兌，在地卦為艮，為旺龍，為一木星，為天尊，為生氣（乃物受氣之始，故云生氣），為小子，為橫龍，為孝友，為聰明，因公進財，田蠶成熟，登科喜慶之事。」[註84] 又《楊公直指》「第二武曲貴人峰，聳秀入雲中。狀元榜眼兒孫事，將相三公位。又出肥頭大肚人，孤寡兒孫富。」[註85] 楊筠松《陰陽妙訣》「文武出來居水口，都來朝揖到明堂。更有尖峰當面立，兒孫代代狀元郎。」[註86] 以上幾種涉及登科喜慶、狀元榜眼的風水理論在《永樂大典》中很多，大概也可以反映出宋代風水文獻對科舉的關注程度。以上還僅僅是運用《永樂大典》以前的版本來查看宋代的文筆峰風水的情況，如果放寬到明清版本的宋代風水典籍肯定會有更多，只是難以判斷真偽，本著寧缺毋濫的心態，以上考證能夠說明問題即可。

第四節　唐宋社會制度變遷概述

經過前三章考證可知，唐代的科舉風水雖然見於風水典籍，但記載極少，而現實風水活動中更多的是如呂才所說的「擇葬地而希官品，選葬時以規財祿」，幾乎沒有直接的科舉風水活動。進入宋代之後，不僅科舉風水活動增多，

〔註84〕〔明〕解縉纂：《永樂大典》第七冊，北京：中華書局，2012 年，第 6223 頁。
〔註85〕〔明〕解縉纂：《永樂大典》第七冊，北京：中華書局，2012 年，第 6227 頁。
〔註86〕〔明〕解縉纂：《永樂大典十七卷　海外新發現》，上海：上海辭書出版社，2003 年，第 509 頁。

其他術數活動對科舉的關切也遠勝過唐代。術數活動不過是社會的一面鏡子，能夠反映社會制度和社會生活，一種制度在社會中起不到普遍而持久的影響，那麼它也無法在社會中擁有普遍的群眾基礎。譬如古代的占天象，基本都是欽天監官員們在關注，民間少有關切。而祿命、風水之術，因為針對的是廣大群眾的日常生活問題，所以才流傳更廣。晁公武《郡齋讀書志》中曾言：

> 自古術數之學多矣，言五行則本《洪範》，言卜筮則本《周易》，近時兩者之學殆絕，而最盛於世者，葬書、相術、五星、祿命、六壬、遁甲、星禽而已。然六壬之類，足以推一時之吉凶；星禽、五星、祿命、相術之類，足以推一身之吉凶；葬書之類，足以推一家之吉凶；遁甲之類，足以推一國之吉凶。其所知若有遠近之異，而或中或否，不可盡信，則一也。且其說皆本於五行，故同次之為一類。〔註87〕

晁公武（1105～1180）說最盛於世的是葬書、相術、五星、祿命、六壬、遁甲、星禽，原因在於這些術數可以推一時、一身、一家、一國之吉凶，他又將葬書排在首位，可見風水術在宋代的流行地位。

龐樸先生曾說過的「物質生活提不出重複的刺激，精神生活便形不成相應的反應」，同樣的道理，科舉制如果無法給社會大眾提供重複的刺激，那它在社會生活中就無法產生相應的文化習俗。在「舉秀才不知書」的時代，是不會產生「書中自有黃金屋，書中自有顏如玉，書中自有千鍾粟」這樣的《勸學歌》來；在「上品無寒門，下品無勢族」的時代，也不會產生「朝為田舍郎，暮登天子堂」的故事。唐代沒有形成像樣的科舉風水，自然與唐代的科舉制和官制有很大關係。宋代能夠產出豐富的科舉風水理論和活動，也恰是唐宋社會變遷的結果。

有關唐宋社會變遷的重要理論即是「唐宋變革論」。近現代一般以日本學者內藤湖南為「唐宋變革論」的首倡者，但已有許多學者提出異議。何忠禮則認為明人陳邦瞻為「唐宋變革論」的首倡者，明人陳邦瞻《宋史紀事本末·序》中說：

> 宇宙風氣，其變之大者有三：鴻荒一變而為唐虞，以至於周，七國為極；再變而為漢，以至於唐，五季為極；宋其三變，而吾未睹其

〔註87〕 〔宋〕晁公武撰；孫猛校正：《郡齋讀書志校正》，上海：上海古籍出版社，1990年，第610頁。

極也。變未極，則治不得不相為因。今國家之制，民間之俗，官司之
所行，有一不與宋近者乎？非慕宋而樂趨之，而勢固然已。〔註88〕
可見唐宋社會的不同，中國古代的學者即有清醒認識。張邦煒稱鄭樵才應該是
「唐宋變革論」的首倡者。〔註89〕鄭樵作《氏族序》曰：「自隋唐而上，官有
簿狀，家有譜系，官之選舉必由於簿狀，家之婚姻必由於譜系……自五季以來，
取士不問家世，婚姻不問閥閱。」〔註90〕此序言簡意賅地指出唐宋取士和婚姻
的巨大差別，對唐宋變革之認識十分深刻。錢婉約《內藤湖南研究》中稱內藤
湖南的中國史學說受夏曾佑影響頗多，而夏曾佑早在內藤湖南之前便已提出
唐宋變革論，其在《中國古代史》中言「自傳說時代至周末，為上古之世；自
秦至唐，為中古之世；自宋至今，為近古之世。」〔註91〕長期以來，在我國影
響巨大的「唐宋變革論」者是錢穆和侯外廬。錢穆在《國史大綱》（1939 年）
中論述唐代制度，認為「唐代政權與門閥有至深之關係」，「唐代科舉本備仕途
之一格，故一切規程並不甚嚴」，「宋以後，進士考試遂獨佔了政治上的崇高地
位」，並將「士大夫的自覺」稱為宋代異於唐代的新的「時代精神」。

　　錢穆后在《中國歷史研究法》（1961 年）第三講《如何研究社會史》中對
士進行分期，分為了遊士時期、郎吏時期、九品中正時期、科舉時期、進士時
期，錢穆講到「唐代科舉制度產生，而門第社會逐次崩潰，又為社會一轉型期。
下及宋代，魏晉以來相傳大門第，幾乎全部消失。此下便成為近代中國的社會，
即白衣舉子之社會。此中轉移，本極重要，但因其只是漸變，非突變，故不易
為人察覺。」又講到「科舉進士，唐代已有。但絕大多數由白衣上進，則自宋
代始。我們雖可一併稱呼自唐以下之中國社會為『科舉社會』，但劃分宋以下
特稱之為『白衣舉子之社會』，即『進士社會』，則更為貼切。我們亦可稱唐代
社會為『前期科舉社會』，宋以後為『後期科舉社會』。」〔註92〕

〔註88〕〔明〕陳邦瞻編：《宋史紀事本末》，北京：中華書局，1977 年，第 1191～1192
　　　　頁。
〔註89〕張邦煒：《「唐宋變革論」與宋代社會史研究》，收於李華瑞編《唐宋變革論的
　　　　由來與發展》，天津古籍出版社，2010 年，第 1～63 頁。
〔註90〕〔宋〕鄭樵撰；王樹民點校：《通志二十略》，北京：中華書局，1992 年，第
　　　　1 頁。
〔註91〕夏曾佑：《中國古代史》·第一篇凡例，第 5 頁，《民國叢書》第二編第 73 冊，
　　　　上海書店，1996 年版。
〔註92〕錢穆：《中國歷史研究法》，北京：生活·讀書·新知三聯書店，2001 年，第
　　　　46 頁。按錢穆序言，該書在 1961 年底曾在香港初版。

　　內藤湖南提出「唐宋變革論」要早於錢穆。在二十世紀二十年代，內藤湖南在《概括的唐宋時代觀》中就指出：「唐代是中世的結束，而宋代則是近世的開始。」又指出「中國中世和近世的大轉變出現在唐宋之際。」他的弟子宮崎市定接踵其說，繼續將「唐宋變革論」發揚光大。現在「唐宋變革論」亦是唐宋史研究的一大顯學，後之學者在研究上繼續深化全面地詮釋唐宋的社會變遷。

　　在此仍有必要來回顧下內藤湖南所講的唐宋變革論。內藤湖南認為中國的近世起於宋代，宋代是中世走向近世的過渡期，與中世相比，則是貴族政治的衰落和君主獨裁政治的興起，君主地位的變遷，君主權力的確立，人民地位的變化，官吏錄用法的變化，朋黨性質的變化，經濟上的變化，文化性質上的變化等幾個方面。〔註93〕其中官吏錄用法的變化，內藤湖南認為六朝時用九品中正制進行選拔，使得選用官吏，完全左右於貴族的權勢之下。「隋唐以來，為了破除這一弊端，而改革為科舉，但唐代科舉，其方法依然有利於貴族。這一方面，直到宋的王安石時代，才得以改變，多少也變為有利於庶民。」〔註94〕

　　內藤湖南、錢穆等人的「唐宋變革論」尚屬於高屋建瓴的史觀，在具體的制度變革研究上，後之學者則走的更遠更深。如在官制研究上，則有日本學者梅原郁的《宋代官僚制度研究》〔註95〕（1985年）、龔延明的《宋史職官志補正》〔註96〕（1991年）；在宋代科舉制度研究上，則有更多的學者，如賈志揚《宋代科舉》（1985年）〔註97〕、李弘祺《宋代官學教育與科舉》〔註98〕（1985年）、何忠禮《科舉與宋代社會》〔註99〕（2006年）等；在宋代學校書院貢院研究上，以梁庚堯《士人在城市：南宋學校與科舉文化價值的展現》〔註100〕、

〔註93〕〔日〕內藤湖南著；夏應元選編並監譯：《中國史通論——內藤湖南博士中國史學著作選擇》，北京：社會科學文獻出版社，2004年，第329～330頁。

〔註94〕〔日〕內藤湖南著；夏應元選編並監譯：《中國史通論——內藤湖南博士中國史學著作選擇》，第329～330頁。

〔註95〕〔日〕梅原郁：《宋代官僚制度研究》，同朋舍，1995年。

〔註96〕龔延明：《宋史職官志補正》，杭州：浙江古籍出版社，1991年。

〔註97〕〔美〕賈志揚：《宋代科舉》，臺北：東大圖書公司，1995年。該書1985年以英文初版。

〔註98〕〔美〕李弘祺：《宋代官學教育與科舉》，聯經出版事業公司，1994年。1985年英文初版。

〔註99〕何忠禮：《科舉與宋代社會》，北京：商務印書館，2006年。該書為論文集。

〔註100〕梁庚堯：《士人在城市：南宋學校與科舉文化價值的展現》、《經濟史、都市文化與物質文化》，臺北：中研院史語所，2002年，第265～326頁。

《南宋的貢院》〔註101〕、《宋元書院與科舉》〔註102〕為代表；在宋代科舉與家族、地域社會的研究方面，則有韓明士《官宦與紳士：兩宋江西撫州的精英》〔註103〕（1979年）、朱開宇《科舉社會、地域秩序與宗族發展——宋明間的徽州，1100～1644》〔註104〕（2003年）、近藤一成《宋代科舉社會的形成——以明州慶元府為例》〔註105〕（2005年）、黃寬重《宋代的家族與社會》〔註106〕（2006年）等。珠玉在前，筆者亦無甚高見，只能簡要敘述與科舉風水相關的唐宋社會變遷。

一、門第社會的消融

唐末自唐僖宗以後，政局混亂，戰亂頻仍，先有黃巢之起義，後乃五代之兼併。社會動亂、災荒疾疫，雖富貴之家不能幸免。黃巢起義，朱溫篡朝，都曾對衣冠士族大開殺戒。《資治通鑑》卷二六五：

> （昭宣帝天祐二年五月）乙丑，彗星長竟天。柳璨恃朱全忠之勢，恣為威福，會有星變，占者曰：「君臣俱災，宜誅殺以應之。」璨因疏其素所不快者於全忠曰：「此曹皆聚徒橫議，怨望腹非，宜以之塞災異。」李振亦言於朱全忠曰：「朝廷所以不理，皆由衣冠浮薄之徒紊亂綱紀，且王欲圖大事，此曹皆朝廷之難制者也，不若盡去之。」全忠以為然。六月，敕裴樞、獨孤損、崔遠、陸扆、王溥、趙崇、王贊等並所在賜自盡。時全忠聚樞等及朝士貶官者三十餘人於白馬驛，一夕盡殺之，投屍於河。初李振屢舉進士，竟不中第，故深疾搢紳之士，言於全忠曰：「此輩常自謂清流，宜投之黃河，使為濁流。」全忠笑而從之，於是士族清流為之一空。〔註107〕

〔註101〕梁庚堯：《宋代社會經濟史論集》，臺北：允晨文化，1997年，第118～164頁。

〔註102〕梁庚堯：《宋元書院與科舉》，《宋史研究集》第33輯，第49～124頁。

〔註103〕韓明士：《官宦與紳士：兩宋江西撫州的精英》，劍橋大學出版社，1986年。

〔註104〕朱開宇《科舉社會、地域秩序與宗族發展——宋明間的徽州，1100～1644》，國立臺灣大學歷史學研究所碩士論文，指導教授：梁庚堯，2003年。該書後於2004年由國立臺灣大學委員會出版。

〔註105〕近藤一成：《宋代科舉社會的形成——以明州慶元府為例》，《廈門大學學報》（哲學社會科學版），2005年06期

〔註106〕黃寬重：《宋代的家族與社會》，臺北：東大圖書出版公司，2006年。

〔註107〕〔宋〕司馬光編著；〔元〕胡三省音注；「標點資治通鑑小組」校點：《資治通鑑》，北京：中華書局，1956年，第8642～8643頁。

朱全忠、柳璨、李振等因對士族清流有所嫉恨而將之一概殺之，此事雖為極端，但在五季易代之際的政治傾軋和鬥爭中，門第士族一旦傾覆者亦常有之。雖有退居鄉里遠離政治以保其家的，但戰亂兵火之禍，災荒疾疫之屬，也大大摧殘著門第士族。農民起義摧殘最甚者在河南、淮南、京畿等地區，如僖宗乾符五年，王仙芝「焚掠江陵而去，江陵城下舊三十萬戶，至是死者什三四」〔註108〕，亦可謂覆巢之下無完卵。

唐代雖實行科舉考試，意在網羅人才。但晚唐以前，世家子弟因其門閥氏族，而在科舉考試中佔據有利地位。晚唐以後，朝廷有意抑制豪門，選取寒素之士。如《唐摭言》卷七記元和十一年，李涼公下三十三人，皆取寒素之士。由唐昭宗為孤寒開路，崔凝主科舉，凡公卿子弟，無論文章高下，多所黜落。唐武宗時，追榜放顧非熊及第，天下寒酸皆知勸學。由此晚唐以來，寒門入選頗多，世家大族因不得進科舉一途而頗多怨言。孫國棟曾統計晚唐名族公卿由貢舉進者占 76.4%，至宋代跌至 13%；寒族在晚唐僅占 9.3%，北宋時增至58.4%。〔註109〕可見唐宋科舉制度之轉變，使得門第逐漸消融。

唐代有名之世家大族有博陵崔氏、清河崔氏、范陽盧氏、趙郡李氏、隴西李氏、榮陽鄭氏、太原王氏、京兆杜陵韋氏等等，還有關隴軍事集團。起初李唐皇室有意壓制山東氏族，安史之亂後，五姓依託科舉而重新回歸權力中心，如清河崔氏在安史之亂後曾有 8 人為宰相，而范陽盧氏在唐代中進士的超過百人，科舉亦成為世家大族鞏固勢力的工具。不過經過晚唐戰亂之後，這些世家大族大都零落衰敗，到北宋初更是不堪。北宋開始，更多的寒族通過科舉成為了社會中堅。

二、科舉制度的變遷

祖慧、龔延明在考察現有的科舉制的四種定義後，對科舉的定義歸納為：（一）設進士、明經、制科等科目招考，取士權一歸中央，由朝廷專司、專官知貢舉；（二）招考向全社會開放，原則上許平民或官員「投牒自舉」報考；（三）地方與中央定期、定點舉行二級以上考試，命題統一，「以文取士」。〔註110〕

〔註108〕〔宋〕司馬光編著；〔元〕胡三省音注；「標點資治通鑒小組」校點：《資治通鑒》，第 8195 頁。
〔註109〕孫國棟：《唐宋之際社會門第之消融──唐宋之際社會轉變研究之一》，收於《唐宋史論叢》，上海：上海古籍出版社，2010 年，第 300 頁。
〔註110〕祖慧、龔延明：《科舉制定義再商榷》，《歷史研究》，2003 年 06 期。

　　唐代貢舉考試分為解試、省試兩級。解試由州縣長官主持，省試起初由吏部考功司主管，開元二十四年（736）後，由禮部主管，應舉人稱考官為「座主」，自稱「門生」，形成利益關係。唐代還有行卷、溫卷之風，舉人不可直接向主試官行卷，而須經顯達者之推薦，由此士人多投刺請謁於達官貴人之門，以求推薦及第。下由一則故事可知唐代科舉之風：

　　　　牛錫庶性靜退寡合，累舉不第。貞元元年，因問日者，曰：「君
　　　　明年合狀頭及第」。錫庶但望偶中一第，殊不信也。時已八月，未命
　　　　主司。偶至少保蕭昕宅前，值昕杖策，將獨遊南園，錫庶遇之，遽
　　　　投刺，並贊所業。昕獨居，方思賓友，甚喜，延之與語，及省文卷，
　　　　再三稱賞，因問：「外間議者以何人當知舉？」錫庶對曰：「尚書至
　　　　公為心，必更出領一歲。」昕曰：「必不見命，若爾，君即狀頭也。」
　　　　錫庶起拜謝，復坐未安，忽聞馳馬傳呼曰：「尚書知舉。」昕遽起，
　　　　錫庶復再拜曰：「尚書適已賜許，皇天后土，實聞斯言。」昕曰：「前
　　　　言期矣。」明年，果狀頭及第。（出《逸史》）〔註111〕

牛錫庶累舉不第，因機緣巧合，碰到未來的主考官蕭昕，便投刺並呈所學，蕭昕看了他的文卷，十分欣賞，便信口許諾，若知貢舉，就讓牛錫庶為狀頭。沒想到蕭昕剛好被下詔知貢舉，便兌現承諾，第二年點他為狀頭。由此可見唐代科舉中，主考官的權力很大。這種情況到了宋代就發生了改變。

　　宋太祖開寶六年（973），創立殿試制度，科舉考試分為解試、省試、殿試三級，其中殿試則由皇帝親自對省試合格的奏名舉人進行覆試，又稱殿試、廷試。殿試實際上將科舉取士的大權收歸皇帝掌握，防止知貢舉官員以權謀私。唐代放榜後，進士要到中書省拜見宰相，稱為過堂，之後向知貢舉官謝恩，稱作謝主司。而宋代則廢除了過堂和謝主司，改為向皇帝謝恩，稱為謝恩。及第進士成了天子門生，可以防止舉人與知貢舉官結黨營私。

　　唐代時，現任官員、工商業者和宗室子弟不得應舉，宋代則無此限制。如《鶴林玉露》言馮京父親為商人，但馮京還是連續參加了鄉試、省試、殿試，並連中三元。唐代開科取士，錄取人數很少，唐代290餘年，進士和明經加起來不過錄取 2.32 萬人，競爭激烈，許多落第士子境遇不佳。宋代則創立了特奏名製度，凡是解試合格，而在省試、殿試中落第的舉人，只要積累到一定的

〔註111〕〔宋〕李昉等編：《太平廣記》，卷一百八十‧貢舉三，北京：中華書局，1961
　　　　　年，第 1339 頁。

舉數和年齡，均可由禮部特予奏名，直接參加殿試。此是皇帝特予推恩，也稱特科、恩科。宋代特奏名出身者約為5萬人，占科舉及第總人數的45%。即便累舉不第，也有天恩澤被。王栐《燕翼詒謀錄》卷一《進士特奏》：

> 唐末進士不第，如王仙芝輩唱亂，而敬翔、李振之徒，皆進士之不得志者也。蓋四海九州之廣，而歲上第者僅一二十人，苟非才學超出倫輩，必自絕意於功名之途，無復顧藉。故聖朝廣開科舉之門，俾人人皆有覬覦之心，不忍自棄於盜賊奸宄。開寶三年三月壬寅朔，詔禮部閱貢士十五舉以上，曾經終場者，具名以聞。庚戌，詔曰：「貢士司馬浦等一百六人，困頓風塵，潦倒場屋，學固不講，業亦難專，非有特恩，終成遐棄，宜各賜本科出身。」此特奏所由始也。自是士之潦倒不第者，皆覬覦一官，老死不止。〔註112〕

宋代進士、明經取士較之唐代一二十人，亦不啻數倍，又創特奏名製度推恩於潦倒場屋者，真正起到了籠絡士人的作用。

較之唐代，宋代的考試制度更為嚴格。唐代後期，科舉請託之風熾盛。唐人王泠然（693～725）說：「今之得舉者，不以親，則以勢；不以賄，則以交；未必能雞鳴五鼓，而裹糧三道。其不得舉者，無媒無黨，有才有行，處卑位之間，仄陋之下，吞聲飲氣，何足算哉。」〔註113〕到了宋代嚴格實行鎖院制度，考試官自受命之日到放榜之日，鎖宿於考試院，有效防止有人在考試期間請託於考官。宋代又禁公薦、罷公卷，唐代時每年知舉官將赴任知舉貢院時，高官大臣都會保薦有文藝者，號稱公薦，這就難免有徇私之情。宋初下令禁止公薦，一切以程文為去留。宋代創立封彌制度，封彌又稱糊名，是將試卷上的應舉人姓名、年甲、三代、鄉貫等密封，防止考官在評定試卷中徇私舞弊。宋真宗景德二年（1005），又創謄錄製度，將舉子的試卷謄抄一遍，以防止考官辨認字跡。其餘如不得挾書、遙口相傳、代筆之禁自不待言。

較之唐代，宋代的取士人數大大增加。據張希清統計，唐代290年間共取進士6646人，明經約為進士的2至3倍，若按2.5倍推算，約為16600人，二者共約2.32萬人，平均每年錄取進士、明經大約為80人。宋代320年間的貢舉登科人數，正奏名進士約為43000人，正奏名諸科約為17000人，二者共

〔註112〕〔宋〕王栐撰；誠剛點校：《燕翼詒謀錄》，北京：中華書局，1981年，第1頁。

〔註113〕〔五代〕王定保撰；姜漢椿校注：《唐摭言校注》，上海：上海社會科學院出版社，2003年，第123頁。

約 6 萬人；特奏名進士、諸科約為 5 萬人。進士、明經、諸科等正、特奏名總共約為 11 萬人，平均每年取士約為 360 多人，為唐代的 4.5 倍；如僅計算正奏名，平均每年取士也有 188 人以上，亦約為唐代的 2.4 倍。〔註 114〕按葛劍雄《中國人口發展史》統計，唐代的峰值人口為 8000～9000 萬〔註 115〕，北宋人口的峰值為 0.94～1.04 億人〔註 116〕，南宋時期的峰值人口為 5800～6400 萬人〔註 117〕。宋代人口與唐代人口相比併沒有翻倍，且唐代疆域遠大於宋，特別是南宋偏安江南後，人口峰值僅為 5800～6400 萬，而科舉取士不稍減，足見其取士之多。

三、官員銓選制度的變遷

唐代科舉及第後只是獲得了出身的資格。新及第的進士、明經、明法、明書等各科常貢舉人，將由禮部移交給吏部，由吏部員外郎統一對他們進行關試。通過後，吏部發給「春關」，方才獲得舉子的出身證明，進入銓選授官的程序。等待正式授官的過程就是所謂的守選，進士及第一般要等七八年。進士及第後所授官職一般都是從最低一級開始，多為低級文官。如薛播「天寶中舉進士，補校書郎」，校書郎為正九品上。更多的是被授予州縣參軍、主簿、縣尉等九品官。

到了宋朝，從宋太宗時，進士及第授官開始較為優渥，一般是進士第一人授將作監丞；第二、第三人為大理評事，並為諸州通判；第四、第五人授校書郎、簽書諸州判官事；第六名以下第一甲及第者授兩使職官、知縣；第二甲授初等職官；第三、第四甲並諸科及第、出身者，授判司簿尉；第五甲及諸科同出身者守選。按《宋代官制辭典》「國子監丞品位高於四丞之上，為正八品。」〔註 118〕大理寺評事亦是正八品。可見待遇要優於唐代。而且宋代科舉出身者可以越級轉官，科舉高第者，往往不到十年可以升為宰相、副宰相。如呂蒙正以太平興國二年（977）狀元及第，7 年後即升任參知政事，端拱元年（988）又升為宰相，僅過 11 年而已。

〔註 114〕張希清：《簡論唐宋科舉制度的變遷》（上），《北京聯合大學學報》（人文社科版），2010 年 5 月，第 21 頁。

〔註 115〕葛劍雄：《中國人口發展史》，福州：福建人民出版社，1991 年，第 159 頁。

〔註 116〕葛劍雄：《中國人口發展史》，第 192 頁。

〔註 117〕葛劍雄：《中國人口發展史》，第 193 頁。

〔註 118〕龔延明：《宋代官制辭典》，北京：中華書局，1997 年，第 343 頁。

單從進入仕途的途徑來看，科舉在宋代也更占主流。在唐代以門蔭和流外入流者都比科舉要多十數倍。以唐大曆（766～779）年間為例，洋州刺史趙匡在《舉選議》中提到「舉人大率二十人中方收一人，故沒齒而不登科者甚眾。其事難，其路隘也如此。而雜色之流，廣通其路也。此一彼十，此百彼千，挍其秩序，無所差降。」〔註119〕趙匡形容進士科與雜色入流「此一彼十，此百彼千」並不誇張。宋代則不然，宋代雖亦有蔭補、流外入流、軍功等途徑，但科舉之途已成為主流。

四、科舉與家族

隨著唐代門第社會的消融，宋代的家族多靠科舉發家。宋太祖趙匡胤創立殿試制度時曾說：「向者登科名級，多為勢家所取，塞孤貧之路。今朕躬親臨試，以可否進退，盡革前弊矣。」〔註120〕故而宋代之大家族多能從庶族貧寒發家。宋代科舉不限出身，無論是官員子弟、工商業者還是宗室子弟都可以參加科舉，躋身仕途，宋初如王禹偁、范仲淹、馮京、杜衍等都出身貧寒。由於宋代門蔭制度不占主流，故世家大族並不能世代保持富貴，出現了貧富無定勢的現象。要想保持家族昌盛，只有通過參加科舉入仕為官。在宋代也逐漸形成了不少的科舉家族。如果說唐代科舉對於社會流動的推動作用不大的話，那麼在宋代科舉制對社會流動的推動則影響巨大。

以嘉興平湖魯氏為例，魯宗道（966～1029），字貫之，譙縣（今安徽亳州）人，宋咸平三年（1000）進士，曾任海鹽縣令，後官至參知政事，卸任後定居當湖，其後代世代居住平湖，在宋代成為平湖最大的家族。魯宗道出身貧寒，父母雙亡，寄養於外公家。後發奮努力考上進士，開始了家族上升之路。《（天啟）平湖縣志》記載：「魯氏，宋時最著，參政魯宗道後也。宗道除海鹽令，因籍當湖，子姓登第者十九人。」〔註121〕魯詹中崇寧五年（1106）丙戌科，官至朝散郎，提舉兩浙市舶；魯詧、魯嵓紹興五年（1135）乙卯科，魯詧歷官戶部郎中、池州守；魯藝中紹興十二年（1142）壬戌科；魯可簡紹興十五年（1145）乙丑科進士，為魯詧子；魯璨紹興二十一年（1151）辛未科。下訖於

〔註119〕 〔唐〕杜佑撰；王文錦等點校：《通典》，北京：中華書局，1992年，第420頁。

〔註120〕 〔清〕畢沅撰：《續資治通鑑》，長沙：嶽麓書社，2008年，第一冊第102頁。

〔註121〕 〔明〕程楷修；楊儁卿纂：《（天啟）平湖縣志》，明天啟七年刻本影印，《天一閣藏明代方志選刊續編》第27冊，上海：上海書店，1990，第634頁。

南宋景定三年魯天麟中壬戌（1262）科，自北宋崇寧五年（1106）至南宋景定三年（1262）的一百五十六年間，魯氏一族有 20 名進士。魯氏家族人才輩出，家業興盛。相傳魯氏最盛時，當湖鎮一半皆屬魯氏。魯氏只是宋代宗族依靠科舉發家的一個案例，此類案例還有很多。

綜上所述，唐宋雖然都實行科舉制，但實際的社會影響卻不可同日而語。蓋宋代之科舉制更具有推動社會流動的效果，也因此而更具有群眾基礎，深入人心。錢穆稱宋代為「後期科舉社會」，今之學者踵其說而附議者甚多。宋代的科舉術數活動比唐代興盛，宋代的科舉風水較唐代更為豐富立體，歸結其因正在於唐宋科舉社會變遷的影響。

第四章　文峰塔與宗教文化

　　論文第一章已對宋代文峰塔的情況進行了考證，雖然數目不多，但已成為後世的典範。范仲淹視佛塔為文筆峰，道場山建佛塔以肖文筆峰，以及淳安縣修雲塔以肖文筆峰，這三種範式都延續到了明清時期。文峰塔自產生之初，便與佛塔結下不解之緣。佛塔作為佛教信仰的象徵物，其建築形制和宗教信仰中的佛教文化因子也注入了文峰塔中，並與儒教、道教和其他民間信仰發生融合。文峰塔本為科舉風水建築，在科舉信仰的影響下，文峰塔亦成為一種科舉風水與宗教文化結合物。文峰塔與孔廟、文昌閣、魁星閣、奎星樓等建築，在科舉信仰的統攝下，在空間和信仰上不斷發生互動，形成了獨具特色的科舉文化現象。本章擬從文峰塔與佛教、儒教、道教和民間信仰等宗教間的互動為論題，逐步展開討論。

第一節　文峰塔與佛教

　　文峰塔的產生，乃因地方科舉風水需要文筆峰這種有利的地理形勢，而佛塔恰因其形制肖似文筆，而被視作文筆峰。最早的文峰塔當是饒州妙果院塔，范仲淹視其為郡學之文筆峰，而以東湖為硯池，形成筆硯俱全的科舉風水，大有利於郡學士子的科舉表現。范仲淹視佛塔為文筆峰的創舉影響深遠，陳貽範讚頌道：「信夫公之興創，非唯示法於一時，能為典刑於後世者也。」佛塔自此能與科舉風水結緣，歸功於范仲淹允矣。但佛塔與風水結緣則更早，一般認為風水堪輿之術興起於秦漢，而佛塔自東漢永平之際傳入中國開始，在其後的歲月裏佛塔與風水文化的碰撞勢在難免。故本節擬先討論下佛塔和風水的關係。

一、佛塔和風水

　　佛塔，又稱窣堵波、塔婆、浮屠等，乃是梵語 stūpa 的音譯。佛塔本是為安置佛陀舍利等聖物而建。佛陀圓寂之後，遺骨被分葬在多座窣堵波中，窣堵波即具有了宗教紀念的意義。窣堵波的形制是覆缽狀的半球體墳堆，上面有方箱形的祭壇和層層傘蓋組成的墳頂。現存最早最大最完整的佛塔是桑奇窣堵波。相傳在孔雀王朝時期，阿育王（Aśoka，約公元前 273～236 在位）曾將佛陀的靈骨分為八萬四千份，分藏於其境內境外，據說中國境內也有阿育王塔。

圖 4-1　　桑奇大塔〔註1〕

　　中國史料有載的最早的佛塔是洛陽白馬寺塔：

　　　　後孝明帝夜夢金人，項有日光，飛行殿庭，乃訪群臣，傅毅始
　　以佛對。帝遣郎中蔡愔、博士弟子秦景等使於天竺，寫浮屠遺範。
　　愔仍與沙門攝摩騰、竺法蘭東還洛陽。中國有沙門及跪拜之法，自
　　此始也。愔又得佛經《四十二章》及釋迦立像。明帝令畫工圖佛像，
　　置清涼臺及顯節陵上，經緘於蘭臺石室。愔之還也，以白馬負經而
　　至，漢因立白馬寺於洛城雍門西。摩騰、法蘭咸卒於此寺。〔註2〕

　　早期佛塔和寺廟有密切關係，常稱塔院。在印度，佛寺、精舍建築都是以

〔註1〕揚之水：《桑奇三塔：西天佛果的世俗情味》，北京：生活·讀書·新知三聯書
　　店，2012 年，第 15 頁。
〔註2〕〔北齊〕魏收撰：《魏書》，北京：中華書局，1974 年，第 8 冊第 3025～3026
　　頁。

佛塔為中心，並供奉佛陀的舍利。中國早期的寺廟也是如此，直到後來才有所
變化。故洛陽白馬寺浮屠應該就是中國最早的佛塔，且應是天竺的窣堵波式佛
塔。又《後漢書·陶謙傳》記載東漢時笮融在徐州建浮圖：

> 初，同郡人笮融，聚眾數百，往依于謙，謙使督廣陵、下邳、
> 彭城運糧。遂斷三郡委輸，大起浮屠寺。上累金盤，下為重樓，又
> 堂閣周回，可容三千許人，作黃金塗像，衣以錦綵。每浴佛，輒多
> 設飲飯，布席於路，其有就食及觀者且萬餘人。〔註3〕

圖 4-2〔註4〕　　東漢陶樓

通高 125 釐米。豐臺區三臺子出土。

〔註 3〕〔南朝宋〕范曄撰；〔唐〕李賢等注：《後漢書》，北京：中華書局，1965 年第
　　　　8 冊第 2368 頁。
〔註 4〕毛白鴿、李輝編輯：《北京百科全書·彩圖、地圖集》，北京：奧林匹克出版社；
　　　　北京：工藝美術出版社，1991 年，第 9 頁。

　　上圖為東漢陶樓，可供參考也。「上累金盤，下為重樓」顯然不再是天竺的窣堵波式佛塔，而是樓閣式塔，但堂閣周回，仍然是以塔為中心的塔院模式。從窣堵波式發展到樓閣式，這已是佛塔中國化的重要一步，而佛塔與中國風水文化的碰撞也揭開了帷幕。

　　東晉慧遠（334～416）《廬山記》記載：「北背重阜，前帶雙流。所背之山，左有龍形，而石塔基焉。」石塔建於龍形之山上，似乎已有風水的意味了。又北魏馮熙（？～495）建塔多選高山秀阜之上：

　　　　熙為政不能仁厚，而信佛法，自出家財，在諸州鎮建佛圖精舍，合七十二處，寫一十六部一切經。延致名德沙門，日與講論，精勤不倦，所費亦不貲。而在諸州營塔寺，多在高山秀阜，傷殺人牛。有沙門勸止之，熙曰：「成就後，人唯見佛圖，焉知殺人牛也。」〔註5〕

馮熙建造塔寺多選在高山秀阜，其中有無風水學的考量則不論，至少擇地的意識非常濃。高山秀阜屬山川形勝，若以風水視之，自然多為佳地。北齊時期的兩通造塔銘，已明白清楚的講出了擇址的風水因素：

　　朱曇思等造塔記

　　大齊河清四年，歲次乙酉，三月癸未朔，四日丙戌。慈風未鼓，品類同昏。惠化一開，乃群情等覺，雖真光暫暌，而實相可追，故悁茲苦海，志彼零峰。

　　邑主朱曇思、朱僧利一百人等，於村之前，兆其勝地，綿基細柳，白虎遊南，敬造寶塔一軀。經之不日，斜塵煙際，四畵風生；鏤檻真離，刻摹兜率；魔聖蛟龍，看之若生；飛禽走獸，瞻疑似活。羌弗可得如言矣。魏魏易睹，籋爛難名。託銘神宮，冀貽萬葉，仍因撮土之功，敢發廣厚之願，國祚永隆，覆載等一。

　　頌粵：爵璃往昔，麗宇今茲，弱黛留煙，炎起停暈。瑤草垂露，畫樹懸繫，荷抽紫葉，嶺鬱青芝。□□□□□喉□□□

　　（以下俱闕）〔註6〕

　　邑義主一百人等造靈塔記

　　蓋至道玄凝，幽宗理寂，三途無樂，欲海多難。雖復積骨成山，

〔註5〕〔北齊〕魏收撰：《魏書》，北京：中華書局，1974年，第5冊第1819頁。
〔註6〕〔清〕王昶：《金石萃編》，清嘉慶十年經訓堂刊本，卷三十三，《歷代碑誌叢書》，合肥：黃山書社，1998年，第四冊第572頁。

詎照剎那之性；血溢四河，寧窮沖甚之域。然今邑義主□□□一百
人等，置宅祇園，棲神文圃；俱明世典，常修政法；承天之意彌遠，
去人之情久達；身懷智慧之炬，體納無盡之燈。常飲法流，灑除心
垢，故知四大虛假，五總難親。割捨俗財，寄不焚之室；築茲勝地，
造靈塔一區。模育王之真軌，放舍利之影跡。峨峨勢巧，穎越於雀
離；崿崿陵霄，峻高於兜率。靈像儼儼，濟度於恒沙。相好巍巍，
□□□□六。以斯上善（下闕）

　　　　　　大齊武平三年歲次壬辰鐫，十二月十六日訖功。〔註7〕

　　按《朱曇思等造塔記》作於大齊河清四年（565），朱曇思等人「於村之前，
兆其勝地，綿基細柳，白虎遊南，敬造寶塔一軀」，擇址中已明顯可見的風水
因素的考慮。《邑義主一百人等造靈塔記》作於大齊武平三年（572），「築茲勝
地，造靈塔一區」，同樣具有風水選擇。由此可見南北朝時，佛塔在營建擇址
上已開始考慮風水因素。

　　隋文帝幼時被尼姑智仙撫養長大，信奉佛教。稱帝之後，於仁壽元年下詔
各州縣造舍利塔。其仁壽元年《立舍利塔詔》稱：

　　　門下：仰惟正覺，大慈大悲，救護群生，津梁庶品。朕歸依三
　　寶，重興聖教，思與四海之內一切人民，俱發菩提，並修福業。使
　　當今現在，爰及來世，永作善因，同登妙果。宜請沙門三十人，諳
　　解法相兼堪宣導者，各將侍者二人，並散官各給一人，薰陸香一百
　　二十斤，馬五匹，分道送舍利，往前件諸州起塔。其未注寺者，就
　　有山水寺所，起塔依前山。舊無山者，於當州內清靜寺處，建立其
　　塔。所司造樣，送往當州。」〔註8〕

單看其擇址，「就有山水寺所，起塔依前山，舊無山者，於州內清靜寺處，建
立其塔」，可見建塔首選山水佳處，且是前山，其中定有風水的考慮。蓋隋文
帝不僅篤信佛教，對術數也是十分傾心，其臣子中如蕭吉、臨孝恭等都精於術
數之學。隋文帝與蕭吉曾有一段風水的對話，《隋書·蕭吉傳》記載：

　　　及獻皇后崩，上令吉卜擇葬所。吉歷筮山原，至一處云：「卜年
　　二千，卜世二百。」具圖而奏之。上曰：「吉凶由人，不在於地。高

〔註7〕〔清〕王昶：《金石萃編》，清嘉慶十年經訓堂刊本，卷三十四，《歷代碑誌叢
　　　書》，合肥：黃山書社，1998年，第四冊第590頁。
〔註8〕〔唐〕道宣：《廣弘明集》卷十七，《大正藏》第52冊，第213頁中。

緯父葬豈不卜乎？國尋滅亡。正如我家墓田，若云不吉，朕不當為天子；若云不凶，我弟不當戰沒。」然竟從吉言。〔註9〕

另外，臨孝恭也撰有《九宮五墓》一卷，《祿命書》二十卷，隋文帝對他也很禮遇親近。由此可知隋文帝對風水亦有所瞭解，其下詔建舍利塔並對擇址有所要求，也有出於風水的考慮。

唐天啟辛酉年（903），王審知在福州九仙山報恩寺造多寶塔，黃滔作《大唐福州報恩定光寺多寶塔碑記》對該塔擇址的風水之勝做了詳細闡釋：

> 謂閩越之江山奇秀，土風深厚。而府城坐龍之腹，烏石九仙二山聳龍之角，屹屹巖巖，屏屏顏顏，兩排地面，雙立空際，怪石如墉，回崗若揖。東銜滄海以鏡龤，西走建溪而帶縈。氣色蒙茸，風雲蓬勃，非仙宮佛寺不可以乘龍之角。大龍之腹，何烏石二而九仙曠（烏石山有神光、天王二寺），豈非代虛其作，地秘其期，以待我公。況古仙煉骨之所，升真之跡邪！一旦之新城月圓（壬戌歲，我公卜築其外城，號月城），二山之嘉氣，云連森上，介掀大旗。或旬或朔，眷於粉堞之上；時行時止，卜於煙巒之堀。得峻中之平，平中之峻，凸而不隆，凹而不卑。樹黳薈以奇姿，草芊眠而別翠。遂從弘願，啟茲塔之基焉。〔註10〕

「乘龍之角，大龍之腹」，龍角、龍腹即是風水術語。劉孝標《世說新語注》中有「葬龍之角，暴富貴，法當滅門」，可見龍角並不吉利，非仙宮佛寺不可以居。文中風水術語頗多，是所見佛塔擇址中對風水介紹最詳細的。以上皆是佛塔在擇址時考慮風水的案例，類似的案例在唐代還有一些，就不再贅述。

自從佛塔採取樓閣式的建築形制，其高聳的特徵便成為主要特色。最著名者如北魏洛陽城的永寧寺塔，該塔始建於北魏孝明帝熙平元年（516），由篤信佛教的胡太后主持修建，可惜在雍熙三年（534）即被大火燒毀。楊衒之《洛陽伽藍記》記載永寧寺「中有九層浮圖一所，架木為之，舉高九十丈，有剎復高十丈，合去地一千尺，去京師百里已遙見之。」張馭寰根據永寧寺塔的塔基，並結合文獻等對永寧寺塔進行復原研究，認為「全塔復原後，總

〔註9〕〔唐〕魏徵等撰：《隋書》，北京：中華書局，1973年，第6冊第1776頁。
〔註10〕〔唐〕黃滔撰：《黃御史集》，《影印文淵閣四庫全書》第1084冊，臺北：臺灣商務印書館，1982年，第134頁。

高度包括剎杆部分接近 120m，相當於現代 20 層樓房的高度。在當時施工中
能用木材建造起這樣高的大塔，可以說是一個奇蹟」。〔註 11〕王貴祥則通過
計算認為，永寧寺塔的全塔高度為 154.95 米，並驚歎到「如果聯想到這是建
造於一千五百年前北魏時期的木構建築，這一高度應該真的可以算作是當時
的世界奇蹟吧」。〔註 12〕這樣的高度在古代真是不可想像，中國現存最高的
古塔是河北省定州市開元寺料敵塔，也是最高的磚塔，該塔始建於北宋咸平
四年（1001），塔高 84.2 米。中國現存最高的木製古塔則為山西朔州市佛宮
寺釋迦塔，又名應縣木塔，高 67.31 米。不過現在中國乃至世界最高的佛塔
則為江蘇常州天寧寺寶塔，該塔為 2002 年新建，落成於 2007 年，該塔高達
153.79 米，直追北魏永寧寺塔。

　　佛塔因其高聳的特徵，常能突破天際線，給人留下深刻的印象。佛塔因
其高聳巨大也漸漸具有了世俗化功能，如登臨遠眺、導航引渡、瞭望敵情、
裝點山河、調整風水等功能。宇文愷在隋大都營建過程中，也巧妙的利用佛
塔的高大來調節城市空間，達到對稱平衡的作用。清徐松《唐兩京城坊考》
卷四記載：

> 次南永陽坊。（坊之西南即京城之西南隅）
>
> 　　半以東，大莊嚴寺。（隋初置，宇文敬別館於此坊。仁壽三年，
> 文帝為獻立為禪定寺。宇文愷以京城之西有昆明池，池勢微下，乃
> 奏於此寺建木浮圖，崇三百三十尺，周回百二十步，大業七年成。
> 武德元年，改為莊嚴寺，天下伽藍之盛，莫與於此。寺內有佛牙，
> 長三寸，沙門法獻從烏纏國取以歸，豫章王暕自揚州持入京，隋文
> 帝改置此寺。大中六年，改聖壽寺。《名畫記》：寺有盧棱伽、尹琳
> 畫。）
>
> 　　西，大總持寺。（隋大業三年〔《兩京新記》作元年〕，煬帝為文
> 帝所立，初名大禪定，寺內制度與莊嚴寺正同，亦有木浮圖，高下
> 與西浮圖不異。武德元年改為總持寺。莊嚴、總持即隋文、獻後宮
> 中之號也。二寺門額，並少詹事殷令名所書。寺中常貢梨花蜜。《景
> 龍文館記》曰：「隋主自立法號，稱總持，呼蕭后為莊嚴，因以名寺。」

〔註 11〕張馭寰：《對北魏洛陽永寧寺塔的復原研究》，《建築史論文集》，2000 年第 02
　　　　期。
〔註 12〕王貴祥：《關於北魏洛陽永寧寺塔復原的再研究》，《建築史》，2013 年 02 期。

《名畫記》：「寺有孫尚子、吳道玄、尹琳、李昌畫。」）〔註13〕

宇文愷「以京城之西有昆明池，池勢微下，乃奏於此建木浮屠，崇三百三十尺，周回百二十步」，又西大總持寺「內制度與莊嚴寺正同，亦有木浮屠，高下與西浮屠不異」，兩個浮屠對稱雙標，高大崇峻，張良皋認為「有此二塔制高，矯正視覺，整個長安城的南立面就顯得平衡」。〔註14〕

佛塔的高大也因其宗教建築的特性，而能夠突破禮制法規。唐代法律關於土木營繕的制度規範，其中有第宅禁限的內容，是已知關於第宅等級制度最早的令典法規。住宅營建有等級貴賤之分，違令者會遭懲罰。《唐會要》文宗太和六年（832）六月敕書引用《營繕令》規定，中有「其士庶公私第宅，皆不得造樓閣，臨視人家。近者或有不守敕文，因循製造，自今以後，伏請禁斷。」又有「又準律，諸營造捨宅，於令有違者，杖一百。雖會赦令，皆令改正。其物可賣者聽賣。若經赦百日不改去，及不賣者，論如律。」〔註15〕《營繕令》中規定士庶公私不得造樓閣臨視人家，這種律令在城市建築密集的空間中顯得較為迫切。敦煌文獻中亦有《宅經》講造樓的風水：

> 諸家起樓法，欲得在少陰東，名日照武王地，名王臺，盜賊不入。樓取陰歲，天不足西北，戌起樓□□富貴，宜六□。□堂西連於堂，名曰輔樓，大吉，樓在太陰未丑，宜□□。□築六十尺，令人富貴，壽命長，口數眾多，家無逸匿死者，富，此外皆凶。樓在東，賈人利；樓在南，海也使臣曰利；樓在西，是天倉，大富貴，宜子孫；樓高三丈五尺，並在北，大吉門（利）。人家不得無何造樓，大凶，甚須師占得所。樓當門，害□；樓安門上，婦守孤；□維有樓，大禍入門。樓與溷廁連，煞牛馬；樓連堂，子孫死；交梁續柱，出（淫）婦；例（裂）柱，傷胎；奴婢臥東南舍，不利子孫。形（刑）禍上起樓，煞人。〔註16〕

上文比較殘缺，不過看造樓的高度不過六十尺、三丈五尺之說，按唐代一尺相當於現在的九寸三分（30.7cm），六十尺則有18米，高度也很可觀。不過

〔註13〕〔清〕徐松撰；張穆校補；方岩點校：《唐兩京城坊考》，北京：中華書局，1985年，第127頁。

〔註14〕張良皋：《匠學七說》，北京：中國建築工業出版社，2002年，第121頁。

〔註15〕〔宋〕王溥撰：《唐會要》，《叢書集成初編》，北京：中華書局，1991年，第575頁。

〔註16〕關長龍：《敦煌本堪輿文書研究》，北京：中華書局，2013年，第401～402頁。

上文也說「人家不得無何造樓，大凶，甚須師占得所」。在公私士庶無法自由
修建高層建築的前提下，佛塔則無此限制，故而佛塔基本上一直是古代最高的
建築。

　　在唐代佛寺營建也有成體系的風水理論，由於早期佛寺有寺必有塔，也可
供參考。敦煌宅經葬書中有唐代《司馬頭陀山崗地脈訣》引用了《寺觀圖記》：

　　　　天門高，住福德之名僧。坤巽相扶，主富貴之極。卯長肥厚，
　　　　主賤，口舌生。丑未相迎，無有橫口舌。申酉肥，竊盜不敢來侵。
　　　　未地勢寬的，的出高僧之位。人山破，子門外遠，主賤，口舌、逃
　　　　亡。丑未低懸，主僧尼之多病。大門若下，主常住無糧食。坤申低
　　　　懸，常逢劫賊。巽門若下，主僧命難存。辰戌低懸，即僧道失目。
　　　　午未上風，僧尼之相憎，心不相扶，事空虛。坤申貯水，長髮納為
　　　　妻。巳亥交流，僧尼自相染污；或狂酒在路，勒他女人；或撮面傷，
　　　　累於官府。亥子位下，尼與俗人交通。〔註17〕

　　佛教在唐代大為流行，佛塔也是神州處處矗立。以至於當人們需要用人工
建築調整地理人文環境時，很容易想到佛塔。五代吳越王錢鏐命天台僧德韶建
杭州六和塔以鎮潮，《六道集》對塔進行闡釋時就提到了六和塔：

　　　　梵語塔，或云窣堵波，或云浮圖。華言聚相，是藏佛舍利之家，
　　　　謂如來於三大無數劫，福慧薰修，眾德之餘，聚成舍利。或如來成
　　　　道說法等處，皆建塔以表遺跡。或有舍利，或無舍利，悉名佛塔，
　　　　使人天瞻仰，滅罪生福。此方不達，以為風水。始由浙江錢塘江，
　　　　每年數次潮水忽至，浪頭湧高二三丈，溺舟壞舍，忠懿王使力士射
　　　　之不息。永明壽禪師勸王建六和塔，江邊鎮之，其潮遂寢。今時潮
　　　　至，浪高不過數尺，因此後人傚之以為風水，亦由如來德所加被福
　　　　人。然須潔淨，不可穢污，方有徵驗。〔註18〕

　　《六道集》是清康熙十八年（1679）弘贊輯，其說「此方不達，以為風水」，
並舉永明壽禪師建六和塔鎮江潮事，「因此後人傚之以為風水」。六和塔雖不是
風水塔之始，但卻十分知名。六和塔能夠鎮江潮，其宗教神聖意義在其中的作
用居多。六和塔在宣和三年（1121）曾被盜寇焚燒，紹興壬申（1152）年，朝
廷下詔重修。僧人智曇為倡修，自紹興癸酉（1153）鳩工，到隆興癸未（1153）

〔註17〕關長龍：《敦煌本堪輿文書研究》，北京：中華書局，2013年，第484頁。
〔註18〕〔清〕弘贊輯：《六道集》，《卍新纂續藏經》，第88冊第164頁上。

年建成七層，高數十尋。曹松作文記之：

> 是年歲晚，則七級就緒，巍然揭立，成數十尋。跨陸俯川，欄楯層繚，面面門敞，寶網鳴鐸，光動山海。撐空突兀，已立於風煙之上。外則規制壯麗，氣象雄傑，日以萬眾歡喜瞻仰，得未曾有；內則磴道以登，環壁刊《金剛經》列於上下，及塑五十三善知識，備盡莊嚴。至於佛菩薩眾各以次位置，凡所以鎮靜山川，護持法界，調伏魔境者，莫不闡而存焉。

> 塔興之初，土石未及百簣，而潮勢雖仍洶湧，浪猶暴怒，已不復向來之害。編氓得袖手坐視，略無隱憂矣。噫！塔之利益，果可以除害如此之驗耶！曇之願力緣法，乃能興利如此之速耶！以故緇黃耆艾上民，德曇甚深，而拱手讚歎是塔也。不特鎮伏，潮不為害。又航於海者，寅夕昏晦，星月沉象，舟人未知攸濟，則必向塔之方，視塔中之燈光以為指南，則海航無迷津之憂。是致富商大舶，尤所歸向，而喜捨無難色。此又塔之利也。〔註19〕

六和塔內壁上刊《金剛經》，並塑五十三善知識及佛菩薩眾，「凡所以鎮靜山川，護持法界，調伏魔境者，莫不闡而存焉」，可見在鎮壓海潮中佛教的神聖力量是起主要作用的，並非只是風水之功勞。另外六和塔高七級，有數十尋，還起到導航引渡的功能，此又是六和塔的一大功勞。對於其導航引渡功能，甚至有了神聖的意義。《咸淳臨安志》卷八十二記載：

> （六和塔）在龍山月輪峰即舊壽寧院。開寶三年，智覺禪師延壽始於錢氏南果園開山建塔，因即其地造寺以鎮江潮，塔高九級，五十餘丈，內藏佛舍利，或時光明煥發，大江中舟人瞻見之。後廢已，而江潮洶湧，蕩激石岸，舟楫沉溺。至紹興二十二年，奉旨重造。二十六年，僧智曇捐市錢及募檀越，因故基成之，七層而止，自後潮為之卻，人利賴焉。〔註20〕

因為永明延壽建塔之時，內藏佛舍利，且塔上燈光能為導航，而舟人卻想以為是舍利放光。當佛塔發揮世俗功用時，其背後的神聖意義仍時時激發人們的神聖想像，建造佛塔總是可以起到神聖和世俗一舉兩得的作用。

〔註19〕〔宋〕潛說友纂：《咸淳臨安志》，《宋元方志叢刊》，北京：中華書局，第四冊第 4118 頁。

〔註20〕〔宋〕潛說友纂：《咸淳臨安志》，《宋元方志叢刊》，北京：中華書局，第四冊第 4118 頁。

　　宋代之時，佛塔用作世俗功能的現象就越來越多，如河北定州開元寺料敵塔，奉安寺僧人惠能從天竺取回佛經、舍利，宋真宗時下詔建塔以藏佛經、舍利，故這座塔實實在在是佛塔。不過因該塔位於宋遼邊境，又高聳入雲，便於瞭望，又被宋軍當作料敵塔。佛塔被作為風水塔而修建，還有一典型案例，何薳《春渚紀聞》卷五記載：

> 先君嘗見蔡元度言其父死，委術者王壽昌於餘杭尋視葬地。數日不至，蔡因夢至一官府，有紫衣人據案而坐，望蔡之入，遽語謂曰：「汝尋葬地已得之否？野駝飲水形是也。」覺而異之。適壽昌至，問其所得，云：「有一地在臨平，山勢聳遠，於某術中佳城也。但恐觀者未誠吾言耳。」元度云：「姑言山形可也。」王云：「一大山巍然下臨浙江，即野駝飲水形也。」元度曰：「無復他求，神先告我矣。」即用之。〔註21〕

又陸游《老學庵筆記》記載：

> 蔡太師父準，葬臨平山，為駝形。術家謂駝負重則行，故作塔於駝峰。而其墓以錢塘江為水，越之秦望山為案，可謂雄矣。然富貴既極，一旦喪敗，幾於覆族，至今不能振。俗師之不可信如此。〔註22〕

陸游《入蜀記》又載：

> 臨平者，太師蔡京葬其父準於此，以錢塘江為水，會稽山為案，山形如駱駝，葬於駝之耳，而築塔於駝之峰。蓋葬師云「駝負重則行遠也」。然《東坡先生樂府》固已云：「誰似臨平山上塔，亭亭，迎客西來送客行。」則臨平有塔亦久矣。當是蔡氏葬後增築，或遷之耳。京《責太子少保制》云「託祝聖而飾臨平之山」，是也。」〔註23〕

　　蔡京、蔡卞（元度）葬其父，擇葬臨平山，臨平山山形如駱駝，術者王壽昌稱之為駱駝飲水形。蔡京又聽信術者之言，作塔於駝峰之上，以壯臨平之山。關於是否建塔，引起了巨大爭議。《宋史》記載：

> 四年五月，彗復出奎婁間，御史張克公論京輔政八年權震海內，輕錫予以蠹國用，託爵祿以市私恩；役將作以葺居第，用漕船以運

〔註21〕　〔宋〕何薳撰；張明華點校：《春渚紀聞》，北京：中華書局，1983年，第81頁。

〔註22〕　〔宋〕陸游撰；李劍雄、劉德權點校：《老學庵筆記》，北京：中華書局，1979年，第134頁。

〔註23〕　〔宋〕陸游著；蔣方校注：《入蜀記校注》，武漢：湖北人民出版社，2004年，第11～12頁。

花石。名為祝聖而修塔，以壯臨平之山；託言灌田而決水，以符興

化之讖。法名退送，門號朝京。方田擾安業之民，圜土聚徒郡之惡，

不軌不忠，凡數十事。先是御史中丞石公弼、侍御史毛注數劾京，

未允。至是，貶太子少保，出居杭。〔註24〕

　　大觀四年（1110），因彗星出於奎婁間的天文異象，御史張克公便借機彈劾蔡京，「名為祝聖而修塔，以壯臨平之山；託言灌田而決水，以符興化之讖」，指其有不軌不忠之心，蔡京因此被彈劾致仕。後政和二年（1112），宋徽宗又下詔為蔡京平反，其《臨平置塔御筆手詔》曰：

　　　　臨平置塔，初因錢氏相名寺，起於治平，匪緣近年創有增建。

　　蔡京忠貫金石，志安社稷，八年輔政，一德不渝。群邪醜正，意在

　　中傷；肆為無根之談，冀陷不測之禍；比從閱實，灼見厚誣。惟大

　　臣立朝，誼當自信；而哲王圖任，可畏巧言。顧予心之宣孚，豈眾

　　訾之足慮。特加開諭，毋或介懷。〔註25〕

宋徽宗指出臨平置塔乃是在吳越錢氏之時，並肯定蔡京之忠心，所謂「名為祝聖而修塔，以壯臨平之山」的彈劾乃是小人中傷。無論蔡京是否增築此塔，這椿佛塔與風水的爭論都直接上達天聽，影響巨大。

　　宋代佛塔被用作風水建築的現象已經較為成型，但尚不能說普遍。後世的風水文獻中也有很多跟佛塔相關的比擬，只不過唐宋的風水文獻多難判定年代和真偽，姑且列表錄之：

[唐] 楊筠松《撼龍經》	貪狼星：直如峽脊引繩來，小似筆頭插高塔。
[五代] 范越鳳《黑囊經》	論文貴：文官砂尖峰似塔，文官水長流束甲。
[宋] 廖瑀《地理泄天機》	郡邑入式歌：建臺立塔本相宜，天柱鎮坤維。
[宋] 辜托長老：《入地眼全書》	江省亦是離龍，丙午雙行入脈，喜得洋子洲，寶塔在乾壬方以制之。而若不然，火災難免，將來日後，塔去火盛，必是大患。又不如將入脈處右邊午字上掘一大池，深丈餘，聚水於池中，泄其火氣，永保太平。

《撼龍經》、《黑囊經》中風水在尋龍察砂的過程中開始以塔取象，如「小似筆頭插高塔」、「文官砂尖峰似塔」。佛塔不僅被當作風水制化的建築，連佛塔本身也具有了風水上的吉凶作用。佛塔既可以因其有利於風水而被修建，也可以

〔註24〕　〔元〕脫脫等撰：《宋史》卷四百七十二「蔡京傳」，北京：中華書局，1977年，
　　　　　第39冊第13725頁。

〔註25〕　〔宋〕佚名纂：《宋大詔令集》，北京：中華書局，1962年，第649頁。

因其不利於風水被拆遷。如宋《建安志》記載：

> 又郡庠面對此山，曰文筆峰。紹興初，有僧卓庵其上，收兵器鑄鐵塔於山巔。厥後郡人以其不利於科舉，移置光孝寺。次年，城中遂有盧覺者登第。諺云：「城外打鐵塔，城裏得盧覺。」談者以為笑。自是登科，省無虛榜，亦足為驗云。〔註26〕

第一章已說，為了使得本郡的文筆山高過他山，道場山修建佛塔以增高，而鐵獅頂鐵塔矗立於郡庠文筆峰的山巔，好像應該有利於郡學的風水，但郡人卻以為不利於科舉，而遷置到光孝寺，這其中定然有更為細緻的風水理論，只是此處未道明而已。自此人們將佛塔的風水功用發揮得淋漓盡致，為了科舉風水都可以風水理論信手拈來，或建之或毀之，明清時期文峰塔、風水塔的興盛正是肇始於宋。

今人論證文峰塔的風水理論根據時，多引用清代高見南《相宅經纂》和趙九峰《地理五訣》。高見南《相宅經纂》中「文筆高塔方位：凡都省府州縣鄉村文人不利，不發科甲者，可於甲巽丙丁四字方位上，擇其吉地，立一文筆尖峰，只要高過別山，即發科甲，或於山上立文筆峰，或於平地建高塔，皆為文筆峰。」〔註27〕趙九峰《地理五訣》中論道：「至於平洋地貴人方缺陷，則宜修補，或土堆、房屋、廟宇、高塔，主速發科甲，蓋平洋缺陰之故也。」〔註28〕其實相似的文獻在明代的風水典籍中即非常常見，如明李默齋《闢徑集》卷二：

> 古人曰：「巽上有峰出狀元。」潮之水大欽祖墳，是巽上起峰，彼從少號巽峰，竟發元首。有施堯臣官直隸之常州，亦於巽上起一塔，不數載而孫繼皐亦中狀元，此今事之可徵，古語之足信也。倘東海珠既成，以藩司衙署取巽峰方，於琶州之間築一塔，可五六層，則秀氣顯耀，鍾於人文，不數載而吾廣登會狀者，可蹺足待也。使吾廣大運將開，文人宜盛，天必生一特達之士，祿位高崇，精神可以驅山嶽，叱吒可以運風雷，而後能為主，幹旋其間也。噫嘻！一舉而百世之利存焉，能無厚望於諸君子哉。〔註29〕

〔註26〕《永樂大典方志輯佚》，第1165～1166頁。

〔註27〕〔清〕高見南纂：《相宅經纂》，味根草堂藏版，清道光甲辰新刊，卷二。

〔註28〕〔清〕趙九峰著；鄭同點校：《地理五訣》，北京：華齡出版社，2011年，第289頁。

〔註29〕〔明〕李默齋：《闢徑集》，道光十四年鐫欖溪李世德藏版，臺北：集文書局印行，2011年，第197頁。

　　按《闢徑集》前李默齋自序，作於大明嘉靖二十七年（1548），明嘉靖（1507～1566）萬曆（1573～1620）年間，正是文峰塔的建塔高潮時期。此時有許多文峰塔已脫離佛塔的意義，而純為風水塔了，這個問題留待以後討論。

二、佛塔與科舉

　　佛塔之產生遠早於科舉，故佛塔本與科舉無關。中國久倡三教，釋教常居第二，在有些朝代亦儼然為國教，如梁武帝、隋文帝、武則天時崇佛佞甚，造塔度僧無數，佛教對中國社會影響至為深廣。當科舉產生之後，與佛教文化發生碰撞在理所當然中。佛塔與科舉發生關係最早且有影響者當屬雁塔題名。

圖 4-3　大雁塔〔註 32〕

　　大雁塔位於唐都城長安慈恩寺內，慈恩寺在隋代原為無漏寺。唐貞觀二十二年（648），太子李治為追念母親文德皇后的養育之恩，擴建無漏寺，改名慈

〔註 32〕王棟：《大雁塔與小雁塔》，長春：吉林人民出版社，2011 年，第 47 頁。

恩寺。貞觀二十三年（649），慈恩寺落成之後，西行求法歸來的玄奘法師任慈恩寺首任住持，在此翻譯佛經。唐永徽三年（652），為了保存帶回來的佛經和舍利，玄奘上表請建大雁塔，「於端門之陽造石浮屠，安置西域所將經像。其意恐人代不常，經本散失，兼防火難。浮屠量高三十丈。擬以顯大國之崇基，為釋迦之故跡。」〔註30〕高宗「恐功大難成，令改用磚塔」〔註31〕，後建成五層，高一百八十尺。該塔為磚表土心，不甚牢固，逐漸坍塌，於長安年間（701～704），武則天與眾臣施錢重修，改用磚石結構。

　　大雁塔內部可以登臨，建成之後留下不少詩人登臨留題的詩歌。如唐玄宗天寶十一年（752），杜甫、高適、岑參、儲光羲、薛據等七位詩人登臨大雁塔賦詩，杜甫留下了「君看隨陽雁，各為稻粱謀」，而岑參《與高適薛據登慈恩寺浮屠詩》寫道：

> 塔勢如湧出，孤高聳天宮。
> 登臨出世界，磴道盤虛空。
> 突兀壓神州，崢嶸如鬼工。
> 四角礙白日，七層摩蒼穹。
> 下窺指高鳥，俯呼聞驚風。
> 連山若波濤，奔湊似朝東。
> 青槐夾馳道，宮館何玲瓏。
> 秋色從西來，蒼然滿關中。
> 五陵北原上，萬古青濛濛。
> 淨理了可悟，勝因夙所宗。
> 誓將掛冠去，覺道資無窮。〔註33〕

　　岑參對大雁塔的高大雍容描述的很精彩。大雁塔作為長安城一大名勝，歷代登臨題詠者甚多。封演《封氏聞見記》記載：

> 又云「進士初擢第，頭上七尺焰光。」好事者紀其姓名，自神
> 龍以來，迄於茲日，名曰《進士登科記》，亦所以昭示前良，發起後

〔註30〕〔唐〕慧立本、釋彥悰：《大唐大慈恩寺三藏法師傳》，《大正藏》第50冊，第260頁下。

〔註31〕〔清〕董浩等編：《全唐文》卷七百四十二，北京：中華書局，1983年，第7684頁。

〔註33〕〔清〕康熙四十二年御定：《御定全唐詩》，《影印文淵閣四庫全書》第1424冊，臺北：臺灣商務印書館，1982年，第734頁。

進也。

余初擢第，太學諸人共書余姓名於舊紀末。進士張繹，漢陽王
柬之曾孫也，時初落第，兩手奉《登科記》頂戴之，曰：「此《千佛
名經》也。」其企羨如此。〔註34〕

唐代的進士題名起自神龍（705～707）。韋絢《劉公嘉話錄》說：「慈恩題
名，起自張莒，本於寺中閒遊而題其同年人，因為故事。」〔註35〕張莒為大曆
九年（774）中進士。又有雁塔題名始於韋肇之說，北宋錢易《南部新書》記
「韋肇初及第，偶於慈恩寺塔下題名，後進慕傚之，遂成故事。」〔註36〕韋肇
比張莒還要略早些，約在公元763年，兩人相隔不遠。

雁塔題名興起之後，便成為習俗。雁塔題名，即是用毛筆將某年全部進士
的姓名和郡望寫在牆壁上。據史料分析，唐代八千餘名及第進士中，約有五六
千名題名雁塔。遺憾的是唐代的題名碑和題名墨蹟都已不存。由於題者日多，
而塔壁面積有限，題名就擴及到慈恩寺內塔院四壁，發展到後來，寺內有間房
子四周牆壁都被進士寫滿了。唐昭宗乾寧（894～898）間進士徐夤《塔院小屋
四壁皆是卿相題名因成四韻》：「雁塔攙空映九衢，每看華宇每踟躕。題名盡是
臺衡跡，滿壁堪為宰輔圖。」〔註37〕由此可見題名之盛。宋元明清長安不再是
首都，雁塔題名者亦從進士變成了鄉試中榜者，大雁塔下盡是題名碑。不過雁
塔題名的流風所及，後代模仿雁塔題名的遺跡很多。北京孔廟大成門及先師門
內，有元明清進士題名碑198通。

雁塔題名風俗流行之後，世人也多將中進士稱之為雁塔題名、名標雁塔等
等，明清時期的文峰塔記中也常引雁塔題名典故，清福建省屏南縣邑令全卜年
作《文峰塔記》，開篇即言：「伏以人傑地靈，毓鳳起蛟騰之盛；霞蒸雲蔚，開
鹿鳴鶚薦之祥。顧欲發軔於龍門，必先題名於雁塔。」〔註38〕又如清陶廷傑題

〔註34〕〔唐〕封演撰；趙貞信校注：《封氏聞見記校注》，北京：中華書局，2005年，
第17頁。

〔註35〕〔宋〕李昉等編：《太平廣記》，北京：中華書局，1961年，第1991頁。

〔註36〕〔宋〕錢易撰：《南部新書》，《影印文淵閣四庫全書》第1036冊，臺北：臺灣
商務印書館，1982年，第188頁。

〔註37〕〔清〕康熙四十二年御定：《御定全唐詩》，《影印文淵閣四庫全書》第1430冊，
臺北：臺灣商務印書館，1982年，第167頁。

〔註38〕〔清〕梅鼎臣修；陳之駒纂：《（道光）屏南縣志》稿抄本，《福建師範大學圖
書館稀見方志叢刊》第28冊，北京：國家圖書館出版社，2008年，第414～
415頁。

貴州都勻文峰塔詩：

> 水抱全城萬象涵，到頭關鍵豈空談。
> 千夫建石方圓合，七級凌霄日月參。
> 故址立成新雁塔，中峰長鎮老龍潭。
> 一支健筆鍾靈秀，振起人文冠斗南。〔註39〕

雁塔題名應該是佛塔最早與科舉發生關係的著名事件，至於禮拜佛塔為自己的科舉前途祈福起源於於何時難以追溯，但這種事肯定是會有的。雁塔題名之後，佛塔與科舉發生交集估計就是宋代文峰塔的興起了，這個在第一章已經論述過。

三、文峰塔與佛塔信仰

佛塔最早是保存佛陀靈骨的墓塔，早期沒有佛像崇拜，而佛塔實則充當了佛陀的象徵物，以至於早期的精舍、伽藍、寺廟等都以佛塔為中心，常稱之為塔院。湛如《淨法與佛塔：印度早期佛教史研究》〔註40〕一書對印度早期佛塔信仰進行了研究。《阿毗達磨大毗婆沙論》卷八十二載：

> 佛說有四補特伽羅能生梵福，云何為四？謂有一類補特伽羅，
> 於未曾立窣堵波處，為佛舍利起窣堵波，是名第一補特伽羅。〔註41〕

又《俱舍論》卷十八載：

> 經說四人能生梵福，一為供養如來馱都，建窣堵波於未曾處；
> 二為供養四方僧伽，造寺施園，四事供給。〔註42〕

在大乘佛教初期，梵福在部派佛教經典中是較高的果報，可見早期大乘信仰時期，建造佛塔的功德很大。《俱舍論》中稱毀壞佛塔，犯無間罪。對中國造塔功德信仰影響最大的則是《佛說造塔功德經》，該經於永隆元年（680）在長安弘福寺譯出，其內容則詳細論述造塔和供養佛塔的種種功德，「其人功德如彼梵天，命終之後生於梵世，於彼壽盡生五淨居，與彼諸天等無有異」〔註43〕，造塔之功德果報能生天界，已是六道之中最善。又有《佛說右繞佛塔功德經》，

〔註39〕〔民國〕寶全曾修：陳矩纂：《（民國）都勻縣志稿》，民國十四年鉛印本，《中國地方志集成‧貴州府縣志輯‧23》，成都：巴蜀書社，2016年，第39頁。

〔註40〕湛如：《淨法與佛塔：印度早期佛教史研究》，北京：中華書局，2006年。

〔註41〕〔唐〕玄奘翻譯：《阿毗達磨大毗婆沙論》，《大正藏》第27冊，第425頁下。

〔註42〕〔天竺〕世親造；〔唐〕玄奘譯：《阿毗達磨俱舍論》，《大正藏》第29冊，第97頁下。

〔註43〕〔天竺〕地婆訶羅譯：《佛說造塔功德經》，《大正藏》第16冊，第810頁上。

該經由大周于闐國三藏沙門實叉難陀（652～710）翻譯。不過在二經翻譯之前，造塔功德的信仰早已深入民心。上至帝王，下至百姓，多有造塔祈福的活動。

宋朱彧《萍州可談》記道場山老僧丐緣建多寶塔，以使本州文筆山高過他方。在建塔的動機中，相信不止是為了科舉風水，亦有造塔功德的因素。湖北黃岡青雲塔的重修過程中，僧人演章就起到了至關重要的作用，晏清的《募修缽盂峰青雲塔序》〔註44〕詳細記載了事情經過。晏清，字元洲，黃岡人，萬曆己未（1619）進士，生卒年不詳，曾官至南明吏部尚書。該塔序未署明作於何時，估計在明末清初之際。

募修缽盂峰青雲塔序

黃州缽盂峰者，峻聳回抱，岞崿崢嶸，與大別西塞相撐拄。雖作鎮一方，實為武昌漢陽諸上游水口山也。其前有青雲塔，萬曆二年，邑人李郡丞時芳、黃別駕士元，釀通邑及諸弁金以創造，而自捐亦侈，故稱諸郡巨觀。

洎萬曆三十六年，塔之頂非煙非雲，出白氣者月餘。有士人結廬讀書其下，引領顧盼，見塔影下頹，士子心悸歸家，不數日而塔壞，飛其五層入卯湖，亦異矣。當其塔之成也未合尖，而聯發解額者三；及其壞也，僅數年而武黃諸郡相繼罹於亂。一塔之成壞，其響應捷如左券，顧不重哉。

演章上人修行精嚴，住靜白臬之古峰庵，偶入塔瞻禮，遂向佛焚香曰：「余僧臘多，歷年所修石橋者十有二，修木橋者四十。茲浮屠七級，三級尚存，既關於武黃諸郡甚重，僧寧惜此頂踵，不為再造乎？」演章居西陵，相去數百里，屬余作文，足及門者七。

余曰：「方今西山始平，民用休息，頻年旱魃，禾苗枯焦，力役征徭，莫聞暫輟，此萬民疾首蹙頞之秋也。費有用之金錢，以修無用之梵剎；聚窮民之汗血，以飭富庶之美觀，毋乃非計乎？」

演章曰：「此吾見之所及也。然吾見有飲金饌玉碎錦破綾者，有遊博持掩櫝金囊帛者，與其傾篋笥以供戲娛，不若絕浮費以惟福果。

〔註44〕〔清〕王鳳儀修；杜乘時纂：《（乾隆）黃岡縣志》，清乾隆五十四年刻本，《中國地方志集成·湖北府縣志輯·16》，南京：江蘇古籍出版社，2001年，第396～397頁。

余亦未敢以樂施喜捨望諸人也。斗米尺布亦破慳貪，木屑竹頭皆獲福惠。況此塔所需者磚石，而磚石幸存其半；所乏者工價，而工價不望其多。余以歲年為期，募一層則建一層，造一級則蓋一級。破衲革履，絲毫不以入囊，纖微盡以供眾。或者感人天之呵護，邀佛祖之鑒臨，未可知也。吾惟不昧因果而已。」

余心賞其言。嗟乎！天下事患無有以身任之者耳。事無鉅細，獨立擔荷，以世外之一人成之亦易；群相推諉，世內之眾力當之亦難。近日賢豪長者，有能如演章之修石橋十二木橋四十者乎？吾知其必不能也。世內之人能之而不為，世外之人為之而即能。使海內當其任者，盡如演章之所為，可以無太息痛哭之事矣。況塔成有三元之祥，塔壞有兵燹之應，其係於武漢諸郡之重如此，其見於黃州諸邑之效如此。若以諸郡邑之群策群力，萃於丈尺間，其成功可毋難也。

余嘗習形家言，巽為文章之府，塔有卓筆之形。卓筆無鋒，當主文星缺陷，是謂勢吉而形凶，法當趨全而補缺則是。此塔之成，昔作鎮於一方者，今且中流之砥柱矣。余是以樂為之序而為諸君子勸。

按上文，黃岡青雲塔，又名文峰塔，萬曆二年（1574）建，由邑人李時芳、黃士元集合全邑力量修建。塔建成後，士人們結廬讀書其下，希望能借青雲塔之風水力量，科舉高中，平步青雲。萬曆三十六年（1608），青雲塔上五層坍塌，然後武黃諸郡相繼罹亂，似乎冥冥之中有所預兆。演章上人平素就喜修橋，通津濟人，且不畏艱難，勇於擔荷。當他看到青雲塔七級尚存三層，而該塔又關乎黃岡之風水文脈時，慨然以修復該塔為志。修橋造塔皆有功德，相信演章上人修塔不無修福報的動機。晏清認為現在剛剛戰爭結束，又頻遭旱災，溫飽尚不足，花錢去修沒用的佛塔，是很不理性的。演章上人則認為修建該塔並不會花費太多錢財，只要矢志不移，堅持下去，有朝一日肯定能建成。演章上人並發心不貪錢財，「破衲革履，絲毫不以入囊，纖微盡以供眾」，建成佛塔後，或可以感召佛祖鑒臨，積累陰功。演章上人一番話讓晏清十分感歎，讚揚演章上人憑一人之力能修石橋十二、木橋四十，如果黃州諸邑的人群策群力，同心修建此塔，成功並不是難事。晏清在序文最後又重申了募修青雲塔的動機，乃因該塔事關黃州的科舉風水，只有補全此塔，才可趨吉避凶。

圖 4-4　黃岡青雲塔〔註45〕

位於安國寺南側的青雲塔

　　黃岡青雲塔於道光二十八年（1848）又重建，清光緒三年（1877），塔頂被雷震傾圮，光緒五年（1879）知府英啟勸捐，再次修復。現存青雲塔為石砌樓閣式，高 43 米，塔身底層八面陰刻楷書乾坤坎離震艮巽兌八字，西北正門門楣上刻有「全楚文峰」，1992 年 12 月公布為湖北省文物保護單位。就現有材料來看，演章上人修復佛塔的願望在明清易代之際並未達成，但其精神可嘉。

　　僧人之參與勸募修造文峰塔的案例還有揚州文峰塔。明萬曆十年（1582），由僧人鎮存賣武募化修建而成。王世貞《揚州文峰塔記》記載了這個過程：

　　　　有介冑之士曰楊天祥者，嘗遊江南大帥軍中，其拳勇超出輩流遠甚，而恂恂若不能言者。至於負節躠，信然諾，則儒生所不及也。

　　　　余以唐叔達故知之，既乃得其本末，則少嘗為僧少林寺，從師披剃，

〔註45〕黃岡年鑑編纂委員會：《黃岡年鑑（1998）》，北京：中華書局，1998 年，圖片。

命名曰鎮存。托缽維揚，至南關之外福國庵結夏，有感於阿育王事，發希有想，擬創寶塔。今大中丞邵公時以御史按其地，聞而嘉之，給帖化募。

維揚故多商估客，睹天祥曲躍距躍，伎擊劍舞之狀若猿猱，鬼神而駭焉，爭出其貲，以佐木石磚甓之費，可三萬金。不三載而塔成，御史榜之曰文峰塔，蓋取於堪輿家言，為一方科甲助也。天祥後忽蓄髮，仍故姓名，有妻子，然猶不能忘情於茲塔，而再拜乞余記之。

余居恒慨諸郡縣，吾夫子十畝之宮，往往剝落，旁風上雨。有司相顧，束手而策無所出，計其費不過千金，或半之耳。然不能從四民募一鐶石粟，其人過之，漫然而不小置念。豈因果之說勝，而名教之用屈邪。天祥既用其說，以一念而成此勝果，不宜旋舍而從俗。既已從俗，必其心之悔之，不宜復以此塔求余記也。苟以余記成其名，則所謂不住色而行布施者，又何說耶？天祥於是乎兩墮矣。夫是塔之費三萬金，可以三十吾學宮，然而未有能損一鐶石粟。及塔成，而借堪輿家言，以為科甲助，然則為吾儒者亦兩墮也。

余不能辨，第以語天祥，異日懺宿懵，而禮誦於茲塔之下，其去西方尚當不遠也哉。塔既成，其簷角寶瓶朱鈴，則今住持僧任之，僧名亦鎮存，固不偶也。〔註46〕

少林寺僧人鎮存，遊方至揚州結夏，感歎於阿育王造八萬四千佛塔之事，便發願造塔。大中丞邵公聽說之後，給他發了帖子讓他自行化募。鎮存拳勇過人，善於技擊劍舞之術，便賣藝募捐。揚州的商人估客觀賞了鎮存的高超武藝後紛紛捐資，很快湊齊了建塔的資金。修成之後，御史榜書題字「文峰塔」，後又在塔下建寺，即今之文峰寺。王世貞最為感歎的是郡縣的孔廟沒人願意修建，而佛塔一旦倡修就能很快建成，修建這座文峰塔花費三萬金，可以修建三十座學宮，卻沒有人願意願捐資修建學宮，這又讓王世貞感到疑惑。不過從中可見佛教造塔功德信仰對世俗民眾捐資造塔的激勵力量。

文峰塔由僧人募化修建的例子還有很多，另外文峰塔在修成之後，也常在其下建寺以護塔。揚州文峰塔如是，安徽和縣文昌塔亦如是。安徽和縣文昌塔

〔註46〕〔明〕王世貞撰：《弇州續稿》，《影印文淵閣四庫全書》第 1282 冊，臺北：臺灣商務印書館，1982 年，第 856 頁。

建於明萬曆庚子（1600）年，由知州郭繼芳建，清乾隆庚子（1780）年何飛鳳重修。明焦竑（1540～1620）作《郭侯文昌塔記》：

> 歷陽郡侯郭公蒞政三年，農嬉於野，士勵於學，詢民疾苦，靡痛不捐。咸曰：「郡水泄自東南，形勝不備，積不宿世，士不登朝，堪輿之言驗矣！願建浮圖以壯形勝。」曰：「可。」庀材鳩工，建塔七級，高十三尋有奇，灰甓之金以千計，而民不知煩。始事丁酉，落成庚子，肯構之日以千計，而民不知役。咸曰：「休哉！侯忘其一日之勞，而昌我百年之利，是可無祠以祀？」侯下令禁之，乃檢括餘材，建宇以護塔，而募僧以護宇。於是諸生某某走京師謁餘文為記。〔註47〕

上文乃節選，文昌塔建成後尚有餘材，邑人本擬為郭侯建祠廟，但郭繼芳命建廟宇護塔，並召募僧人住持護塔。文峰塔本為風水塔，而請僧人護之，顯然也是佛塔信仰的餘緒。另外如河南許昌文峰塔下亦有文明寺，此類現象頗多，不一一列舉。蓋文峰塔雖為風水塔，而實不免常被視作佛塔以護之，文峰塔也能夠得到很好的保護，這也算是佛塔信仰的餘蔭。

第二節　文峰塔與科舉崇拜

吳慶洲教授認為「風水塔是『三教合一』思想的產物，其特點是融儒、佛、道三教特色於一塔。塔本是佛教建築，卻為儒家振興文風所用，與道教崇尚自然、天人合一的思想結合，塔裏的許多神龕、佛像、道教神像以及民間俗神像比肩排列，濟濟一堂。塔往往單獨建築，並非建於寺廟之中。『三教合一』肇自儒、道、佛三教自南北朝至唐的分庭抗禮，三教鼎立，在矛盾和鬥爭中逐漸交融，到宋代形成三教合流的局面。而建於南宋的四川廣安白塔，則是較早的三教合一的產物——風水塔。」〔註48〕

文峰塔是歸根結底是科舉制的產物，風水只不過是實現科舉的手段。有佛塔而未有科舉制，即無文峰塔；有風水而無科舉，亦無文峰塔，但其他類型的風水塔還是會有；未有科舉制時，儒釋道三教都有，而未見有文峰塔。因此可

〔註47〕〔清〕朱大坤修；高照纂：《（光緒）直隸和州志》，清光緒二十七年刊本，《中國方志集成・安徽府縣志輯・7》，南京：江蘇古籍出版社，1998年，第105頁。

〔註48〕吳慶洲、徐偉堅、梁耀機：《德慶三元塔修復研究》，《古建園林技術》，1999年01期。

一言以概之，沒有科舉制就沒有文峰塔。錢穆稱唐宋以後的社會為「科舉社會」，可謂高度概括。在封建社會官本位的思想背景下，萬般皆下品惟有讀書高，其實是唯有做官高，科舉入仕所佔的比重越多，人民對科舉的關注度就越高，因科舉確已成為了社會階層流動的重要途徑。正是在科舉成為功名富貴之途的社會背景下，儒釋道三教、民間信仰以及各種術數活動都會關注到科舉活動，逐漸形成了以科舉制為中心的科舉文化。這其中既有儒教孔廟的崇祀，又有道教文昌神、魁星和奎星的崇拜，還有風水、命相、占卜等術數活動對科舉的預測活動。在中國這種相對鬆散的宗教信仰環境中，民眾對這些科舉信仰和術數活動都來者不拒，兼收並蓄。

文峰塔亦不過是科舉文化的一支而已，只有將其放在整體的科舉文化中，才能看清它身上那些雜糅多端光怪陸離的面相。文峰塔內既可以供奉佛像，又可以供奉孔子、魁星、文昌神，還可以全部請進來一併崇拜，全因為這些神與科舉都有關係。孔子為文宣王，儒教祖師，萬世之師表，自漢代獨尊儒術開始，其儒家思想在政治上的地位便一直很高，孔廟又常與學校並建，在宋代的學校即有廟學之稱。文昌神乃梓潼神和文昌星神崇拜的結合，原與科舉無關，但在宋代逐漸有了職掌仕祿、預卜科舉前途的功能。魁星與科舉也本無關聯，因科舉頭名常稱魁首，才漸漸與科舉掛鉤。若能瞭解其本末，對三教中的科舉崇拜現象有所瞭解，才能弄清楚文峰塔的多重面相。文峰塔、文昌閣、魁星樓、孔廟在州縣中常以學校、貢院等為中心，按照城市規劃或風水選擇來安置。

一、孔廟

孔子是中國歷史上最偉大的思想家之一，他所創立的儒家學說在中國古代封建社會被作為正統學說。孔廟乃是祭祀孔子的建築。公元前 479 年，在孔子去世後，他的學生弟子們將其安葬在山東魯城北泗上。公元前 478 年，魯哀公在闕邑（今曲阜東南）修葺孔子的故居，用以陳列孔子生前所用的衣冠琴車書等物品，並建立廟宇，置卒守之，歲時加以奉祀。此為孔廟建築的開始。

漢武帝採納董仲舒之言，罷黜百家，獨尊儒術，從而將儒學封為官學，京師太學設五經博士，西漢王朝對孔子的推崇愈來愈高。西漢平帝元始二年（公元 2 年），賜諡孔子曰「宣尼公」，對孔子的賜諡自此開始。漢代皇帝常派遣使臣，前往曲阜孔廟祭祀，並置卒守廟。

北魏孝文帝太和（477～499）初，下詔郡縣各立學祭祀孔子，與周公並享，

這為孔廟在各地的興起奠定了基礎。北魏太和十三年（489），詔立先聖廟於京師（平城），說明曲阜之外亦開始興建孔廟。東魏文宣帝天保元年（550），下詔魯郡以時修孔廟，當時各地郡學皆立孔、顏廟，「郡學則於坊內立孔、顏廟，博士以下亦每月朝」〔註49〕。可見魏晉時期，各地已是廟學合一的體制，孔廟的崇拜和學校教育密切相連。

　　隋文帝一統宇內，為鞏固中央集權制，廢除了「九品中正制」，並在地方設立州、縣學，推崇儒家文化。隋開皇中，孔子被授以「先師尼父」的稱號。唐高祖武德二年（619），詔令國學國子監各立周公、孔子廟一所，四時致祭，孔廟乃與國學合一。唐貞觀元年（627），唐太宗下詔令天下學皆各自立周公和孔子廟，贈孔子為司寇，贈諡「文宣」，旋即又準房玄齡議，停周公祀，專祀孔子。尊孔子為先聖，又以顏回為先師，配享孔廟。唐貞觀四年（640），又下詔州縣立孔子廟，四時致祭，以左丘明等二十二人從祀。唐貞觀十一年（637），又封孔子後裔為保聖侯。唐太宗停周公祀，專祀孔子，又把孔子提到了獨尊地位，並封其後裔。州縣專門立孔子廟，並以諸儒名流配享孔廟。唐開元二十七年（739），唐玄宗追封孔子為「文宣王」，孔子開始享受王者待遇，其封贈也算達到頂峰。

　　《禮記·文王世子》：「凡始立學者，必設奠於至聖先師。」孔廟既是祭祀孔子的場所，又是進行社會教育傳播儒學的學校。孔廟與學校並立或合一，主要功能是為了讓學生習禮。隋唐以來，由於士人可以「投牒自舉」，不一定要有學校的經歷，所以科舉與學校及孔廟尚不甚相關。北宋以來學校則成為了科舉士子的必經之途。北宋時，政府為了培養人才，大力興學，又採取一定措施將科舉和學校結合起來。北宋初期，士子應舉上不要求有學校經歷。天聖五年（1027），范仲淹《上執政書》指出：

> 　　《詩》謂長育人材，亦何道也？古者庠序列於郡國，王風雲邁，
> 師道不振，斯文銷散，由聖朝之弗救乎！當太平之朝，不能教育，
> 俟何時而教育哉！乃於選用之際，患其才難，亦由不務耕而求獲
> 矣。〔註50〕

　　慶曆三年（1043），范仲淹任參知政事，建議改革學校貢舉制度。慶曆四

〔註49〕〔清〕俞正燮撰：《癸巳存稿》，清連筠簃叢書本，《叢書集成初編》，北京：商務印書館，1937年，第255頁。

〔註50〕〔宋〕范仲淹著，李勇先、王蓉貴校點：《范仲淹全集》，四川大學出版社，2007年，第219頁。

年（1044），宋祁、王拱辰、張方平、歐陽修等人上奏，建議設立學舍、保明舉送之法，要求諸路、州、軍、監要建立學校，還要求應舉者必須接受一定時限的學校教育，如《續資治通鑒長編》記載慶曆二年閏九月甲午，從天章閣待制王洙奏請「詔國子監生自今須聽讀滿五百日，乃得解薦」〔註51〕，這樣便能將學校和科舉結合起來，不過這個規定並未施行多久即被罷除。因應舉不必經過學校教育，學校又就此荒廢。嘉祐四年（1059），王安石《上仁宗皇帝言事書》指出「方今州縣雖有學，取牆壁具而已，非有教導之官、長育人材之事也」。〔註52〕王安石說的正是學校荒廢的狀態。

熙寧二年（1069），王安石任參知政事，提出改革學校科舉的建議。熙寧四年（1071）二月，王安石上奏《乞改科條制劄子》指出：「伏以古之取士，皆本於學校。故道德一於上，而習俗成於下，其人材皆足以有為於世……然後講求三代所以教育選舉之法，施於天下，庶幾可復古矣」。〔註53〕熙寧四年三月，「詔諸路置學官，州給田十頃為學糧，元有學田不及者益之，多者聽如故」。〔註54〕又擴建太學，增置講官和生員。立太學三舍法，使得太學兼有培養和選拔人才的功能，將學校和科舉合二為一。不過此時三舍法尚僅施行於太學，選拔人才並不算多。元祐年間，太學三舍法隨著「熙寧新法」的罷黜亦遭廢除。宋哲宗元符二年（1099），令諸州行三舍法，考選、升補悉如太學，三舍法推廣到了州學。宋徽宗崇寧三年（1104），三舍法遍行天下，詔罷州郡及禮部科舉，取士悉由學校升貢。這樣一來，科舉和學校合二為一，遍行天下。不過到了宣和三年（1121），這種制度又一次被廢除，回到了太學選士和州郡科舉結合的狀態。

從范仲淹 1043 年提倡立學舍、保明舉送之法，到宣和三年（1121）三舍法被廢除這近八十年中，變法者不斷嘗試將科舉與學校統一結合起來，並且施行有年。按宋代沿襲唐代廟學的制度，科舉必然與孔廟祭祀發生關係。宋真宗

〔註51〕 〔宋〕李燾撰；上海師範大學古籍整理研究所、華東師範大學古籍研究所點校：《續資治通鑒長編》，北京：中華書局，1995 年，第一百三十七卷，第 3303 頁。

〔註52〕 〔宋〕王安石著；李之亮箋注：《王荊公文集箋注》，成都：巴蜀書社，2005 年，第 34 頁。

〔註53〕 〔宋〕王安石著；李之亮箋注：《王荊公文集箋注》，第 154 頁。

〔註54〕 〔宋〕李燾撰；上海師範大學古籍整理研究所、華東師範大學古籍研究所點校：《續資治通鑒長編》，北京：中華書局，1995 年，第二百二十一卷，第 5372 頁。

景德三年（1006），詔天下諸郡修先聖廟，又詔廟中建講堂、聚學徒。大中祥符四年（1011），又詔州城置孔子廟。宋仁宗慶曆興學時，曾下詔若州縣未能頓備學校，可就文宣王廟為學舍。由上可見，宋初仍施行廟學制。學校設立孔廟主要是為了行學禮，以表尊師重道。宋杜德機《涇陽縣孔子廟記》：「先聖者，道之所自出也，而道非學校不行，故世之州縣，因先聖有廟，所以重道業。即廟有學，所以傳道也。」〔註55〕又宋林應炎《嘉定學重修大成殿記》亦曰：「國家自慶曆詔州縣立學，而學必祀宣聖，明尊師也。兵始黃帝，農始后稷，社始勾龍，莫不庭焉壇焉祀之。縣雖一雷地，無夫子宮牆可乎？」〔註56〕高明士認為學校內有孔廟，除了表示尊師重道外，尚有成聖教育的意義，對此他說：「從此以後，儒書所稱讚的聖賢，均具象於孔廟，士子們平時透過儒書，以及例行的釋奠之禮，去接近聖賢，宛若聖賢就在近旁，有朝一日，亦可身列廟廷。從祀制的意義，便是具體告訴學生，身列廟廷是可以達到的。也就是說成聖的教育思想是可以實現的。」〔註57〕有關學禮的內容，可以參看高明士《隋唐的學禮》和周愚文《宋代的學禮》，兩篇論文都收錄於《東亞傳統教育與學禮學規》〔註58〕論文集中。

孔廟作為祭祀孔子和教育的地方，又名先師廟、聖廟、文廟、夫子廟、學宮等。孔廟一般由萬仞宮牆、欞星門、泮池、大成門（或戟門）、大成殿、崇聖祠（或啟聖殿）等建築構成。由於廟學合一的體制，使得我們談及孔廟與科舉的關係時，必須和學校結合起來。學校的風水擇址又關乎於科舉表現，梁庚堯《南宋學校與科舉文化價值的展現》中已專門討論學校興修、科第表現與風水的關係。范仲淹《邠州建學記》：

> 慶曆甲申歲，予參貳國政，親奉聖謨，詔天下建郡縣之學，俾歲貢群士，一由此出。明年春，予得請為邠城守。署事之三日，謁夫子廟。通守太常王博士稷告予曰：「奉詔建學，其材出於諸生備矣。今夫子廟隘甚，群士無所安。」因議改卜於府之東南隅，地為高明，

〔註55〕〔清〕王昶撰：《金石萃編》，清嘉慶十年經訓堂刊本，卷一三九，《歷代碑誌叢書》，合肥：黃山書社，1998 年，第七冊第 251 頁。

〔註56〕〔清〕陸增祥：《八瓊室金石補正》，北京：文物出版社，1985 年，第 854 頁。

〔註57〕高明士：《唐代東亞教育圈的形成》，國立編譯館中華叢書編審委員會，1984 年，第 243～244 頁。

〔註58〕高明士主編：《東亞傳統教育與學禮學規》，上海：華東師範大學出版社，2008 年。

遂以建學，並其廟邊焉。〔註59〕

慶曆甲申（1044），詔天下郡縣建學。慶曆五年（1045），范仲淹為闔城守。通守太常博士王稷以夫子廟狹小，擬擴建之。范仲淹便同大家商議改卜於府城之東南角，並即廟建學，可見夫子廟已具有風水擇址及廟學合一的特徵。

孔廟的擇址一種是居於城市中心，符合政治教育中心的需要；另一種是建於城市的東南隅，考慮到風水的因素。元張伯淳《蕭山縣學重建大成殿記》：「縣有學，學有大成殿，凡皆然，不特蕭山也。蕭山為邑，西瞰錢塘，東接千岩萬壑之秀。宋紹興間，建學文筆峰前，拓址恢規，自昔為諸邑最，弦誦聲日相聞，名公巨卿，彬彬輩出。」〔註60〕一方面指出廟學合一的體制，另一方面「建學文筆峰前」則指出縣學（大成殿）擇址的風水考慮。廟學擇址常會考慮案山的山形，若是能有文筆山、筆架山、席帽山、展誥山等那就太好了，如果沒有還可以建文筆塔以補文運。清趙九峰《陽宅三要》稱：

> 文廟建甲、艮、巽三字上，為得地。廟右宜高聳，如筆如槍，
> 左宜空缺明亮，一眼看見城上文閣、奎樓，大利科甲；再得巽、丙、
> 丁一文筆高出，主出狀元、神童、名士、大宦。〔註61〕

文廟要是能配齊文閣、奎樓、文峰塔等那簡直就是科舉風水的最高配置，不過明清時期許多府州縣城都完全具備這些建築。由上可見孔廟不僅擔負祭祀孔子的學禮教育功能，又負有關乎科舉表現的風水功能，與文昌閣、奎文樓、文峰塔等建築共同構建著城市的科舉風水。

二、文昌神

文昌信仰淵源流長，由早期的文昌星宿崇拜和蜀地梓潼神崇拜結合，而形成了如今的文昌帝君信仰。學界對文昌信仰的源流研究成果已多，如張澤洪《道教文昌帝君述略》〔註62〕、《論道教的文昌帝君》〔註63〕；又如高梧的《文昌信仰習俗研究》〔註64〕；1996 年四川省社會科學院文昌文化研究所、四川

〔註59〕《范仲淹全集》，第 196 頁。
〔註60〕〔元〕張伯淳撰：《養蒙文集》，《影印文淵閣四庫全書》第 1194 冊，臺北：臺灣商務印書館，1982 年，第 454 頁。
〔註61〕〔清〕趙九峰著；韓少清注譯：《陽宅三要》，北京理工大學出版社，2008 年，第 54 頁。
〔註62〕張澤洪：《道教文昌帝君述略》，《文史雜誌》，1993 年 4 期。
〔註63〕張澤洪：《論道教的文昌帝君》，《中國文化研究》，2005 年 3 期。
〔註64〕高梧：《文昌信仰習俗研究》，成都：巴蜀書社，2007 年。

梓潼文昌學會主辦了「首屆文昌文化研討會」；2004 年由中國道教協會文化研究所、四川省社會科學院巴蜀文化研究中心、四川大學道教與宗教文化研究所、綿陽市文昌文化學會聯合主辦了「第二屆中華文昌文化研討會」，並出版《中華文昌文化——國際文昌學術研討論文集》〔註65〕。

　　文昌神的一個源頭是即是先秦時期的文昌星辰崇拜。文昌本為星官名，屬紫微垣，包含六顆星。古代天文學家將北斗七星中斗魁背上屬大熊星座的六顆星，稱之為文昌宮。占星家將其命名為上將、次將、貴相、司命、司中、司祿，猶如人間的官品，主宰著人世的功名利祿。《史記・天官書》言：「斗魁戴匡六星曰文昌宮：一曰上將、二曰次將、三曰貴相、四曰司命、五曰司中、六曰司祿。」〔註66〕《隋書・天文志》則對六顆星的職能做了解釋，「文昌六星，在北斗魁前，天之六府也，主集計天道。一曰上將，大將建威武。二曰次將，尚書正左右。三曰貴相，太常理文緒。四曰司祿、司中，司隸賞功進。五曰司命、司怪，太史主滅咎。六曰司寇，大理佐理寶」。〔註67〕雖說古人常說人間的事物法象於天，倒不如說天上的星官乃是法象於地，對文昌宮六星的職能也完全是按人間的政府機構來解釋的。文昌星神的司命、司祿兩個功能，剛好對應個人的生死爵祿，關係重大，因此這兩個職能逐漸成為後世文昌星神的主要職能，最後文昌神僅保留了文昌星神的司祿職能。

　　文昌神的另一個源頭是梓潼神，梓潼神最初以四川梓潼地方保護神的身份出現，而其來源就比較複雜。梓潼縣因「東依梓林，西枕潼水」而得名梓潼。當地民俗對梓樹非常崇拜，呼為「神樹」，梓樹神作為梓潼神的一個來源，成為梓潼地方保護神。梓潼神另一個來源則是蛇神崇拜。相傳，梓樹神曾化為巨蛇，在梓潼山震塌山石，將五丁壓死，防止秦王假道路而攻蜀。當地百姓感念梓樹神化為蛇形，故又把他當作蛇神來崇拜。蛇的別稱為「亞子」，古代「亞」與「惡」同，所以梓潼神廟又被成為「亞子廟」、「惡子廟」。《北夢瑣言》對此有詳細記載：

　　　　梓潼縣張惡子神，乃五丁拔蛇之所也。或云舊州張生所養之蛇，
　　因而祠，時人謂為張惡子，其神甚靈。偽蜀王建世子名元膺，聰明

〔註65〕王興平、黃枝生、耿薰：《中華文昌文化——國際文昌學術研究論文集》，成都：巴蜀書社，2004 年。

〔註66〕〔漢〕司馬遷撰：《史記》，北京：中華書局，1959 年，第 4 冊第 1293 頁。

〔註67〕〔唐〕魏徵、令狐德棻撰：《隋書》，北京：中華書局，1973 年，第 2 冊第 532 頁。

博達，騎射絕倫。牙齒常露，多以袖掩口，左右不敢仰視。蛇眼而
黑色，兇惡鄙褻，通夜不寐。竟以作逆伏誅，就誅之夕，梓潼廟祝
巫為惡子所責，言：「我久在川，今始方歸，何以致廟宇荒穢如是耶？」
由是蜀人乃知元膺為廟蛇之精矣。〔註68〕

《北夢瑣言》乃唐末五代時孫光憲所作，可見此時張惡子神為蛇神的傳說
已然成型。梓潼神還有歷史人物來源，不過版本有好幾個。一為東晉末年，前
秦苻堅派軍攻破益州，蜀北張育奮起反抗，戰死綿竹。張育戰死後，梓潼人為
紀念他，在亞子祠北建張育祠，塑像祭祀。時間一長，人們將張亞子（惡子）
和張育的故事混淆，唐僖宗封張亞子為「濟順王」時，稱「濟順王本張惡子，
晉人，戰死而廟存」，明顯是混淆成一個人了。後秦皇帝姚萇曾在七曲山建祠
祭祀張亞子，也算是帝王對梓潼神的重視。梓潼神的影響亦由此擴大。

梓潼神早期僅是地方保護神，具有懲治叛逆、彰表忠誠的功能。但在隋唐
科舉制出現以後，梓潼神也逐漸開始顯靈於科舉。陸游《老學庵筆記》卷二云：
「李知幾少時，祈夢於梓潼神。是夕，夢至成都天寧觀，有道士指織女支機石
曰：『以是為名，則及第矣！』李遂改名石，字知幾。是舉過省。」〔註69〕《鐵
圍山叢談》卷四記載：

> 長安西去蜀道有梓潼神祠者，素號異甚。士大夫過之，得風雨
> 送，必至宰相；進士過之，得風雨則必殿魁。自古傳無一失者。有
> 王提刑者過焉，適大風雨，王心因自負，然獨不驗。時介甫丞相年
> 八九歲矣，侍其父行，後乃知風雨送介甫也。魯公帥成都，一日召
> 還，遇大風雨，平地水幾二十寸，遂位極人臣。何文縝丞相，政
> 和初與計偕，亦得風雨送，仍見夢曰：「汝實殿魁，聖策所問道也。」
> 文縝抵闕下，適得太上注《道德經》，因日夜窮治。及試策目，果問
> 道，而何為殿魁。〔註70〕

梓潼神自此亦有了預卜科舉命題和科舉結果的功能，且因其十分靈應，影
響日漸廣大。宋高宗初年，金兵南侵，戰亂頻繁，為求神佑，南渡士大夫將梓
潼神信仰亦帶到江南。馬廷鸞（1223～1289）《梓潼神帝君祠記》曾說：「自吾
有敵難，岷峨悽愴，君之靈與江俱東。」又曰「自行朝之祠於吳山者，天華龍

〔註68〕〔宋〕李昉等編：《太平廣記》卷四五八，北京：中華書局，1961年，第3749頁。
〔註69〕〔宋〕陸游撰：《老學庵筆記》，卷二，北京：中華書局，1979年，第18頁。
〔註70〕〔宋〕蔡絛撰：《鐵圍山叢談》，北京：中華書局，1983年，第64頁。

燭，晝夜嚴供。四方士子並走乞靈，亦宜也。」〔註71〕南宋吳自牧《夢粱錄》卷十四「外郡行祠」：「梓潼帝君廟，在吳山承天觀，此蜀中神，專掌注祿籍。凡四方士子求名赴選者悉禱之，封王爵曰惠文忠武孝德仁聖王，王之父母及妃若子若孫若婦若女，俱褒賜顯爵美號。建嘉慶樓，奉香燈矣。」〔註72〕可見南宋時梓潼神職掌祿籍的功能已為公認，而且求禱者甚多。

在宋代，梓潼神有了職掌功名和祿籍的故事，實際上行使著文昌星神的職能，也因此梓潼神和文昌神漸漸合一，迎合了社會上科舉士子們的需要。南宋時，各地開始興建文昌宮，臨安首建梓潼神廟，供四方赴京應舉者祈禱，吳山承天觀內亦有梓潼帝君祠。南宋末，各地紛紛建文昌祠，供奉文昌神。

宋高宗紹興二十七年（1157），封梓潼神為「英顯武列忠佑廣濟王」；景定五年（1264），宋理宗詔封梓潼神為「神文聖武孝德忠仁王」；咸淳五年（1269），宋理宗又追贈張亞子的父母、夫人、子女、婦婿等封號；元延祐三年（1316），元仁宗加封文昌神為「輔元開化文昌司祿宏仁帝君」，欽定為「忠國孝家益民正直禮典之神」，自此梓潼神的名稱即被文昌替代，二者完全合一。文昌帝君的封號亦是封贈的最高規格，文昌帝君從梓潼縣地方保護神到國家正祀，可謂隆盛無替，這對文昌神信仰的發展十分有利。

元末貢師泰《文昌祠記》：「梓潼神祠在蜀郡梓潼縣，累封輔元開化文昌司祿宏仁帝君，今郡縣所在多祀之。」〔註73〕明清時，全國各地修建文昌祠廟更是蔚然成風，書院私塾中也常供奉文昌神像或神位，雖朝廷屢有廢止而不輟。明孝宗弘治元年（1488），禮部尚書周洪謨等認為「夫梓潼顯靈於蜀，廟食其地為宜。文昌六星與之無涉，宜敕罷免。其祠在天下學校者，俱令拆毀。」〔註74〕明孝宗如所議行之。文昌帝君信仰早已深入人心，雖經此挫折，明後期到清代的文昌祭祀反而越來越多。清陳其元《庸閒齋筆記》記載「今文昌之祀遍天下矣，隆重幾與文廟等。」〔註75〕

〔註71〕〔宋〕馬廷鸞撰：《碧梧玩芳集》，《影印文淵閣四庫全書》第1187冊，臺北：臺灣商務印書館，1982年，第120頁。

〔註72〕〔宋〕吳自牧撰：《夢粱錄》，《叢書集成初編》第3220冊，上海：商務印書館，1985年，第129頁。

〔註73〕〔元〕貢師泰撰：《玩齋集》，《影印文淵閣四庫全書》第1215冊，臺北：臺灣商務印書館，1982年，第619頁。

〔註74〕〔清〕張廷玉等撰：《明史》，北京：中華書局，1974年，第1308頁。

〔註75〕〔清〕陳其元撰；楊璐點校：《庸閒齋筆記》，《清代史料筆記叢刊》，北京：中華書局，1997年，第149頁。

　　文昌神從宋代開始職掌仕祿，可以保佑舉子中第，也可保佑官員高升，前者跟科舉至為相關。文昌信仰作為科舉價值一種體現，名稱也被應用很廣泛，宋代即有文昌坊、文昌渠、文昌堰、文昌樓等。宋黃震咸淳八年（1272）作《撫州堰合樓記》：

　　　　混沌判而山川列，元氣會而魁傑生。一太極之妙，流行發越於天壤間，有此停涵則有此發抒，有此山川則有此人物。嵩嶽降神，生甫及申，自昔而然，森不容過。

　　　　迨我本朝重在科目，則又往往應於龍頭之選，有開必先形為詩謠者，率亦所在而奇驗。撫州人物甲天下，故老相傳，乃亦有謠曰：「文昌堰合狀元生」。又曰「龜湖沖破狀元生」，龜湖在州之南城縣，縣今別為建昌軍。歲在丁未，龜湖水果沖破，是年張君淵微廷試果第一。龜湖驗，則文昌之驗必矣。堰在城東楊家、聶家二洲間，其地正與郡學龍首相宜，邇年以來堰忽驟合，應如龜湖，豈伊人力也哉。

　　　　時雨將興，山川出雲；雁塔先題，斷於斯兆。余故作危樓百尺於郡學之龍首，俯瞰文昌，名之曰堰合，以應佳兆，以作士氣，以預為此州曲江宴集之所。雖然造化幾年融結，國家幾年涵養，祖父師友幾年積累教訓，而後得以一介士，上膺聖天子親擢，鴻臚首唱，繞殿雷歡，四方人士想望風采，下至兒童走卒，亦無不駢肩累足，瞻望諮嗟，金榜一開，即指為當世第一流人物。於戲！宜必有以稱此矣！王沂公何人哉。予何人哉。

　　　　　　　　　　　　　　　　　　　咸淳八年十月壬戌

　　　　　朝奉郎權發遣撫州軍州兼江西提舉四明黃震記〔註76〕

上文中文昌堰在江西省臨川縣，堰名「文昌」已是有所寓意追求，「文昌堰合狀元生」也是宋代流行的科舉謠讖，又有所謂「青峰圓，出狀元」，「沙洲圓，出狀元」，「團石圓，出狀元」，「沙洲到寺前，龍泉出狀元」等等。文昌堰「其地正與郡學龍首相宜」，也有風水方位之意。黃震「故作危樓百尺於郡學之龍首，俯瞰文昌」，則此樓也是個風水樓。

　　又文昌閣的興建常與學校臨近，以便於士子祈禱。梁庚堯先生指出：

〔註76〕〔宋〕黃震撰：《黃氏日抄》，《影印文淵閣四庫全書》第 0708 冊，臺北：臺灣商務印書館，1982 年，第 937～938 頁。

　　　　汀州與慶元府昌國縣的文昌廟，就分建在當地官學之側。汀州
州學的文昌廟與先賢祠分立於學校門的左右兩側，昌國縣學側的文
昌宮為地方人士所建，由縣學所管的貢士莊支持，都明顯與學校有
所關聯。除了汀州州學的文昌廟與昌國縣學的文昌宮之外，南宋末
年上海鎮文昌宮與縣學的關係，也值得注意。〔註77〕

　　文昌閣一般是緊伴學校、學宮，有些時候也會選擇城市的東南隅，或者山
水形勝之處。張陳呈《從文昌、魁星祠廟的分布看清代雲南儒學的發展》〔註
78〕中對文昌廟的地理空間分布做了統計，基本符合這個特徵。文昌閣後期也
有可以替代文峰塔以作文筆峰的作用，清趙九峰《地理五訣》卷四「文筆砂」：

　　　　夫文筆者，貴人所用之物也。不得其人，無所用之，惟居臨官
之方，則為真貴人矣。或龍上貴，或向上貴，或坐山貴，或駟馬貴，
或三吉六秀貴。其最有效者，惟巽上有文筆峰居六秀薦元之方。又
木火相生之地，立壬山丙向，放丁水，巽為向上臨官貴。峰上有廟
為赤蛇繞印，又為太乙貴人之地，得之謂之貴人秉筆。故天下文昌
閣悉居於巽，即此意也。〔註79〕

　　清代時文昌閣已經遍於天下，趙九峰總結「天下文昌閣，悉歸於巽」，巽
方即是東南方，此地若有文筆砂主出文人，發科甲，文昌閣建於巽方，亦可以
起到文筆砂的作用。文昌閣不僅有供祈禱文昌神保佑科甲的作用，也有了科舉
風水的作用。

三、魁星、奎星

　　魁星是民間科舉信仰又一崇拜對象，魁星應該說是直接從科舉制衍生出
來的神祇。「魁」從字義上解釋有高、大、出眾之意，又有第一之意。另外古
代還有北斗魁星的崇拜，《後漢書》云：「太微天子廷，北斗魁主殺。星從太微
出，抵北斗魁，是天子大使將出，有所伐殺。」〔註80〕可見北斗魁星在天文中
指伐殺，這和道教「南斗主生，北斗主死」的說法相一致，但與科舉尚無關係。

〔註77〕梁庚堯：《經濟史、都市文化與物質文化》，臺北：中研院史語所，2002年，
　　　　第314頁。

〔註78〕張陳呈：《從文昌、魁星祠廟的分布看清代雲南儒學的發展》，《河池學院學報》，
　　　　2010年第6期。

〔註79〕〔清〕趙九峰著；鄭同點校：《地理五訣》，北京：華齡出版社，2011年，第
　　　　99頁。

〔註80〕〔南朝宋〕范曄撰：《後漢書》，北京：中華書局，1965年，第11冊第3220頁。

　　張曉雪認為：「科舉魁星崇拜的精神層面產生於科舉制盛行的宋代，兩宋方志中也已出現關於『魁星樓』的記載，然其中有無神像則找不到確切證據。」〔註81〕《孝經援神契》云「奎主文章」，東漢宋均注道「奎星屈曲如鉤，似文字之畫」。因奎主文章，故常稱秘書監為奎府，稱皇帝寫的字為奎書、奎章。北宋乾德五年三月，五星聚奎宿，《續資治通鑑長編》卷八云：

　　　　是月，五星如連珠，在降婁之次。初，竇儼與盧多遜、楊徽之、
　　周顯德中同為諫官。儼善推步星曆，嘗謂徽之等曰：「丁卯歲，五星
　　聚奎，自此天下太平，二拾遺見之，儼不與也。」〔註82〕

五星聚奎被視為宋朝文治之兆的象徵，有宋一代崇文右學，人才輩出，常被歸因為五星聚奎的天運所致。如方逢辰《贈星命舒雲峰》「五星聚東井，天下王業開；五星聚奎宿，天下多賢才。」〔註83〕又「觀我宋乃知人才之盛，我宋受命，五星聚奎，宗工巨儒，與時迭出。」〔註84〕奎宿主文的解釋在宋代逐漸流行開來。

　　科舉制出現之後，排第一者常稱為魁，如《宋史》卷三百四十七記載神宗謂章衡曰：「卿為仁宗朝魁甲，寶文藏御集之處，未始除人，今以之處卿。」〔註85〕張元幹《蘆川詞·感皇恩壽》：「綠髮照魁星，平康爭看，錦繡肝腸五千卷。」〔註86〕洪适《臨江仙·會黃魁》云：「北斗南斗云送喜，人間快睹魁星。」〔註87〕魏了翁《菩薩蠻·王子振》云：「壽宿對魁星，頰紅衫鬢青。」〔註88〕這幾則都將科舉及第者或參加科舉的士子稱作魁星，實際上還是考試第一的意思，不過亦因此導致了該神祇崇拜在精神層面的形成。顧炎武《日知錄》卷三十二說道：

　　　　今人所本魁星，不知始自何年，以奎為文章之府，故立廟祀之。

〔註81〕張曉雪：《科舉時代的造神：魁星崇拜研究》，黑龍江大學碩士學位論文，2012年，第8頁。

〔註82〕〔宋〕李燾撰；上海師範大學古籍整理研究所、華東師範大學古籍研究所點校：《續資治通鑑長編》，北京：中華書局，1995年，卷八，第192頁。

〔註83〕〔宋〕方逢辰撰：《蛟峰文集》，《影印文淵閣四庫全書》第1187冊，臺北：臺灣商務印書館，1982年，第552頁。

〔註84〕〔宋〕不著撰人：《群書會元截江綱》，《影印文淵閣四庫全書》第0934冊，臺北：臺灣商務印書館，1982年，第455頁。

〔註85〕〔元〕脫脫等撰：《宋史》，中華書局，1977年，第31冊第11008頁。

〔註86〕〔宋〕張元幹撰：《蘆川詞》，上海：上海古籍出版社，1991年，第196頁。

〔註87〕唐圭璋編：《全宋詞》，北京：中華書局，1965年，第1377頁。

〔註88〕唐圭璋編：《全宋詞》，北京：中華書局，1965年，第2394頁。

乃不能像奎，故改奎為魁。又不能像魁，而取之以字形，為鬼舉足
而起其半。〔註89〕

　　雖然不知道魁星崇拜到底起於何時，但可以肯定的是宋代已經有了，宋代
地方志中已有許多魁星樓的相關記載。張曉雪翻閱宋代方志，共查出兩宋時期
十一座魁星樓，並按其分布可以看出魁星樓是與該地域的科舉興盛程度成正
比的。記載最早的魁星樓在南宋光宗開禧（1205～1207）年間，位於荊湖南路
常寧縣。《嘉靖湖廣圖經志書》記載常寧「魁星亭在學後，宋開禧間建」。〔註
90〕又《景定嚴州續志》記載「魁星樓為一學偉觀，前知州吳槃，既勤樸斲；
今侯錢可則，始丹堊其上，以奉魁星。」〔註91〕又記「吳槃，朝奉郎，寶祐二
年八月十三日到任，……造魁星樓。」〔註92〕可見該魁星樓建於寶祐二年
（1254）之後，景定（1260～1264）間縣侯錢可則其中已開始奉魁星。雖然顧
炎武和馬西沙都認為魁星起源於奎宿信仰，但張曉雪卻得出自己的結論，認為
魁星是科舉魁甲、魁首的精神層面而來，而奎宿則承襲前代奎主文章的觀念，
而且宋代史料中，提及魁星樓十三處，無一處與奎字混用。元大德三年（1299）
何夢桂《淳安縣學魁星樓記》對「魁星」溯源時，也沒跟奎宿扯上關係：

　　　　魁星樓，蓋取北斗第一星名也。魁居斗一為天樞，樞所以旋斗
杓而行乎周天也。志天文者謂，斗璇璣四星皆為魁，號不同，而其
為魁首義一也。然則取以名樓何也？樓為邑庠作也，作樓以魁名，
以崇科目也。何也？係唐宋以科拔擢天下士，其名在舉首者率曰魁，
大廷親策曰廷魁，省闈奏名曰省魁，由三學選曰舍魁，由列郡薦曰
鄉魁，其他大小科、異等、六經、異議各有魁，惟廷試及第為天下
魁。淳祐丁未廷唱亞魁，庚戌廷唱大魁，蓋皆邑庠魁彥也。以其在
人為魁名，在天為魁象，故特書魁星樓者，昭其名也。〔註93〕

〔註89〕〔清〕顧炎武著；陳垣校注：《日知錄校注》，合肥：安徽大學出版社，2007年，
　　　　第1872頁。

〔註90〕〔明〕薛剛修；吳廷舉續修：《嘉靖湖廣圖經志書》，《日本藏中國罕見地方志
　　　　叢刊》，北京：書目文獻出版社，1991年，第1010頁。

〔註91〕〔宋〕錢可則：《景定嚴州續志》，《宋元方志叢刊》，北京：中華書局，1989年，
　　　　第4369頁。

〔註92〕〔宋〕錢可則：《景定嚴州續志》，《宋元方志叢刊》，北京：中華書局，1989年，
　　　　第4361頁。

〔註93〕〔宋〕何夢桂：《潛齋集》，《影印文淵閣四庫全書》第1188冊，臺北：臺灣商
　　　　務印書館，1982年，第493頁。

　　不過到了明清時期魁、奎開始大量混用。另外許多文峰塔也被稱作魁星塔、奎文塔。魁星樓或奎星樓等建築，也常與學校關涉，或鄰近學校，或據於學校東南，起到文筆峰的作用。學校周圍也多有一些以魁星命名的建築或自然山川，如魁星亭、魁星坊、魁星橋、魁星井、魁星岩等等。

圖 4-5　《（乾隆）宜良縣志》縣境圖〔註94〕

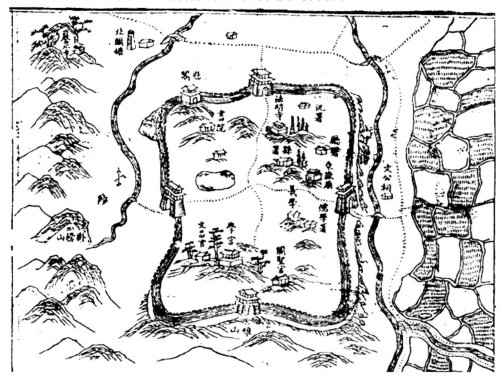

　　上圖為雲南省宜良縣乾隆年間縣境圖，可以看到學宮、文昌宮、書院、魁閣、儒學署、義學等建築與科舉相關，另有掛榜山「在城西南十里，連岩一派，形如張榜，邑有登科者，或崩或火，以此占兆」。〔註95〕乾隆五十年（1785）雲南省宜良縣邑令李淳著《移建魁星閣碑記》云：

　　　　魁星閣舊在文廟左，距今移建處東百餘步。昔人取為文廟左輔，舊無記。茲餘乙巳冬，倡紳士移建文廟於城西北隅，面南向離位，正體尊，舊文廟與文昌宮轉為左案官星，高竦娟秀，環抱有情。而

〔註94〕〔清〕李淳纂修：《（乾隆）宜良縣志》，《中國地方志集成·雲南府縣志輯·22》，南京：鳳凰出版社，2009年，第422頁。

〔註95〕〔清〕李淳纂修：《（乾隆）宜良縣志》，《中國地方志集成·雲南府縣志輯·22》，第433頁。

魁星閣則偏袒於南，無取焉。稍移百餘步，則正拱文廟，為面前文筆閣，既不廢，而於文廟更有裨益。

商之紳士，僉曰善，遂鳩工遷焉，不越月而告成。夫事有專而行之者，亦有連而及之者。茲閣之遷建因乎文廟，然以文廟視魁閣則玉案文星，以魁閣視文廟則龍樓鳳閣。匡岳雲霞，雉堞煙樹，人家衢市，隱躍秀蒨，交互映帶，山川勝概，皆以斯閣收之。吾知科甲蟬聯，更有焜耀三臺，而翊贊聖朝之文治者。後之君子當思斯閣之有關於文廟，則增修嗣葺，自有慨然以興者矣。是為記。〔註96〕

雲南省宜良縣魁星閣移建的動機就是因為關乎文廟，並可作文廟之文筆閣，實有裨益。明清時期大量修建魁星閣時，即有科舉崇拜的因素，亦有科舉風水的因素，茲不贅言。

小結

通過上兩節的分析，我們既可以看到文峰塔與佛塔因科舉風水而發生了交集，又可以看到佛塔給文峰塔注入的佛教因素，佛教的造塔功德信仰、布施功德思想以及因果報應思想，都為後期文峰塔的營建提供了幫助。佛教信仰對科舉的影響，往往大而化之，佛菩薩們神通廣大，雖有文殊菩薩主智慧、地藏菩薩主地獄救度等專職化趨勢，但尚未有專司科舉的佛教神祇。

道教神祇中有許多職事神，如趙公明、范蠡為財神，月老為婚姻神，張仙為生育神，龍王為司雨之神，紫姑神為廁神等，另外還有許多行業保護神，如木匠奉魯班為保護神，紙紮業奉吳道子為保護神等。科舉制產生之後，具有司管科舉功能的神祇也誕生了。文昌帝君從民間地方保護神起家，而逐漸成為全國範圍內信仰的科舉仕祿之神，成為科舉神祇崇拜的主流。魁星更是直接由科舉制衍生出來，從魁首、五經魁等詞語衍伸出魁星的崇拜，也算是很奇特的現象。

孔廟在科舉制中承擔著政治教化功能，昭示著儒家思想在封建社會統治中的核心地位，士子通過祭孔等禮儀以示尊師重道，並可見賢思齊，起到聖人君子人格養成的功能。文昌帝君、魁星是科舉神祇產生之後，士子們在面臨科

〔註96〕〔民國〕許實纂輯：《（民國）宜良縣志》，《中國地方志集成·雲南府縣志輯·24》，南京：鳳凰出版社，2009年，第331～332頁。

舉制的巨大壓力下，可以通過禮拜文昌帝君、魁星來祈求神靈的保護和指點。另外文昌帝君信仰與勸善運動的結合，也起到了道德教化功能，科舉的成敗也與道德的好壞相掛鉤。士子如果想取得科舉的成功，必須行善以積陰德。文峰塔則主要是風水輔助功能，風水奪神功改天命的思想刺激著人們去改造風水，通過修造風水塔的活動來培補本地的文脈和科舉風水。孔廟、文昌閣、魁星閣、文峰塔的修建活動得以在明清時期大行其道，正是在科舉成為富貴之途的感召影響下推動的，它們共同構建了中國無比豐富的科舉文化。

科舉崇拜信仰在一定程度上也融會到文峰塔中。早期文峰塔大多為佛塔，其中主要是奉祀佛像、舍利等佛教象徵物，明清時期越來越多的文峰塔中開始奉祀孔子、文昌、魁星等神祇，文峰塔顯然成為三教科舉神祇的殿堂。正如當今學界的共識所言，文峰塔有著儒釋道三教合一的特徵，主要以佛塔之建築形制，興儒教之文風，而亦可奉祀道教之神祇。有關文峰塔的研究剛剛開始，對於明清時期文峰塔豐富複雜的歷史文化仍有待學者們進一步研究。

參考文獻

一、叢書、類書

1. 《續修四庫全書》，上海：上海古籍出版社，2013 年。
2. 《四庫全書存目叢書》，濟南：齊魯書社，1995 年。
3. 《四庫未收書輯刊》，北京：北京出版社，1997 年。
4. 《四部叢刊》，張元濟主編，上海書店出版社，2015 年。
5. 《故宮珍本叢刊》，南寧：海南出版社，2001 年。
6. 《永樂大典十七卷 海外新發現》，上海：上海辭書出版社，2003 年。
7. 《大正新修大藏經》，臺北：新文豐出版公司，1990 年。
8. 《道藏》，北京文物出版社、上海書店、天津古籍出版社，1988 年。
9. 〔唐〕歐陽詢撰；汪紹楹校：《藝文類聚》，北京：中華書局，1965 年。
10. 〔唐〕虞世南：《北堂書鈔》，北京：中國書店，1989 年。
11. 〔唐〕徐堅：《初學記》，北京：中華書局，1962 年。
12. 〔唐〕白居易撰；〔宋〕孔博續撰：《白孔六帖・外三種》，上海：上海古籍出版社，1992 年。
13. 〔宋〕李昉等編：《太平廣記》，北京：中華書局，1961 年。
14. 〔宋〕李昉等編：《太平御覽》，北京：中華書局，1960 年。
15. 〔宋〕王欽若等編：《冊府元龜》，北京：中華書局，1960 年。
16. 〔明〕解縉等編：《永樂大典》，北京：中華書局，1982 年。
17. 〔清〕紀昀等編：《影印文淵閣四庫全書》，臺北：臺灣商務印書館，2008 年。

18.〔清〕董浩等編：《全唐文》，北京：中華書局，1983 年。

19.〔清〕康熙四十二年御定：《御定全唐詩》，《影印文淵閣四庫全書》第 1430 冊，臺北：臺灣商務印書館，1982 年。

20. 陳尚君輯校：《全唐詩補編》（全三冊），北京：中華書局，1992 年。

21. 曾棗莊、劉琳等編：《全宋文》，上海：上海辭書出版社，2006 年。

22. 唐圭璋編：《全宋詞》，北京：中華書局，1965 年。

二、書目

1.〔宋〕晁公武撰；孫猛校正：《郡齋讀書志校正》，上海：上海古籍出版社，1990 年。

2.〔宋〕鄭樵撰：王樹民點校：《通志二十略》上下冊，北京：中華書局，1995 年。

3.〔清〕永瑢等撰：《四庫全書總目》，北京：中華書局，1965 年。

4. 余嘉錫：《四庫提要辯證》，北京：中華書局，1980 年。

5. 陳樂素：《宋史藝文志考證》，廣東人民出版社，2002 年。

6. 張舜徽：《漢書藝文志通釋》，武漢：湖北教育出版社，1990 年。

7. 郝慶柏：《永樂大典書目考》，1931～1934 年印《遼海叢書》本。

8. 中國古籍總目編纂委員會：《中國古籍總目》，北京：中華書局、上海：上海古籍出版社，2013 年。

三、歷史類

（一）專著

1.〔漢〕司馬遷撰：《史記》，北京：中華書局，1959 年。

2.〔漢〕班固撰：《漢書》，北京：中華書局，1964 年。

3.〔南朝宋〕范曄撰；〔唐〕李賢等注：《後漢書》，北京：中華書局，1965 年。

4.〔北齊〕魏收撰：《魏書》，北京：中華書局，1974 年。

5.〔唐〕魏徵、令狐德棻撰：《隋書》，北京：中華書局，1973 年。

6.〔後晉〕劉昫等撰：《舊唐書》，北京：中華書局，1975 年。

7.〔宋〕王溥撰：《唐會要》，《叢書集成初編》，北京：中華書局，1991 年。

8.〔宋〕司馬光編著；〔元〕胡三省音注；「標點資治通鑑小組」校點：《資治

通鑒》，北京：中華書局，1956 年。

9. 〔宋〕李燾撰；上海師範大學古籍整理研究所、華東師範大學古籍研究所點校：《續資治通鑒長編》，北京：中華書局，1995 年。

10. 〔元〕脫脫等撰：《宋史》，北京：中華書局，1977 年。

11. 〔明〕陳邦瞻編：《宋史紀事本末》，北京：中華書局，1977 年。

12. 〔清〕徐松撰：《宋會要輯稿》，北京：中華書局，1957 年。

13. 〔清〕徐松撰；張穆校補；方岩點校：《唐兩京城坊考》，北京：中華書局，1985 年。

14. 李夢生：《左傳譯注》，上海：上海古籍出版社，1998 年。

15. 楊伯峻：《春秋左傳注》，北京：中華書局，1990 年。

16. 錢穆：《中國歷史研究法》，北京：生活‧讀書‧新知三聯書店，2001 年。

17. 張希清、范國強編著：《范仲淹研究文集》（5），北京：北京大學出版社，2009 年。

18. 平湖市地方志編纂委員會編：《平湖年鑒 2000》，北京：中華書局，2001 年。

19. 方復祥、蔣蒼蒼著：《「金平湖」下的世家大族》，北京：中國文史出版社，2008 年。

20. 夏曾佑：《中國古代史》，《民國叢書》第二編第 73 冊，上海書店，1996 年版。

21. 〔日〕內藤湖南著；夏應元選編並監譯：《中國史通論──內藤湖南博士中國史學著作選擇》，北京：社會科學文獻出版社，2004 年。

22. 〔口〕梅原郁：《宋代官僚制度研究》，同朋舍，1995 年。

23. 龔延明：《宋史職官志補正》，杭州：浙江古籍出版社，1991 年。

24. 黃寬重：《宋代的家族與社會》，臺北：東大圖書出版公司，2006 年。

25. 葛劍雄：《中國人口發展史》，福州：福建人民出版社，1991 年。

26. 龔延明：《宋代官制辭典》，北京：中華書局，1997 年。

（二）論文

1. 龐樸：《陰陽五行探源》，《中國社會科學》，1984 年 03 期，第 75～98 頁。

2. 鮑新山：《北宋名臣謝泌及生平思想述評》，收於《張其凡教授榮開六秩紀念文集》（范立舟、曹家齊主編，上海人民出版社，2009 年），第 269～279 頁。

3. 熊鳴琴《論北宋名相畢士安》,《晉陽學刊》, 2003 年 02 期,第 77～80 頁。

4. 張邦煒:《「唐宋變革論」與宋代社會史研究》,收於李華瑞編《唐宋變革論的由來與發展》,天津:天津古籍出版社, 2010 年,第 1～63 頁。

5. 孫國棟:《唐宋之際社會門第之消融──唐宋之際社會轉變研究之一》,收於《唐宋史論叢》,上海:上海古籍出版社, 2010 年,第 271～352 頁。

6. 盧永光:《張文獻公祠考述》,《韶關大學韶關師專學報》(社會科學版‧粵北文史專輯), 1991 年第 3 期,第 30～37 頁。

四、宗教學

(一) 專著

1. 〔德〕格奧爾格‧西美爾著;曹衛東譯:《宗教社會學》,上海:上海人民出版社, 2003 年。

2. 〔德〕馬克斯‧韋伯著;康樂,簡惠美譯:《宗教社會學》,南寧:廣西師範大學出版社, 2011 年。

3. 〔美〕約翰‧斯通著;尹今黎,張蕾譯:《社會中的宗教》,成都:四川人民出版社, 1991 年。

4. 〔法〕愛彌爾‧涂爾幹著;渠東,汲喆譯:《宗教生活的基本形式》,上海:上海人民出版社, 2006 年。

5. 〔英〕拉娜著;劉靖華,周曉慧譯:《巫術與宗教》,北京:今日中國出版社, 1992 年。

6. 〔日〕酒井忠夫、胡小偉等著:《民間信仰與社會生活》,上海:上海人民出版社, 2011 年。

7. 〔加〕卜正民:《為權力祈禱:佛教與晚明中國士紳社會的形成》,南京:江蘇人民出版社, 2005 年。

8. 〔日〕道端良秀:《中國佛教與社會福利事業》,佛光出版社, 1986 年。

9. 〔日〕竺沙雅章:《中國佛教社會史研究》,朋友書店, 2002 年。

10. 〔日〕酒井忠夫:《中國善書研究》,南京:江蘇人民出版社, 2010 年。

11. 蔣維喬:《中國佛教史》,上海:上海古籍出版社, 2007 年。

12. 湯用彤:《漢魏兩晉南北朝佛教史》,北京:北京大學出版社, 2011 年。

13. 任繼愈主編:《中國佛教史》,北京:中國社會科學出版社, 1985 年。

14. 許抗生:《佛教的中國化》,北京:宗教文化出版社, 2008 年。

15. 王志楣：《從〈弘明集〉看佛教中國化》，新北：花木蘭文化出版社，2008年。

16. 汪小洋：《中國佛教美術本土化研究》，上海：上海大學出版社，2010年。

17. 梁曉虹：《華化佛教》，北京：北京語言學院出版社，1996年。

18. 孫尚揚：《宗教社會學》，北京：北京大學出版社，2003年。

19. 戴康生：《宗教社會學》，北京：社會科學文獻出版社，2000年。

20. 楊慶堃：《中國社會中的宗教》，上海：上海人民出版社，2007年。

21. 李向平：《從信仰到宗教的「實踐邏輯」》，香港中文大學崇基學院，宗教與中國社會研究中心，2010年。

22. 李向平：《佛教信仰與社會變遷》，北京：宗教文化出版社，2007年。

23. 孫雄：《聖俗之間：宗教與社會發展互動關係研究》，哈爾濱：黑龍江人民出版社，2005年。

24. 梁麗萍：《中國人的宗教心理》，北京：社會科學文獻出版社，2004年。

25. 鄭振滿，陳春聲主編：《民間信仰與社會空間》，福州：福建人民出版社，2003年。

26. 陳進國：《信仰、儀式與鄉土社會——風水的歷史人類學探索》，北京：中國社會科學出版社，2005年。

27. 李四龍：《中國佛教與民間社會》，鄭州：大象出版社，2009年。

28. 譚萬全：《漢傳佛教寺院的社會功能》，北京：宗教文化出版社，2011年。

29. 肖堯中：《都市佛寺的社會交換研究》，成都：巴蜀書社，2009年。

30. 道堅：《中國佛教與社會探論》，北京：宗教文化出版社，2007年。

31. 道堅：《重慶忠州佛教研究》，北京：宗教文化出版社，2012年。

32. 湛如：《淨法與佛塔》，北京：中華書局，2006年。

33. 段玉明：《相國寺——在唐宋帝國的神聖與凡俗之間》，成都：巴蜀書社，2004年。

34. 段玉明：《中國寺廟文化》，上海：上海人民出版社，1994年。

35. 段玉明：《中國寺廟文化論》，上海：上海人民出版社，1999年。

36. 周晶：《中國佛教慈善實用手冊》，銀川：陽光出版社，2012年。

37. 王仲堯：《慈悲喜捨——佛教財富觀》，北京：宗教文化出版社，2004年。

38. 王衛平：《中國古代傳統社會保障與慈善事業》，北京：群言出版社，2005年。

39. 張士江：《中國宗教公益事業的回顧與展望》，北京：宗教文化出版社，2008 年。

40. 劉雄峰：《明清民間宗教思想研究》，成都：巴蜀書社，2011 年。

41. 唐大潮：《明清之際道教「三教合一」思想論》，北京：宗教文化出版社，2000 年。

42. 黃海濤：《明清佛教發展新趨勢》，昆明：雲南大學出版社，2008 年。

43. 馬書田：《中國佛教諸神》，北京：團結出版社，1998 年。

44. 葛永海：《古代小說與城市文化研究》，上海：復旦大學出版社，2004 年。

45. 宋珂君：《明代宗教小說中的佛教「修行」觀念》，北京：中國社會科學出版社，2005 年。

46. 李真瑜：《城市文化與戲劇》，太原：山西人民教育出版社，2006 年。

47. 甘滿堂：《村廟與社區公共生活》，北京：社會科學文獻出版社，2007 年。

48. 高梧：《文昌信仰研究》，成都：巴蜀書社，2008 年。

49. 黃枝生：《文昌帝君》，成都：巴蜀書社，2000 年。

50. 王興平、黃枝生、耿薰：《中華文昌文化——國際文昌學術研究論文集》，成都：巴蜀書社，2004 年。

51. 鄭志明：《中國善書與宗教》，臺北：學生書局，1988 年。

52. 李剛：《勸善成仙》，成都：四川人民出版社，1994 年。

53. 陳霞：《道教勸善書研究》，成都：巴蜀書社，1999 年。

54. 高梧：《文昌信仰習俗研究》，成都：巴蜀書社，2007 年。

（二）論文

1. 張澤洪：《道教文昌帝君述略》，《文史雜誌》1993 年 4 期

2. 張澤洪：《論道教的文昌帝君》，《中國文化研究》，2005 年 3 期。

3. 張陳呈：《從文昌、魁星祠廟的分布看清代雲南儒學的發展》，《河池學院學報》，2010 年第 6 期。

4. 韋兵：《五星聚奎天象與宋代文治之運》，《文史哲》，2005 年第 4 期。

5. 張曉雪：《科舉時代的造神：魁星崇拜研究》，黑龍江大學碩士學位論文，2012 年。

6. 楊軍：《宋元三教融合與道教發展研究》，四川大學博士論文，2007 年。

7. 程曦：《明代儒佛融通思想研究》，復旦大學博士論文，2007 年。

8. 學誠：《社會福祉與佛教慈善》，《法音》，2009 年 02 期。

9. 蘇世枝：《宋元以來泉州地區的佛教慈善事業》，《南方論刊》，2008 年 10 期。

10. 林誌剛：《中國佛教慈善理論體系芻論》，《世界宗教文化》，2012 年 05 期。

11. 鄭碧強：《佛教慈善思想的內涵》，《中國宗教》，2007 年 06 期。

12. 段玉明：《佛教勸善理念研究》，《雲南社會科學》，2005 年 05 期。

13. 段玉明：《寺廟與城市關係論綱》，《西南民族大學學報》（人文社會科學版），2010 年 02 期。

14. 祝尚書：《科名前定：宋代科舉制度下的社會心態——兼論對宋人志怪小說創作的影響》，《文史哲》，2004 年第 2 期。

15. 孫榮耒：《敬惜字紙的習俗及其文化意義》，《民俗研究》，2006 年 02 期。

16. 萬晴川：《「敬惜字紙」的民俗信仰——論〈桂宮梯〉和〈青雲梯〉》，《內江師範學院學報》，2006 年 03 期。

17. 萬晴川、李舟：《明清小說中的「敬惜字紙」信仰》，《明清小說研究》，2012 年 04 期。

18. 楊梅：《敬惜字紙信仰論》，《四川大學學報》（哲學社會科學版），2007 年 06 月。

五、建築類

（一）專著

1. 〔美〕巫鴻：《中國古代藝術與建築中的「紀念碑性」》，上海：上海人民出版社，2009 年。

2. 〔美〕阿爾弗雷德·申茨：《幻方——中國古代的城市》，北京：中國建築工業出版社，2009 年。

3. 〔美〕約瑟夫里克·沃特：《城之理念》，北京：中國建築工業出版社，2006 年。

4. 〔日〕濱島敦俊著；朱海濱譯：《明清江南農村社會與民間信仰》，廈門：廈門大學出版社，2008 年。

5. 梁思成：《圖像中國建築史》，北京：生活·讀書·新知三聯書店，2011 年。

6. 劉敦楨：《中國古代建築史》，北京：中國建築工業出版社，1984 年。

7. 羅哲文：《中國古代建築》，上海：上海古籍出版社，2001 年。

8. 羅哲文：《中國古代建築精華》，鄭州：大象出版社，2005 年。

9. 羅哲文：《擎天摩雲的七寶莊嚴》，瀋陽：遼寧師範大學出版社，1996 年。

10. 張馭寰：《中國名塔》，北京：中國旅遊出版社，1984 年。

11. 張馭寰、羅哲文合著：《中國古塔精粹》，北京：科學出版社，1988 年。

12. 張馭寰：《中國塔》，太原：山西人民出版社，2000 年。

13. 張馭寰：《中國佛塔史》，北京：科學出版社，2006 年。

14. 張馭寰：《佛教寺塔》，北京：宗教文化出版社，2007 年。

15. 張馭寰：《傳世浮屠：中國古塔集萃》，天津：天津大學出版社，2010 年。

16. 張馭寰：《古塔實錄》，武漢：華中科技大學出版社，2011 年。

17. 張馭寰：《中國風水塔》，北京：學苑出版社，2011 年。

18. 張馭寰：《中國古代建築文化》，北京：機械工業出版社，2007 年。

19. 張馭寰：《中國古代縣城規劃圖詳解》，北京：科學出版社，2007 年。

20. 江蘇省文物管理委員會編：《江蘇之塔》，南京：江蘇人民出版社，1957 年。

21. 朱同芳主編：《江蘇名塔》，南京：南京出版社，2013 年。

22. 趙克禮：《陝西古塔研究》，北京：科學出版社，2007 年。

23. 李德喜等編：《湖北古塔》，北京：中國建築工業出版社，2011 年。

24. 重慶市文化遺產研究院、重慶文化遺產保護中心編著：《重慶古塔》，北京：科學文化出版社，2013 年。

25. 甘肅省文物局編著：《甘肅古塔研究》，北京：科學出版社，2014 年。

26. 陳雲峰、張俊編著：《雲南古塔建築》，昆明：雲南美術出版社，2008 年。

27. 李安保、崔振森著：《三晉古塔》，太原：山西人民出版社，1999 年。

28. 廣東考古研究所編：《廣東古塔》，廣州：廣東省地圖出版社，1999 年。

29. 王魯民：《中國古代建築思想史綱》，武漢：湖北教育出版社，2002 年。

30. 王魯民：《中國古典建築文化探源》，同濟大學出版社，1997 年。

31. 何寶通：《中國古代建築及歷史演變》，北京：北京大學出版社，2010 年。

32. 中國科學院自然科學史研究所：《中國古代建築技術史》，北京：科學出版社，1985 年。

33. 郭黛姮：《中國古代建築史》第三卷 宋、遼、金、西夏建築，北京：中國建築工業出版社，2009 年。

34. 潘谷西：《中國古代建築史》第四卷 元、明建築，北京：中國建築工業出

版社，2009 年。

35. 孫大章：《中國古代建築史》第五卷 清代建築，北京：中國建築工業出版社，2009 年。

36. 唐家路等：《中國古代建築磚雕》，南京：江蘇美術出版社，2006 年。

37. 沈福煦：《中國古代建築文化史》，上海：上海古籍出版社，2001 年。

38. 劉勝華：《古代建築中的科學知識》，上海：上海科學技術出版社，2011 年。

39. 程國政：《中國古代建築文獻精選》，上海：同濟大學出版社，2010 年。

40. 樓慶西：《中國傳統建築文化》，北京：中國旅遊出版社，2008 年。

41. 陳凱峰：《建築文化學》，上海：同濟大學出版社，1996 年。

42. 張傑：《中國古代空間文化溯源》，北京：清華大學出版社，2012 年。

43. 傅熹年：《中國古代城市規劃、建築群布局及建築設計方法研究》，北京：中國建築工業出版社，2001 年。

44. 汪德華：《中國古代城市規劃文化思想》，北京：中國城市出版社，1997 年。

45. 汪德華：《中國山水文化與城市規劃》，南京：東南大學出版社，2002 年。

46. 董鑒泓：《中國古代城市建設》，北京：中國建築工業出版社，1988 年。

47. 賀業鉅：《中國古代城市規劃史》，北京：中國建築工業出版社，1996 年。

48. 鄭錫煌：《中國古代地圖集──城市地圖》，西安：西安地圖出版社，2005 年。

49. 屈浩然：《中國古代高建築》，天津：天津科學技術出版社，1991 年。

50. 馬曉：《中國古代木樓閣》，北京：中華書局，2007 年。

51. 楊慎初：《中國書院文化與建築》，武漢：湖北教育出版社，2002 年。

52. 史仲文：《中國藝術史──建築雕塑卷》，石家莊：河北人民出版社，2006 年。

53. 王志遠主編：《中國佛教百科──第五卷 建築》，北京：華齡出版社，2008 年。

54. 桑子長：《中國名塔》，重慶：重慶出版社，2004 年。

55. 常青：《中國古塔的藝術歷程》，太原：山西人民美術出版社，1998 年。

56. 蕭默：《文明起源的紀念碑》，北京：機械工業出版社，2007 年。

57. 雷從云：《眾神的殿堂》，臺北：萬卷樓圖書公司，2000 年。

58. 張曉虹：《萬民所依》，長春：長春出版社，2008 年。

59. 張維明等：《塔寺廟》，上海：上海人民美術出版社，1996 年。

60. 郭曉鴻：《佛教小百科 24──佛教的塔婆》，北京：中國社會科學出版社，2003 年。

61. 郭曉鴻：《佛教小百科 25──中國的佛塔》，北京：中國社會科學出版社，2003 年。

62. 張良皋：《匠學七說》，北京：中國建築工業出版社，2002 年。

（二）論文

1. 張馭寰：《對北魏洛陽永寧寺塔的復原研究》，《建築史論文集》，2000 年第 02 期。

2. 王貴祥：《關於北魏洛陽永寧寺塔復原的再研究》，《建築史》，2013 年 02 期。

3. 吳慶洲、徐偉堅、梁耀機：《德慶三元塔修復研究》，《古建園林技術》，1999 年 01 期。

4. 唐協成：《建築社會學研究論綱》，《安徽建築工業學院學報》（自然科學版），2005 年 04 期。

5. 張振：《中國建築文化根基──儒、道、佛（釋）與中國建築文化》，《華中建築》，2003 年第 2 期。

6. 陳凱峰《人類各階段建築文化要義（之三）──宗教建築文化》，《南方建築》，1995 年第 4 期。

7. 莊裕光：《高塔漫記》，《華中建築》，1985 年 04 期。

8. 吳東：《高層建築的鼻祖──中國古塔》，《建築施工》，1986 年 01 期。

9. 張馭寰：《中國古代高層建築──塔──古代建材與建築的傑作》，《房材與應用》，2003 年 06 期。

10. 張文良：《佛塔崇拜與大乘佛教的起源──以下田正弘的學說為中心》，《南昌航空大學學報》（社會科學版），2009 年 01 期。

11. 白文：《佛塔與法身──五重佛舍利塔的佛像構成》，《文物世界》，2010 年 02 期。

12. 湛如、丁薇：《印度早期佛教的佛塔信仰形態》，《世界宗教研究》，2003 年 04 期。

13. 吳慶洲：《佛塔的源流及中國塔刹形制研究》，《華中建築》，1999 年 04 期。

14. 吳慶洲：《佛塔的源流及中國塔剎形制研究》（續），《華中建築》，2000 年 01 期。

15. 劉傑：《中國古塔的儒釋道文化意蘊》，《上海交通大學學報》（社科版），2000 年 02 期。

16. 孔勤：《中國佛塔史話》，《法音》，1988 年 06 期。

17. 伍國正：《中國佛塔建築的文化特徵》，《湘潭師範學院學報》，2005 年 09 期。

18. 李志紅、宋穎惠：《唐長安城的寺塔與城市空間景觀》，《文博》，2006 年 04 期。

19. 潘洌：《淺探中國古塔文化及其應用》，《重慶建築》，2005 年 05 期。

20. 尹晶：《淺談佛塔與中國文化發展和變遷》，《雞西大學學報》，2010 年 05 期。

21. 韋璿：《塔建築在中國的演變》，武漢理工大學碩士論文，2006 年。

22. 劉寶蘭：《早期佛塔的中國化芻議》，《文物世界》，2003 年 06 期。

23. 宋樹恢：《中國現存古塔的分布及鑒賞利用》，《合肥工業大學學報》（社會科學版），2001 年 1 期。

24. 由平：《佛塔形態演變的文化學意義》，《洛陽工學院學報》（社會科學版），2001 年 06 期。

25. 唐雲俊：《東南地區的早起佛教建築》，《東南文化》，1994 年 01 期。

26. 萬幼楠：《贛南古塔研究》，《南方文物》，1993 年 01 期。

27. 萬幼楠：《贛南古塔綜述》，《南方文物》，2001 年 04 期。

28. 萬幼楠：《贛南風水塔與風水信仰初探》，《歷史文獻研究》，第 30 輯。

29. 周玲麗、張先進：《興賢塔字庫建築藝術的解讀》，《華中建築》，2011 年 06 月。

30. 張新莉、王洪波：《建築風水之一──風水塔》，《陝西建築》，2009 年 11 期。

31. 王積厚：《南部神壩磚塔》，《四川文物》，1985 年 02 期。

32. 王善國、李俊福：《南漳古塔──文筆峰》，《今日湖北》，2000 年 03 期。

33. 駱奇南：《邛崍回瀾文風塔》，《四川文物》，1994 年 03 期。

34. 張仁遠：《文峰塔》，《貴州檔案》，2006 年 06 期。

35. 張殿波：《開縣文峰塔結構設計》，《四川建材》，2012 年第 6 期。

36. 孫仁良：《開江文筆塔》，《四川文物》，1995 年 05 期。

37. 陸曉平：《赤峰塔：有故事的風水寶塔》，《建築與文化》，2011 年 08 期。

六、風水類

（一）專著

1. 〔宋〕王洙編；金身佳校注：《地理新書校理》，湘潭：湘潭大學出版社，2012 年。

2. 〔宋〕王洙：《重校正地理新書》，北京圖書館館藏金刻本，《續修四庫全書》第 1054 冊。

3. 〔宋〕張洞玄撰；〔宋〕劉允中注釋；〔宋〕蔡元定發揮：《玉髓真經》，《續修四庫全書》一〇五三・子部・術數類，上海：上海古籍出版社，2013 年。

4. 〔明〕李默齋：《闢徑集》，道光十四年鐫欖溪李世德藏版，臺北：集文書局印行，2011 年。

5. 〔清〕高見南：《相宅經纂》，味根草堂藏版，清道光甲辰新刊。

6. 〔清〕趙九峰著；鄭同點校：《地理五訣》，北京：華齡出版社，2011 年。

7. 〔清〕趙九峰著；韓少清注譯：《陽宅三要》，北京：北京理工大學出版社，2008 年。

8. 趙建雄主編：《風水善本書目初編》，臺北：中華風水協會出版，民國 84 年（1995 年）。

9. 妙摩、慧度：《中國風水術》，北京：中國文聯出版公司，1993 年。

10. 何曉昕：《風水探源》，南京：東南大學出版社，1990 年。

11. 何曉昕、羅雋：《風水史》，上海：上海文藝出版社，1995 年。

12. 何曉昕、羅雋：《中國風水史（增補版）》，北京：九州島出版社，2008 年。

13. 俞孔堅：《理想景觀探源——風水的文化意義》，北京：商務印書館，2000 年。

14. 高有謙：《中國風水》，北京：中國華僑出版社，1992 年。

15. 程建軍：《中國古代建築與周易哲學》，吉林：吉林教育出版社，1991 年。

16. 程建軍：《藏風得水》，北京：中國電影出版社，2004 年。

17. 程建軍：《風水與建築》，南昌：江西科學技術出版社，2005 年。

18. 王其亨：《風水理論研究》，天津：天津大學出版社，1992 年。

19. 王育武：《中國風水源流》，武漢：湖北教育出版社，2008 年。

20. 王玉德:《神秘的風水——傳統相地術研究》,南寧:廣西人民出版社, 1991 年。

21. 於希賢:《法天象地——中國古代人居環境與風水》,北京:中國電影出版社,2006 年。

22. 丁文劍:《現代建築與古代風水》,上海:東華大學出版社,2008 年。

23. 余健:《堪輿考源》,北京:中國建築工業出版社,2005 年。

24. 一丁:《中國古代風水與建築選址》,石家莊:河北科學技術出版社,1996 年。

25. 余易:《建築風水十三講》,北京:北京科學技術出版社,2010 年。

26. 余易:《風水金誡》,北京:北京科學技術出版社,2010 年。

27. 龍彬:《風水與城市營建》,南昌:江西科學技術出版社,2005 年。

28. 張覺明:《風水與佛寺》(上下冊),臺中:瑞成書局,2005 年。

29. 張齊明:《亦術亦俗——漢魏六朝風水信仰研究》,北京:中國人民大學出版社,2011 年。

30. 金身佳:《敦煌寫本宅經葬書校注》,北京:民族出版社,2007 年。

31. 陳於柱:《敦煌寫本宅經校錄研究》,北京:民族出版社,2007 年。

32. 關長龍:《敦煌本堪輿文書研究》,北京:中華書局,2013 年。

33. 黃正建:《敦煌占卜文書與唐五代占卜研究》,北京:學苑出版社,2001 年。

34. 范春義:《古代風水文獻研究》,南京大學博士論文,2008 年。

35. 蔡達峰:《歷史上的風水術》,上海:上海科技教育出版社,1994 年。

36. 閆淳純:《唐代風水活動考》,浙江大學碩士論文,2010 年。

37. 唐蕙韻:《中國風水故事研究》,中國文化大學中國文學研究所博士論文,2005 年。

38. 唐蕙韻:《中國風水故事資料類編》上下冊,臺北:花木蘭文化出版社,2011 年。

39. 何麗野:《八字易象與哲學思維》,北京:中國社會科學出版社,2004 年。

40. 宮寶利:《術數活動與明清社會》,天津:天津古籍出版社,2009 年。

(二)論文

1. 陳進國:《事關生死:風水與福建社會文化變遷》,廈門大學博士學位論文,2002 年。

2. 周鷥：《唐五代科舉習俗研究》，首都師範大學碩士學位論文，2011 年。

3. 陳於柱：《敦煌寫本宅經研究》，蘭州大學碩士學位論文，2003 年。

4. 周蓓：《宋代風水研究》，上海師範大學碩士學位論文，2003 年。

5. 范春義：《古典風水文獻研究》，南京大學博士學位論文，2008 年。

6. 陳啟鐘：《風生水起──論風水對明清時期閩南宗族發展的影響》，《新史學》十八卷三期，2007 年 9 月。

7. 楊曉紅：《宋代風水民俗信仰的興盛及原因探析》，《西夏研究》，2010 年 04 期。

8. 周蓓：《宋代風水研究》，上海師範大學碩士學位論文，2003 年。

9. 趙章超：《宋代小說風水信仰論析》，《中國俗文化研究國際學術研討會論文集》，2002 年。

10. 侯傑、劉宇聰：《歷史人類學視覺下的福建風水文化──評陳進國〈信仰、儀式與鄉土社會：風水的歷史人類學探索〉》，《世界宗教研究》，2006 年 03 期。

11. 胡義成：《風水包含著科學成分──國內外風水研究述評》，青島科技大學學報（社會科學版），2009 年 3 月。

12. 申小紅：《宋代宗族風水觀念與現代環境保護芻議》，《綏化師專學報》，2004 年 11 月。

13. 羅勇、王院成：《民間風水信仰的心理解讀──以贛閩粵客家地區為例》，《西南民族大學學報》（人文社科版），2005 年 12 期。

14. 王院成：《社會記憶、風險社會與文化調適──現代民間風水信仰的人類學解讀》，《焦作師範高等專科學院學報》，2011 年 04 期。

15. 黃志繁：《明代贛南的風水、科舉與鄉村社會「士紳化」》，《史學月刊》，2005 年第 11 期。

16. 劉海峰：《科舉文獻與「科舉學」》，《臺大歷史學報》，2003 年 12 月。

17. 廖咸惠：《體驗「小道」：宋代士人生活中的術士與術數》，《新史學》20 期 4 卷，2009 年，第 1～58 頁。

18. 劉祥光：《宋代風水文化的擴展》，《臺大歷史學報》第 45 期，2010 年 6 月，第 1～78 頁。

19. 關傳友：《「興人文」「發科甲」──基於風水因素的明清皖西學場營建的官紳互動》，《皖西學院學報》，2014 年 2 月，第 30 卷第 1 期。

20. 白海峰、王如冰：《西安府文廟的擇址及其對周圍環境的塑造》,《文博》,
   2010 年 01 期。

21. 沈睿文：《〈地理新書〉的成書及版本流傳》,《古代文明（輯刊）》,2010 年
   00 期。

22. 劉未：《宋元時期的五音地理書》,《青年考古學家》總 22 期,2010 年 5
   月,第 98～101 頁。

七、科舉教育類

（一）專著

1. 〔美〕何柄棣著；徐泓譯：《明清社會史論》,臺北：聯經出版事業有限公
   司,2013 年。

2. 〔美〕賈志揚：《宋代科舉》,臺北：東大圖書公司,1995 年。該書 1985
   年以英文初版。

3. 〔美〕李弘祺：《宋代官學教育與科舉》,臺北：聯經出版事業公司,1994
   年。1985 年英文初版。

4. 〔美〕韓明士：《官宦與紳士：兩宋江西撫州的精英》,劍橋大學出版社,
   1986 年。

5. 吳宗國：《唐代科舉制度研究》,瀋陽：遼寧大學出版社,1992 年。

6. 林白：《中國科舉史話》,南昌：江西人民出版社,2011 年。

7. 王道成：《科舉史話》,北京：中華書局,1988 年。

8. 李世愉：《中國歷代科舉生活掠影》,瀋陽：瀋陽出版社,2005 年。

9. 魯威：《科舉奇聞》,瀋陽：遼寧教育出版社,1990 年。

10. 上海嘉定博物館：《科舉文化與科舉學》,福州：海風出版社,2007 年。

11. 劉海峰：《二十世紀科舉研究論文選編》,武漢：武漢大學出版社,2009
    年。

12. 劉海峰主編：《科舉學的形成與發展》,武漢：華中師範大學出版社,2009
    年。

13. 劉海峰：《中國科舉文化》,瀋陽：遼寧教育出版社,2010 年。

14. 田建榮：《科舉教育的傳統與變遷》,北京：教育科學出版社,2009 年。

15. 祝尚書：《宋代科舉與文學考論》,鄭州：大象出版社,2006 年版。

16. 何忠禮：《科舉與宋代社會》,北京：商務印書館,2006 年。該書為論文集。

17. 高明士：《唐代東亞教育圈的形成》，國立編譯館中華叢書編審委員會，1984 年。

18. 高明士主編：《東亞傳統教育與學禮學規》，上海：華東師範大學出版社，2008 年。

19. 梁庚堯：《宋代社會經濟史論集》，臺北：允晨文化，1997 年。

（二）論文

1. 張希清：《簡論唐宋科舉制度的變遷》（上），《北京聯合大學學報》（人文社科版），2010 年 5 月。

2. 廖咸惠：《祈求神啟──宋代科舉考生的崇拜行為與民間信仰》，《新史學》十五卷四期，2004 年 12 月，第 41～92 頁。

3. 廖咸惠：《探休咎：宋代士大夫的命運觀與卜算行為》，收於《走向近代：國史發展與區域動向》，臺北：東華書局股份有限公司，2004 年，第 1～43 頁。

4. 廖咸惠：《體驗小道：宋代士大夫生活中的術士與術數》，《新史學》二十卷四期，2009 年 12 月，第 1～58 頁。

5. 劉祥光：《兩宋士人與卜算文化的成長》，《鬼魅神魔──中國通俗文化側寫》，臺北：麥田出版社，2005 年，第 221～277 頁。

6. 梁庚堯：《士人在城市：南宋學校與科舉文化價值的展現》，《經濟史、都市文化與物質文化》第三屆國際漢學會議論文集歷史組，臺北：中研院史語所，2002 年，第 265～326 頁。

7. 劉祥光：《宋代風水文化的擴展》，《臺北歷史學報》第 45 期，2010 年 6 月，第 1～78 頁。

8. 梁庚堯：《士人在城市：南宋學校與科舉文化價值的展現》、《經濟史、都市文化與物質文化》，臺北：中研院史語所，2002 年，第 265～326 頁。

9. 梁庚堯：《宋元書院與科舉》，《宋史研究集》第 33 輯，第 49～124 頁。

10. 朱開宇：《科舉社會、地域秩序與宗族發展──宋明間的徽州，1100～1644》，國立臺灣大學歷史學研究所碩士論文，指導教授：梁庚堯，2003 年。該書後於 2004 年由國立臺灣大學委員會出版。

11. 近藤一成：《宋代科舉社會的形成──以明州慶元府為例》，《廈門大學學報》（哲學社會科學版），2005 年 06 期。

12. 祖慧、龔延明：《科舉制定義再商榷》，《歷史研究》，2003 年 06 期。

八、文集筆記

1. 〔漢〕劉熙:《釋名》,叢書集成初編,北京:中華書局,1985 年。

2. 〔漢〕王充著;黃暉撰:《論衡校釋》(附劉盼遂集解)全四冊,北京:中華書局,1990 年。

3. 〔唐〕李白撰;〔清〕王錡注:《李太白全集》,北京:中華書局,1977 年。

4. 〔唐〕封演撰;趙貞信校注:《封氏聞見記校注》,北京:中華書局,2005 年。

5. 〔唐〕黃滔:《黃御史集》,《影印文淵閣四庫全書》第 1084 冊,臺北:臺灣商務印書館,1982 年,第 134 頁。

6. 〔五代〕王定保撰;姜漢椿校注:《唐摭言校注》,上海:上海社會科學院出版社,2003 年。

7. 〔宋〕范仲淹著,李勇先、王蓉貴校點:《范仲淹全集》,成都:四川大學出版社,2007 年。

8. 〔宋〕王安石著;〔宋〕李璧注、李之亮箋注:《王荊公文集箋注》,成都:巴蜀書社,2005 年。

9. 〔宋〕朱彧撰;李偉國校點:《萍州可談》,《歷代史料筆記叢刊》,北京:中華書局,2007 年。

10. 〔宋〕吳曾撰:《能改齋漫錄》,上海:上海古籍出版社,1960 年。

11. 〔宋〕李俊甫撰:《莆陽比事》,《宛委別藏》第 50 冊,南京:江蘇古籍出版社,1988 年。

12. 〔宋〕張端義撰:《貴耳集》,北京:中華書局,1959 年。

13. 〔宋〕洪邁撰;何卓點校:《夷堅志》,北京:中華書局,2010 年。

14. 〔宋〕岳珂撰;吳企明點校:《桯史》,北京:中華書局,1981 年。

15. 〔宋〕邵伯溫撰;李劍雄、劉德權點校:《邵氏聞見錄》,北京:中華書局,1997 年。

16. 〔宋〕何薳撰;張明華點校:《春渚紀聞》,北京:中華書局,1983 年。

17. 〔宋〕陸游撰;李劍雄、劉德權點校:《老學庵筆記》,北京:中華書局,1979 年。

18. 〔宋〕陸游著;蔣方校注:《入蜀記校注》,武漢:湖北人民出版社,2004 年。

19. 〔宋〕蔡絛撰:《鐵圍山叢談》,北京:中華書局,1983 年。

20.〔宋〕趙潽撰：《養屙漫筆》，叢書集成初編，北京：中華書局，1991 年。

21.〔宋〕方岳撰；秦效成校注：《秋崖詩詞校注》，合肥：黃山書社，1998 年。

22.〔宋〕王棟撰；誠剛點校：《燕翼詒謀錄》，北京：中華書局，1981 年。

23.〔宋〕張元幹：《蘆川詞》，上海：上海古籍出版社，1991 年。

24.〔宋〕洪邁撰；何卓點校：《夷堅志》，北京：中華書局，1981 年。

25.〔宋〕吳自牧撰：《夢粱錄》，《叢書集成初編》第 3220 冊，上海：商務印書館，1985 年。

26.〔宋〕方勺撰；許沛藻、楊立揚點校：《泊宅編》，北京：中華書局，1983 年。

27.〔宋〕魯應龍撰：《閒窗括異志》，《叢書集成初編》，上海：商務印書館，1985 年。

28.〔宋〕佚名撰：《錦繡萬花谷別集》，《續修四庫全書》第 1217 冊，上海：上海古籍出版社，第 28 頁。

29.〔宋〕龍袞撰：《江南野史》，《影印文淵閣四庫全書》第 0464 冊，臺北：臺灣商務印書館，1982 年。

30.〔宋〕黃震撰：《黃氏日抄》，《影印文淵閣四庫全書》第 0708 冊。

31.〔宋〕惠洪撰：《石門文字禪》，《影印文淵閣四庫全書》第 1116 冊。

32.〔宋〕李綱撰：《梁溪集》，《影印文淵閣四庫全書》第 1125 冊。

33.〔宋〕汪藻撰：《浮溪集》，《影印文淵閣四庫全書》第 1128 冊。

34.〔宋〕周必大撰：《文忠集》，《影印文淵閣四庫全書》第 1148 冊。

35.〔宋〕王十朋撰：《梅溪集》，《影印文淵閣四庫全書》第 1151 冊。

36.〔宋〕樓鑰撰：《攻媿集》，《影印文淵閣四庫全書》第 1152 冊。

37.〔宋〕袁說友撰：《東塘集》，《影印文淵閣四庫全書》第 1154 冊。

38.〔宋〕范成大撰：《石湖詩集》，《影印文淵閣四庫全書》第 1159 冊。

39.〔宋〕薛季宣撰：《浪語集》，《影印文淵閣四庫全書》第 1159 冊。

40.〔宋〕楊萬里撰：《誠齋集》，《影印文淵閣四庫全書》第 1161 冊。

41.〔宋〕孫應時撰：《燭湖集》，《影印文淵閣四庫全書》第 1166 冊。

42.〔宋〕方岳撰：《秋崖集》，《影印文淵閣四庫全書》第 1182 冊。

43.〔宋〕姚勉撰：《雪坡集》，《影印文淵閣四庫全書》第 1184 冊。

44.〔宋〕文天祥撰：《文山粹》，《影印文淵閣四庫全書》第 1184 冊。

45.〔宋〕方逢辰撰：《蛟峰文集》，《影印文淵閣四庫全書》第 1187 冊。

46. 〔宋〕馬廷鸞撰:《碧梧玩芳集》,《影印文淵閣四庫全書》第 1187 冊。

47. 〔宋〕何夢桂:《潛齋集》,《影印文淵閣四庫全書》第 1188 冊。

48. 〔元〕方回撰:《桐江續集》,《影印文淵閣四庫全書》第 1193 冊。

49. 〔元〕陸文圭撰:《牆東類稿》,《影印文淵閣四庫全書》第 1194 冊。

50. 〔元〕張伯淳撰:《養蒙文集》,《影印文淵閣四庫全書》第 1194 冊。

51. 〔元〕劉壎撰:《水雲村稿》,《影印文淵閣四庫全書》第 1195 冊。

52. 〔元〕吳澄撰:《吳文正集》,《影印文淵閣四庫全書》第 1197 冊。

53. 〔元〕劉將孫撰:《養吾齋集》,《影印文淵閣四庫全書》第 1199 冊。

54. 〔元〕徐明善撰:《芳谷集》,《影印文淵閣四庫全書》第 1202 冊。

55. 〔元〕程鉅夫撰:《雪樓集》,《影印文淵閣四庫全書》第 1202 冊。

56. 〔元〕張之翰撰:《西巖集》,《影印文淵閣四庫全書》第 1204 冊。

57. 〔元〕王沂撰:《伊濱集》,《影印文淵閣四庫全書》第 1208 冊。

58. 〔元〕張仲深撰:《子淵詩集》,《影印文淵閣四庫全書》第 1215 冊。

59. 〔元〕陳鎰撰:《午溪集》,《影印文淵閣四庫全書》第 1215 冊。

60. 〔元〕許恕撰:《北郭集》,《影印文淵閣四庫全書》第 1217 冊。

61. 〔明〕王世貞撰:《弇州續稿》,《影印文淵閣四庫全書》第 1282 冊。

62. 〔明〕胡應麟:《少室山房集》,《影印文淵閣四庫全書》第 1290 冊。

63. 〔宋〕陳起編:《江湖小集》,《影印文淵閣四庫全書》第 1357 冊。

64. 〔宋〕鄭虎臣編:《吳都文粹》,《影印文淵閣四庫全書》第 1358 冊。

65. 〔元〕顧瑛編:《玉山名勝集》,《影印文淵閣四庫全書》第 1369 冊。

66. 〔元〕顧瑛編:《草堂雅集》,《影印文淵閣四庫全書》第 1369 冊。

67. 〔元〕孔齊撰:《靜齋至正直記》,《四庫全書存目叢書》,濟南:齊魯書社,
    1996 年,第 239 冊。

68. 〔明〕曹學佺撰:《蜀中廣記》,《影印文淵閣四庫全書》第 0591 冊。

69. 〔清〕顧炎武著;陳垣校注:《日知錄校注》,合肥:安徽大學出版社,
    2007 年。

70. 〔清〕俞正燮撰:《癸巳存稿》,清連筠簃叢書本,《叢書集成初編》,北京:
    商務印書館,1937 年。

71. 李劍國:《宋代志怪傳奇敘錄》,天津:南開大學出版社,1997 年。

72. 人民文學出版社主編:《中國古典詩歌》,北京:人民文學出版社,1995
    年,第 188 頁。

九、方志

1. 《中國方志叢書》，臺北：臺灣成文出版社，1955 年初版。

2. 《中國地方志集成》，上海：鳳凰出版社，2008 年。

3. 《宋元方志叢刊》，中華書局編輯部編，北京：中華書局，1990 年。

4. 《宋元地理志叢刊》，四川大學出版社，2003 年。

5. 《宋元地理史料彙編》，李勇先主編，四川大學出版社，2007 年。

6. 〔唐〕李泰等編；賀次君輯校：《括地志輯校》，北京：中華書局，1980 年。

7. 〔宋〕樂史撰，王文楚等點校：《太平寰宇記》，北京：中華書局，2007 年。

8. 〔宋〕王象之撰：《輿地紀勝》影宋鈔本全八冊，北京：中華書局，1992年。

9. 〔宋〕王象之撰；趙一生校注：《輿地紀勝》，杭州：浙江古籍出版社。

10. 〔宋〕祝穆撰，祝洙增訂；施和金點校：《方輿勝覽》，北京：中華書局，2003 年。

11. 〔元〕孛蘭肹等撰；趙萬里校輯：《大元一統志》，北京：中華書局，1966年。

12. 〔明〕曹學佺撰：《大明一統名勝志》，《四庫全書存目叢書》第 170 冊。

13. 〔清〕穆彰阿等編：《（嘉慶）大清一統志》，四部叢刊續編景舊抄本。

14. 〔明〕朱諫撰；胡汝寧重編：《雁山志》，《中國佛寺史志彙刊》第二輯，臺北：明文書局，1980 年。

15. 〔明〕程楷修；楊儁卿纂：《（天啟）平湖縣志》，明天啟七年刻本影印，《天一閣藏明代方志選刊續編》第 27 冊，上海：上海書店，1990。

16. 〔明〕薛剛修；吳廷舉續修：《嘉靖湖廣圖經志書》，《日本藏中國罕見地方志叢刊》，北京：書目文獻出版社，1991 年。

17. 〔明〕劉沂春修：《（崇禎）烏程縣志》，《日本藏中國罕見地方志叢刊》，北京：書目文獻出版社，1991 年。

18. 〔明〕范淶修；章潢纂：《（萬曆）新修南昌府志》，《日本藏中國罕見地方志叢刊》，北京：書目文獻出版社，1991 年。

19. 〔明〕林雲程修；沈明臣等纂：《（萬曆）通州志》，《天一閣藏明代方志選刊》第 10 冊，上海：上海書店，1990 年。

20. 〔明〕陳能修；鄭慶雲、辛紹佐纂：《延平府志》，據明嘉靖刻本影印，《天一閣藏明代方志選刊》第 29 冊，上海：上海書店，1981 年。

21. 〔明〕黃仲昭纂修:《(弘治)八閩通志》,《北京圖書館古籍珍本叢刊》第 33 冊,北京:書目文獻出版社,1988 年。

22. 〔清〕王繼祖修;夏之蓉纂:《(乾隆)直隸通州志》,清乾隆二十年刻本,國家圖書館數字方志。

23. 〔清〕葉舟修;陳弘緒纂:《(康熙)南昌郡乘》,清康熙二年刻本,國家圖書館數字方志。

24. 〔清〕宗源瀚修:《(同治)湖州府志》,清同治十三年刊本,國家圖書館數字方志。

25. 〔清〕梅鼎臣修;陳之駒纂:《(道光)屏南縣志》稿抄本,《福建師範大學圖書館稀見方志叢刊》第 28 冊,北京:國家圖書館出版社,2008 年。

26. 〔清〕王鳳儀修;杜乘時纂:《(乾隆)黃岡縣志》,清乾隆五十四年刻本,《中國地方志集成·湖北府縣志輯·16》,南京:江蘇古籍出版社,2001 年。

27. 〔清〕朱大坤修;高照纂:《(光緒)直隸和州志》,清光緒二十七年刊本,《中國方志集成·安徽府縣志輯·7》,南京:江蘇古籍出版社,1998 年。

28. 〔清〕李淳纂修:《(乾隆)宜良縣志》,《中國地方志集成·雲南府縣志輯·22》,南京:鳳凰出版社,2009 年。

29. 〔民國〕許實纂輯:《(民國)宜良縣志》,《中國地方志集成·雲南府縣志輯·24》,南京:鳳凰出版社,2009 年。

30. 〔民國〕竇全曾修;陳矩纂:《(民國)都勻縣志稿》,民國十四年鉛印本,《中國地方志集成·貴州府縣志輯·23》,成都:巴蜀書社,2016 年。

31. 江西省鄱陽縣地方志編纂委員會編:《鄱陽縣志》,北京:方志出版社,2010 年。

32. 江西省波陽縣志編纂委員會:《波陽縣志》,南昌:江西人民出版社,1989 年。

33. 湖州市文化藝術志編委會:《湖州市文化藝術志》,杭州:浙江古籍出版社,1994 年。

34. 淳安縣志編纂委員會編:《淳安縣志》,上海:漢語大詞典出版社,1990 年。

35. 徐樹林著:《淳安建縣立郡肇始地:威坪》,杭州:浙江人民出版社,2008 年。

36. 廖雲泉主編；南平市志編纂委員會編《中華人民共和國地方志福建省‧南平市志》，北京：中華書局，1994 年。

37. 劉緯毅：《漢唐方志輯佚》，北京：北京圖書館出版社，1997 年。

38. 馬蓉、陳抗、鍾文等點校：《永樂大典方志輯佚》全五冊，北京：中華書局，2004 年。

39. 劉緯毅、王朝華、鄭梅玲：《宋遼金元方志輯佚》，上海：上海古籍出版社，2011 年。

40. 顧宏義：《宋朝方志考》，上海：上海古籍出版社，2010 年。